존 넬슨 다비의 세대적인 진리의 핵심과 진수로서
천상의 괄호란 무엇인가

J. N. Darby's Teaching Regarding Dispensations, Ages, Administrations and The Two Parentheses

R.A. Huebner

PRESENT TRUTH PUBLISHERS

411 ROUTE 79 MORGANVILLE NJ 07751 USA

Made and printed

in USA

1993

존 넬슨 다비의 세대적인 진리의 핵심과 진수로서

천상의 괄호란 무엇인가

로이 A. 휴브너 지음 | 이종수 옮김

형제들의 집

차 례

감사의 말
서문

제1장 두 개의 영역에 나타난 그리스도 안에서의 하나님의 영광 ● 13
제2장 하나님의 세대적인 섭리와
   통치적인 경영방식을 소개하는 지상에서의 하나님의 통치 ● 25
제3장 아브라함: 선택, 부르심 그리고 약속 ● 57
제4장 이스라엘: 통치와 부르심의 결합 ● 76
제5장 두 개의 괄호 ● 103
제6장 십자가에서 이루어진 첫 사람의 시험의 종결과
            그리스도인에게 미치는 결과 ● 136
제7장 비밀과 휴거 ● 154
제8장 교회의 황폐화 ● 168
제9장 천년왕국 ● 179
미주 ● 201

부록 1: 세대주의 신학은
　　　　J. N. 다비의 세대적인 진리를 체계화한 것인가? ● 217
미주 ● 222

부록 2: 고독한 시간을 보내는 중에
　　　　하나님에게서 진리를 배운 J.N. 다비 ● 223
미주 ● 250

저자 소개 ● 257

감사의 말

본서의 저자는 편집에 소중한 조언을 아끼지 않은 데니스 라이언과 프랭클린 마로타에게 감사한다. 아울러 손으로 쓴 원고를 워드 작업을 해준 캐롤린 라이언과 나의 아내 매들린과 교정을 도와준 데이비드 완델트에게도 감사의 말씀을 드리고 싶다.

아래 문헌을 인용할 수 있는 권한을 주신 점에 대해서 감사한다.

W. B. Eerdmans for W. R. Estep, The Anabaptist Story, Grand Rapids: Eerdmans, sec. ed., revised, copyright 1975.

Word Inc., Dallas TX, distributer of: John H. Gerstner, Wrongly Dividing the Word of Truth, Wolgemouth and Hyatt: Brentwood, copyright 1991.

서문

J.N. 다비(Darby)(이하 JND)의 세대적인 진리에 관한 가르침은 본래 Precious Truths Revived and Defended Through J. N. Darby, vol. 1에 포함시키려는 의도를 가지고 있었지만, 너무 내용이 길어지게 되었다. 부록 1에는 C.I. Scofield의 세대주의가 JND에 기반을 두고 있건 그렇지 않건, 세대주의 신학과 JND의 세대적인 진리 사이의 몇 가지 차이점에 대한 설명들이 소개되어 있다. 부록 2에는 JND가 1826년 12월과 1827년 1월, 대략 2개월 동안 공적인 사역에서 물러나 홀로 고독한 시간을 보내는 중에, 영적 해방과 그리스도와의 연합의 실제 속으로 들어가면서 새로이 하나님에게서 진리를 배우게 된 내용을 소개하고 있다. 이 내용들은 JND의 신학의 핵심과 진리를 요약하고 있기 때문에 꼼꼼히 읽어볼 필요가 있다.

이 책은 다음과 같은 내용을 포함하는 JND의 세대적인 가르침에 대한 간략한 개요를 제공한다.

1. 하나님은 한 가지 목적만을 가지고 계시는데, 그것은 그리스도 안에서 하나님께서 영광을 받으시는 것이다. 이것은 지상과 천상의 두 가지 영역 모두에서 영광이 나타나는 일을 포함하고 있다.

2. 이러한 목적을 이루시고자 하나님은 교회를 이스라엘과 구

분하셨다. 비록 신구약시대의 모든 성도의 구원은 그리스도의 속죄사역의 공로를 토대하고 하고 있고, 이로 인해서 영원한 것이고 또한 은혜로 되는 것이지만, 교회와 이스라엘은 별개의 정체성을 가지고 있는 신적인 공동체다. 그리스도의 몸은 그리스도 예수 안에서, 하늘에 앉아 있는 성도들로 이루어져 있으며(엡 2:6), 이스라엘은 그리스도의 몸에 속하지 않는다. 그리스도의 몸은 하늘에 속한 사람들(a heavenly people)로 이루어져 있지만, 반면 이스라엘은 땅에 속한 백성들(an earthly people)로 이루어져 있으며 또한 장차 주권자의 권능에 의해서 왕국이 땅에 세워질 때 이스라엘은 제사장 나라가 될 것이다. 그 때 모든 이스라엘이 구원을 받을 것이며(롬 11:26 등), 반역의 무리들은 제거될 것이다(겔 20장).

3. 두 사람에 관한 진리를 이해하는 것이 가장 중요하다(고전 15:47). 첫 사람은 아담 안에 있는 사람으로서 시험 아래 있었다. 여기서 시험이란 자신이 처한 상태를 알게 하려는 것이었다. 그리고 이 시험은 십자가에서 끝났다. 사람은 하나님 아버지의 아들을 거절함으로써 최종적으로 그리고 완전히 타락했음이 입증되었다. 그리고 나서 그리스도는 위에 있는 자신의 영광의 자리에 들어가셨으며, 오순절에 하늘로서 강림하신(행 2:1-4, 32) 성령에 의한 성령 세례를 통해서 하나의 몸이 형성되었으며(고전 12:13), 그 몸은 영광 중에 계신 머리이신 그리스도와 하나의 몸으로서 연합을 이루고 있다. 그리스도와 연합을 이룬 하늘의 공동상속자들이 모이는 일은 장차 이스라엘의 남은 자들이 권능과 영광 가운데 다시 오시는 메시아의 재림을 위해 준비될 때까지

계속되는 하늘의 역사다. 이 천상의 역사는 구약시대의 선지자들이 볼 수 없었던 것이었고, 바로 "비밀(mystery)"이었다(롬 16:25,26, 골 1:26, 엡 3:9).

4. 다니엘의 70주간의 마지막 주간(7년) 이전에, 즉 대환난 이전에 성도들의 휴거가 일어날 것이다. 그 마지막 한 주간이 끝난 후에, 주님은 재림의 두 번째 단계(즉 지상 재림)를 실행하실 것이다. 그 후에 그리스도는 천년왕국을 세우실 것이며 또한 문자적인 1,000년 통치를 시작하실 것이다.

5. 엄밀히 말해서, 세대(dispensation)라는 단어 사용이 종종 그렇지만, 세대들은 딱 잘라 어느 시간대 또는 시대들을 명확하게 구분할 수 없다. 세대적인 진리를 이해하기 위해서는 *구분 가능한 하나의 시대(a distinguishable time period)와 하나의 세대(a dispensation)* 사이의 차이점을 구별하는 것이 중요하다.[1] 엄밀히 말하자면, 세대들은 같은 것이 아니다. 하지만, 세대라는 단어는 전통적으로 하나의 시대를 구분하려는 뜻에서 사용되었다. JND는 전통적인 의미에서 세대라는 단어를 자주 사용했는데, 그가 어디서 그 단어를 사용했고 또 어디서 그 단어를 전통적인 의미로 사용하지 않았는지를 구분할 수 있어야 한다.

JND는 이스라엘 역사 내에서도 제사장 시대, 사사들의 시대, 그리고 왕들의 시대와 같이, 몇 가지 시대들을 구분하려는 뜻에서 세대라는 말을 사용하곤 했다. 이러한 것들은 시대적인 구분에 따른 것이라기 보다는 하나님께서 제도들을 시대에 맞게 주셨던 사례였다.

6. JND의 가르침을 명확히 하기 위해서, 앞으로 행정(administrations)이라고 부를 어떤 구분된 기간들(Certain time periods)은 필수적이고 특징적인 요소, 즉 그 기간에 맞는 통치(government)를 가지고 있는데, 통치는 노아와 함께 시작되었다. 하나님의 부르심(calling)의 원리는 모세와 함께 시작되었으며, 통치와 결합하게 되었다. 이 두 가지(calling and government)는 세 개의 행정(three administrations) 중 첫 번째 두 개다. 이방인들은 이방인의 때(times of the Gentiles, 눅 21:24)라고 불리는 기간 동안 이러한 하나님의 부르심을 받지 않았다. 더욱이 신약시대의 성도들은 하늘의 부르심을 받았음에도 불구하고 교회는 통치를 부여받지 않았다. 그렇기 때문에, 아직 세 번째 경영방식은 실행된 적이 없었다. 그러나 그리스도께서는 첫 사람이 실패한 곳에서 부르심과 통치를 모두 하나님의 영광에 이르도록 통합하여 역사하실 것이다. 세 개의 경영방식 중 세 번째 경영방식은 천년왕국에서 실현될 것이다. 통치를 통한 하나님의 섭리는 경영방식의 필수적인 구성 요소다. 왜냐하면 이러한 것들은 땅에서 이루어지는 하나님의 섭리와 연결되어 있기 때문이다.

7. 교회가 부르심을 받은 이 시대는, 정확하게 말하자면, 세대도 행정도(a dispensation or a administration) 아니다. 첫 사람이나 첫 사람에 속한 사람들은 십자가 이후로 더 이상 시험 아래 있지 않다. 왜냐하면 첫 사람에겐 더 이상 하나님 앞에 서있을 수 있는 자리(position)가 없기 때문이다. 이제 첫 사람을 시험한다

는 것은 여전히 자신이 아담의 입장에 있다고 생각하는 사람에 겐 하나님이 자신과의 관계를 끝내지 않으셨다고 주장하는 것을 의미할 뿐이다. 하지만 아담은 제거되었고, 마지막 아담이 머리로 세워졌다.

8. 이 모든 것을 종합해보면, 이방인의 때(times of the Gentiles)는 이스라엘에 대한 심판이라는 지상의 괄호(earthly parenthesis)를 이루고 있음을 알 수 있다. 그렇다면 이방인의 때라는 지상의 괄호란 장차 *통치*와 *부르심*이 모두 그리스도에 의해서 수용되고 또 천년왕국 기간 동안 주권자이신 그리스도의 권능 아래서 실현될 때까지의 기간(즉 천년왕국이 설립되기 전까지의 기간)을 가리킨다.

9. 이스라엘에 대한 심판의 시기인 지상의 괄호 안에는 그리스도 예수 안에서 하늘에 앉아 있는 성도들의 *천상의 괄호*가 있다(엡 2:6). 이처럼 특별한 하늘의 자리와 신령한 복을 받은 성도는 이전에도 없었고, 이후에도 없을 것이다. 그러므로 이것을 "천상의 괄호(heavenly parenthesis)"라고 부른다.

이러한 진리들과 기타 진리들이 앞으로 다루어질 주요한 주제들이다.

Chapter 1

두 개의 영역에서 그리스도 안에서 빛나는 하나님의 영광

그리스도 안에서 빛나는 하나님의 영광

그리스도 안에 있는 하나님의 영광은 만물이 존재하는 이유다. JND는 이렇게 썼다.

첫 번째 중차대하고 또 주요한 점은 하나님의 최종적인 목적과 하나님이 정하신 설계를 우리 마음에 선명하고도 확고하게 새기는 것이며, 그렇게 함으로써 그것이 모든 것을 열어주는 열쇠이자 또한 모든 것을 시험하는 기준으로 끊임없이 우리 앞에 설정되어야 한다는 것이다. 왜냐하면 "성경의 모든 예언은 사사로이 풀 것이 아니니 예언은 언제든지 사람의 뜻으로 낸 것이 아니요 오직 성령의 감동하심을 받은 사람들이 하나님께 받아 말한 것"(벧후 1:20-21)이기 때문이다. 하나님의 영광이 모든 것의 최종적인 결말이다. 그러나 나는 이제 하나님께서 자신을 영광스럽게 하고자 정하신 신성한 경륜의 효과에 대해서 말하고자 한다. 이제 이 모든 것이 그리스도 안에 있으며, 그리스도께서 계시되는 여러 가지 영광 가운데 알려져 있다는 것이다. 구약시대에 거룩한 믿음의 선진들의 마음을 감동시키셨던 성령님께서 오늘날 교회에서 하시는 직무는 바로 그리스도의 것들을 가지고서 그것들을 우리에게 열어보여 주시며 증거하시는 것이다. 그러므로 예루살렘이나 이스라엘이나, 심지어 교회도 그리스도가 영광을 받으실 수 있는 일과 연결될 수 있으며, 그리스도와 연결되었을 때에만 이처럼 중요한 가치를 가지게 된다. 구약성경에 있는 말씀도 마찬가지다. 구약성경에 있는 말씀도 그리스도의 영광과 연결될 때에만 그리스도 예수 안에 있는 믿음으로 말미암아 우리를 구원에 이르는 지혜가 있게 한다(딤후 3:15). 반면에, 이 주제만 다루어도 어떠한 주제에 대해서도 진실하고 정당한 중요성을 부여한다는 것이 명백하기 때문에, 만일 예루살렘이 그리스도와 연결되고, 그리스도의 사랑과 영광과 연결된다면, 예루살렘은 중요하게 된다. 그리고 만일 내가 그리스도의 영광을 이해하는 한, 나 또한 그리스도와 연결될 것이며, 성경에서 그리스도께서 받게 될 영광에 대해서 말한 모든 것을 해석할 수 있는 열쇠를 가지게 될 것이다. 그런 것이 하나님의 마음 속에 있었던 것이며, 하나님의 영광의 나타남과 연관해서 발전과정을 거치도록 되어 있었다.[2)]

개인의 구원 이후에 펼쳐지는 두 가지 위대한 주제

그리스도 안에서 하나님의 영광이 나타나는 데에는 두 개의 영역이 있는데, 곧 하늘의 영역과 땅의 영역이다. 때가 찬 경륜이(행정 또는 경영) 시작되면, 즉 천년왕국이 시작되면 그리스도께서는 하늘에 있는 것이나 땅에 있는 것을 모두 통일하실 것이며(will head up both) 모두의 머리가 되실 것이다(엡 1:10). 이 머리되신 그리스도와 연합을 이룬 두 개의 특별한 그룹이 있다. 두 개의 그룹 모두 공통적으로 영적인 복(예를 들자면, 거듭남)을 소유하고 있지만, 이 두 그룹은 대부분의 측면에서 별개의 그룹을 형성한다. 한 그룹은 하늘에 속한(heavenly) 백성이고, 다른 그룹은 땅에 속한(earthly) 백성이다. 이와 관련하여 JND는 골로새서 1장에서 이렇게 썼다.

> 이로써 여러분은 그리스도의 이중적인 머리되심에 대한 진리를 볼 수 있다. 즉 그리스도는 교회의 머리이실 뿐만 아니라 만물의 으뜸으로서 만물의 머리이시다(골 1:18). 그 다음으로 우리는 이중적인 화해를 볼 수 있는데, 곧 은혜를 통한 교회의 현재적인 화해와 구속, 그리고 하늘과 땅에 있는 모든 것들의 화해를 볼 수 있다. 지금 우리는 만물이 그리스도의 발아래 놓인 것을 볼 순 없지만, 하나님께서 그리스도의 원수들을 발판으로 삼으실 때까지 그리스도께서 하나님의 보좌 우편에 앉아 계신 것을 믿음으로 볼 수 있다. 때가 되면 그들은 모두 그리스도의 발아래 있게 될 것이며, 장차 그리스도께서는 멜기세덱이 아브라함을 축복하러 나올 때에 하나님께 주어진 호칭, 즉 "지극히 높으신 하나님이시며 또한 하늘과 땅의 소유자"라는 그 호칭 안에 있는 신성의 특징을 취하실 것이다. 이로써 그리스도는 왕좌에 오르실 것이며, 모든 권세를 가진 왕과 제사장이 되실 때에 하나님으로서 그 칭호를 사용하실 것이다.

이제 다음 단계로 넘어가보자. 이 두 가지 진술을 종합해보면, 그리스도는 하늘과 땅에 있는 모든 것을 화목시키실 것이며,

또 다시 하늘과 땅에 있는 모두를 하나로 통일하실 것이다. 우리는 교회 또는 교회를 이루고 있는 성도들이 그리스도와 공동 상속자라는 것을 볼 수 있다. 내가 여러분에게 보여 주려는 것은 하나님의 교회는 (현 시대에 하나님께서 그분의 은혜의 복음으로 구원하여 그리스도의 몸된 교회로 모은 성도들은) 축복의 중심이신 그리스도와 연합을 이룬 존재라는 것이다. 그리스도의 몸으로서 교회는 장차 그리스도에게로 모이게 되는 모든 존재들 가운데서, 그리스도와 더불어 중심적인 자리를 차지하게 될 것이다. 그러나 성경이 말하는 이 시간은 때가 찬 경륜(the dispensation of the fullness of times)이 이루어지는 때, 즉 그리스도께서 재림하셔서 하나님의 나라를 받으시는 때일 것이다. 그 때에 모든 것이 질서를 잡게 될 것이며 그리스도의 권위 아래서 복을 받게 될 것이다. 하나님 아버지께서 만물을 그리스도의 발아래 두게 될 때, 그리스도는 모든 것을 질서 있게 하실 것이며, 나라(kingdom)를 아버지 하나님께 바치실 것이다. 그러나 때가 찬 경륜(천년왕국)의 기간 동안 교회는 하늘의 자리에서 중심을 차지하게 될 것이며, 유대인들은 땅의 자리에서 중심을 차지하게 될 것이다.

개인 영혼의 구속이 이루어졌다면, 이제 우리는 성경의 두 가지 위대한 주제를 알아야 한다. 교회는 하나님께서 자신의 주권적인 은혜를 베푸시는 곳이고, 교회의 지체들은 그리스도의 영광을 함께 나누는 존재다. 유대인들은 하나님이 이 세상의 통치의 중심으로 삼으신 사람들이다. 이 두 가지는 개인의 구원 이후에 성경에 계시된 위대한 두 가지 주제다. 성경은 하나님의 교회를, 그리스도와 연합된 사람들 곧 그리스도의 영광의 상속자들이라고 말한다. 그러나 우리가 이 말을 하는 순간, 우리와 같은 가련한 피조물들이 그리스도와 동일한 영광 속으로 들어가게 될 것이며 또한 그리스도와 함께 하는 자리로 들어가게 될 것을 생각할 때 이 얼마나 놀라운 일인지 생각하지 않을 수 없다. 그리고 화해의 역사는 하늘과 땅의 모든 것을 아우르게 될 것이다.3)

은혜와 통치

하늘과 땅, 각 영역은 각자 주요한 특징을 가지고 있다. 두 개의 영역은 상대적으로 은혜와 통치가 있다. 그렇다고 해서 하나님의 통치적인 섭리에는 은혜가 없다는 말은 아니다.

... 개인 영혼의 구원 또는 하나님과의 관계에 대한 문제가 해결된 후에, 성경은 우리에게 두 가지 큰 주제를 제시한다. 첫 번째는 교회다. 교회는 주권적인 은혜에 의해서, 영광과 신령한 복을 받고, 더불어 그리스도와 함께 하는 자리에 들어갔다. 두 번째는 세상에 대한 하나님의 통치다. 이스라엘은 세상의 중심적인 자리를 차지하게 될 것이며, 세상을 다스리시는 하나님의 통치의 도구가 될 것이다. 우리가 기억해야 할 것은, 이 세상통치에 있어서 은혜도 한 부분을 차지하고 있다는 점이다. 은혜가 없다면 그런 것은 하나님의 통치가 될 수 없다. 그럼에도 통치는 그저 법적인 정죄를 가져올 뿐이며, 축복은 불가능하다. 이러한 하나님의 섭리적인 방식이 출애굽기 32, 33, 34장, 신명기 32장에 잘 나타나 있다. 호렙산에서 주어진 율법에 토대를 둔 선지자들은 주께서 가져다 심은 포도나무의 열매를 보고자 은혜 가운데서 보내심을 받았다. 그들은 이스라엘이 열매를 맺지 못한 것에 대해서 책망했으며, 이스라엘 백성에게 그에 대한 결과로 심판이 있을 것을 엄숙히 경고했다.

그러나 하나님이 함께 하셨고, 뿐만 아니라 은혜가 여전히 함께 했고, 이로써 은혜의 목적과 뜻이 드러날 수 있었다. 다만 이스라엘의 경우엔, 주권적인 은혜의 선물을 통해서 새로운 피조물인 교회에게 신성한 영광을 부여해주는 방식과는 달리, 대신 인간의 책임과 관련된 신성한 통치 속에 나타나는 하나님의 섭리를 보여주는 방식이었다. 그러므로 이러한 은혜는 그리스도 안에만 있는 것이었다. 왜냐하면 그리스도는 하나님의 모든 섭리의 중심이시기 때문이다. 그리스도는 유대인들의 메시아이시며, 의로써 통치하실 뿐만 아니라 하나님의 직접적인 통치의 완전하고 풍성한 방식을 보여주실 왕이시기 때문이다. (시편 101편을 보라.) 그러므로 이스라엘을 통치하시는 하나님의 섭리를 적용하는 데에는 이중적인 시험이 있어야 했다. 그들은 그들이 들어가기로 되어 있는 자리가 주는 기쁨과 특권을 누리면서 하나님께 영광을 돌리며 또한 유익을 드렸는가? 그들은 하나님이 들어가게 하신 자리에 걸맞는 상태에 거했는가? 그들이 장차 영광 중에 오실 여호와를, 그리스도의 위격으로 오시는 메시아를 맞이할 수 있는 상태에 있었는가? 이 두 가지 질문은 이사야서 5장과 6장에서 다루어지는 것을 볼 수 있다.[4]

여기서 주의해야 할 것은 현재 은혜의 대상으로서 그리스도와 연합을 이루어 하늘에 앉아 있는 교회의 지체들에게 아버지의 훈육과 징계와 같은 통치가 없는 것은 아니라는 점이다. JND는 교회에 대해 다음과 같이 말했다.

교회는 세상에 속한 존재가 아니다. 교회는 그리스도 안에서 천상의 자리에 앉아 있는데, 거기는 예언이 미치지 않는 곳이다. 그리스도의 몸으로서 교회는 유대인들처럼 땅 위에 세워지지 않을 것이다. 그런 것은 교회의 부르심이 아니다. 하나님의 통치는 결코 하늘에 거하는 교회를 위한 것이 아니다.a) 오히려 지상에 거하는 이스라엘을 위한 것이며, 천년왕국 시대의 이스라엘을 위한 것이다. 교회를 위한 하나님의 축복은 교회를 땅에서 들어올려서, 공중에서 주님을 만나 영원히 함께 하는 것이다. 교회라는 이름을 가지고 있지만 세상에 있는 악의 권세가 자리 잡고 있는 명목상의 교회를 향해, 요한계시록을 부분적으로 적용하는 것을 나는 부정하지는 않는다. 그렇다고 해서 이 사실이 교회를 예언의 대상으로 만들지는 않는다. 그러므로 우리는 앞서 말한 것처럼, 모든 것이 그리스도 안에서 통일을 이룰 때, 즉 세상 끝에 하늘에 있는 교회는 땅에 있는 이스라엘과 연결될 것이다. 그 때까지 그 일을 이루려는 하나님의 섭리나 그런 결과를 내기 위한 과정이 진행될 것이다. 교회는 장차 그리스도와 함께 통치하게 될 것이며, 지금은 그리스도와 함께 고난을 받고 있다.

장차 찬송을 받으실 주님의 영광이 나타나게 될, 지상의 남은 영역은 유대인과 이방인이다. 이 둘은 그리스도의 지상 통치에 있어서 서로 다른 차원의 대상이다. 반면 교회는 구속의 역사 속에서 하나님의 주권적인 은혜의 완전한 나타남의 영역이며, 이로써 교회는 그리스도 안에서 천상의 자리에 앉을 수 있는 영예를 입었다. 이는 장차 오는 여러 세대 가운데서 하나님이 그리스도 예수 안에서 우리에게 자비하심으로써 베푸신 하나님의 은혜의 지극히 풍성함을 나타내려는 것이다. 이러한 차이점은 매우 흥미롭다. 인간에게 작용하는 통치방식은 인간을 교회

---

a) 하나님의 통치는 평안의 시대에, 지상에서, 천년왕국 기간 동안 이스라엘을 위한 것이다.

안으로 들어오게 하려는 것이 아니다. 인간은 반역자로서 길 잃은 죄인이며, 하나님의 미워하는 자이며, 진노의 자녀다. 유대인이든 이방인이든, 그리스도 앞에선 동일한 자리에 있으며, 여기엔 차이가 없다. 이런 것은 통치가 아니라 은혜다.

하나님의 계시된 뜻에 의하면, 유대인들은 하나님의 직접적인 통치의 중심에 있다. 이방인들은 세상만사를 다스리시는 하나님의 섭리 속에 나타난 하나님의 능력과 주권을 깨닫고 하나님을 찾아야 한다. 나는 정확하게 말하자면, 하나님의 뜻이 계시된 특징대로 말할 뿐이다. 왜냐하면 **모든 시대의 모든 죄인들은 개인적으로, 오직 은혜에 의해서만 구원을 받기 때문이다.**b) 그리고 모든 그리스도인은 하늘의 가족으로서, 아버지의 직접적인 통치 아래 있다.5) 그렇지만 통치의 목적이 다르다. 그리스도인에게 통치는 하늘에 적합하도록 준비시키기 위한 것이지만, 유대인에게는 땅 위에서 하나님의 의(義)를 나타내려는 것이다. 나는 이스라엘을 하나의 몸 또는 하나의 백성으로 부르기도 한다. 그리스도와 교회는 의를 위하여 고난을 당하고, 장차 통치하는 일을 할 것이다. 유대인들은 하나의 백성으로서 죄로 인해서 고난을 받고 있으며, 그들 역사의 최종적인 결말은 "진실로 의인에게 갚음이 있고 진실로 땅에서 심판하시는 하나님이 계시다"(시 58:11)는 말씀이 실현되는 것이다.6)

---

b) 시대별로 여러 가지 구원의 방법이 있는 것처럼 가르쳐온 사람들이 있다. 그런 가르침은 분명히 세대적인 진리의 일부가 결코 아닐 뿐만 아니라, 여기서 JND는 그러한 가르침을 완전히 거절한다.

하나님의 섭리적인 통치

하나님의 직접적인 통치와 하나님의 섭리적인 통치 사이에는 차이가 있다.

또 다른 경우를 보면, 다니엘은 하나님이 그의 믿음을 시험하고 있었기 때문에 금식과 기도 속에서 3주를 보냈다. 천사가 하나님의 목적을 이루기 전에 그 뜻을 알리고자 다니엘에게 왔다. 주님은 바사(Persia, 페르시아)의 군주가 3주 동안 그 뜻을 이루는 것을 방해하도록 허락하셨다. 그것은 페르시아의 궁정에서 무엇인가를 결정하는 문제였는데, 유대인들에게 호의적인 칙령에 반대하는 사람들이 그곳에 있었고, 그들은 그 법이 공표되는 것을 방해할 수 있었다. 하나님의 천사가 이 계획들을 알리고자 다니엘에게 왔을 때, 그는 와서 그렇게 말했다. 이것은 우리에게 매우 훌륭한 교훈을 준다. 이는 하나님이 항상 세상을 다스리시기 때문이다. 하나님의 보좌가 예루살렘에 있는 동안 하나님은 직접적으로 세상을 다스리셨다. (이스라엘뿐만 아니라 온 세상을 다스리셨으며, 이 일은 이스라엘의 선과 악을 따라서 행하셨다.) 이 후에, 하나님은 모든 곳을 다스리는 일을 중단하신 것은 아니었으며, 또한 (이스라엘이 포로 상태에 있는 동안에도) 하나님은 자신의 백성들 가운데 계실 때처럼 계시된 하나님의 율법을 통해서 즉각적인 행동을 하신 것은 아니지만, 그럼에도 여전히 비밀스러운 섭리를 통해서 일하셨다.[7]

지금은 감추어진 방식으로 통치하시는 하나님의 섭리가 있다. 그러나 앞으로는 그리스도에 의한 공개적이고 명백히 가시적인 통치가 있을 것이며, 그 때에는 모든 것이 하나님의 직접적인 통치를 받는 형태로 나타나게 될 것이다. 이제는 화해의 통치가 있는데, 이로써 "하나님을 사랑하는 자 곧 그의 뜻대로 부르심을 입은 자들에게는 모든 것이 합력하여 선을" 이루도록 작용하고 있을 뿐만 아니라 하나님의 목적을 이루고자 작용하고 있다. 하지만 이러한 신적인 행동은 보통은 감추어져 있다. 에스더서에는 이에 대한 놀라운 사례가 있다. 에스더서에는 하나님의 이름이 전혀 나오지 않는다. 성령께서는 유대인들이 포로로 사로잡혀 있는 동안 하나님은 항상 그들을 주시하셨지만, 그들 가운데서 숨겨진 방식으로 일하셨으며 또한 하나님의 이름이 한 번도 사용되지 않는 방식으로 역사하기를 원하셨다.[8]

세상에 대한 하나님의 통치와 영원한 심판

JND는 이 차이점을 이렇게 설명한다.

반면에, 우리는 세상이 그들의 조상들이 지은 죄의 결과로 고통 받는 것을 볼 수 있다. 이방인들은 그러한 일의 산 증인들이다. 하나님은 그들을 그 상실한 마음대로 내버려 두사 합당하지 못한 일을 하게 하셨다(롬 1:28) 그러므로 우리는 하나님의 영원한 심판과 세상에 대한 하나님의 법적인 통치를 정확히 구분해야 한다는 것을 쉽게 알 수 있다.

성경은 하나님의 영원한 심판에 관하여 말하면서, 이방인들에 대해서 이렇게 말한다. "무릇 율법 없이 범죄한 자는 또한 율법 없이 망하고 … 곧 나의 복음에 이른 바와 같이 하나님이 예수 그리스도로 말미암아 사람들의 은밀한 것을 심판하시는 그 날이라."(롬 2:12,16) 이런 것이 바울이 전파한 복음이었다. 세상의 통치에 대해서, 성경은 동일한 이방인들에 대해서 "알지 못하던 시대에는 하나님이 간과하셨거니와"(행 17:30)라고 말씀하고 있다. 진실을 말하자면 율법이 없는 곳에서는 죄가 죄로 계산되지 않는다. 그럼에도 불구하고 사망과 죄가 왕 노릇했다. 여기서 사람은 자기 조상들의 죄를 물려받았지만, 그럼에도 현재적 통치에서 그들은 조상들의 행동에 대한 책임을 지지는 않는다. 그들은 실제론, 자신들이 무시했던 빛에 따라서 영원한 책임을 질뿐이다. 하나님이 어느 백성과 관계를 맺으시고 또 그들 가운데서 증거의 말씀을 두셨을 때, 증언의 빛이 그들이 저지른 죄를 비추고 또 그러한 증거의 말씀에도 불구하고 그들이 돌이키지 아니하고 계속해서 그 길을 걸어가게 되면, 하나님은 여기 이 땅에서 작용하고 있는 하나님의 통치방식을 따라서 그 세대가 악의 분량을 채울 때 그 모든 죄를 심판하실 것이며, 그 때에는 더 이상 참고 인내할 수 있는 여지는 없게 될 것이다.

이에 대한 증인들로서, 그리스도와 성령의 증언을 거절했던 유대인들을 보라. 의인 아벨의 피로부터 이 땅에 흘려진 모든 피는 그 세대에게로 돌아가게 될 것이다. 하나님은 이전엔 이런 것을 요구하지 않으셨다. 율법으로 그들을 깨우치고자 하셨고, 선지자들을 통해서 그들의 마음을 고무시키셨으며, 때로는 징계를 내리심으로써 경고하셨던 하나님은 자신의 아들을 보내심으로써 그들의 총체적인 도덕성에 호소하셨다. 조상들의 그 죄가 그들의 후손들에게 동일한 죄를 짓지 말라는 경고여야 했지만, 그들은 조상들의 죄를 본받아 동일한 죄를 저질렀다. 그들은 계속해서 거기에 머물기를 고집했으며, 심판의 날에 있을 진노를 더욱 쌓아 올렸다. 그들은 하나님의 공의로운 심판에 의해서, 이 모든 일의 결과를 받아들이게 될 것이다. 그렇다 해도 그들의 조상들이 죽은 자들의 심판의 때에, 그들 각 사람이 지은 개인적인 죄에 대한 심판을 없애지는 못한다. 그러나 이스라엘 민족은 하나의 시스템으로서, 세상에서 하나님 통치의 공적인 대상으로서 심판을 이미 받았다.[9]

Chapter 2

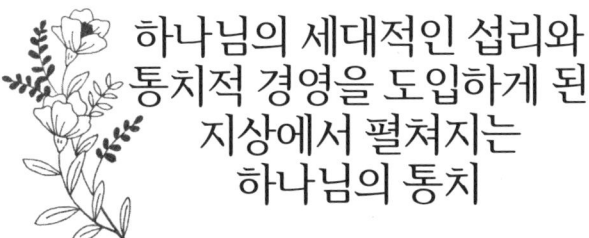
하나님의 세대적인 섭리와
통치적 경영을 도입하게 된
지상에서 펼쳐지는
하나님의 통치

홍수 이전의 인간 상태

인간의 시험

확실하고 가장 중요한 의미에서, 오직 두 사람만이 존재한다. 이 두 사람은 각각 인류의 머리다.

"첫 사람 아담은 생령(a living soul)이 되었다 함과 같이 마지막 아담은 살려 주는 영(a quickening spirit)이 되었나니 그러나 *먼저는 신령한 사람이 아니요 육의 사람이요 그 다음에 신령한 사람이니라* 첫 사람은 땅에서 났으니 흙에 속한 자이거니와 둘째 사람은 하늘에서 나셨느니라." (고전 15:45-47)

그리스도는 마지막 아담으로 불리는데, 왜냐하면 그리스도 뒤에는 다른 머리가 없기 때문이다. 첫 사람은 자연인이고, 둘째 사람은 영적인 사람이다. 우리가 첫 사람의 시험에 대해서 말할 때, 그것은 아담을 머리로 둔 인류를 시험하는 것을 말한다. 첫 사람은 하나님 앞에서 책임의 자리에 서 있었고, 그리스도를 거절할 때까지 다양한 방법으로 하나님에 의해서 시험을 받았다. 아담의 시험은 그가 타락하기 이전 "무죄상태(innocent)"에서 받았다는 점에서 독특했다. 그 말은 그가 악에 대해서 전혀 몰랐다는 것을 의미한다. JND는 이렇게 썼다.

> 우리는 사람이 무죄상태에서부터 그리스도의 십자가에 이르기까지 온갖 방법으로 시험을 받았음을 보게 되며, 최종적으로는 하나님의 아들까지 포도원에서 쫓아내었으며, 죽게 했다.[10]

어쨌든 무죄상태에 있던 아담이 타락한 후에야, 아담은 인류의 머리가 되었다.

> 아담이 죄를 짓고 나서 인류의 머리가 된 것처럼, 그리스도도 부활하신 이후에야 인류의 머리가 되셨다.[11]

타락한 후에, 인간은 잃어버린바 되었다. 우리는 인간이 그 사실을 인정하지 않을 것이라는 것을 잘 알고 있으며, 심지어 많은 그리스도인들조차도 "사람은 인간으로서의 완전한 시험을 받았으며, 그 결과로 하나님은 다른 사람을 세우셨기에",[12] 이로써 첫 사람의 시험이 끝났다는 사실을 인정하긴 하지만, 그럼에도 인간이 완전히 잃어버린바 된 존재라는 점은 인정하지 않으려고 한다. 구약의 역사와 그리스도의 초림과 거절당하심은 우리에게 첫 사람을 시험해온 역사를 말해준다. 십자가에서 그 시험이 끝났을 때, 둘째 사람이신 그리스도께서 마지막 아담의 자리를 차지하셨다(고전 15:45-47). 그러나 "무죄상태"인 동안 받았던 아담의 시험은 그 나름의 독특한 성격을 가지고 있었고, 타락한 상태에서 시험받는 인간의 공통적인 성격을 가진 시험과는 달랐다는 사실에 주목할 필요가 있다. 타락은 완전히 새로운 상태를 끌어들였는데, 이제 타락한 사람으로서 사람들은 타락한 아담을 머리로 삼은 새로운 인류를 형성하게 되었다.

타락 이후로 타락한 사람들을 시험하시는, 하나님의 시험이 있었는데, 이는 혹 시험에 합격하는 사람이 있는가를 보려는 것이 아니라 사실은 타락한 사람의 상태를 완전히 드러내기 위한 것이었다. 타락한 사람에 대한 첫 시험은 타락부터 노아의 홍수 때까지 이어졌다. 이 시대는 홍수 이후에 시험의 형태와는 다른 독특한 시험의 특징을 가지고 있었다. 홍수는 하나님이 타락한 사람을 시험하는 방식에 있어서 분명히 새로운 방식을 보여주었고 또한 세계 역사를 두 부분으로 나누었다. 이 사실은 베드로후서 3장 6,7절에 잘 나타나 있다. 이 구절을 보면 홍수 이전 시기는 "그 때에 세상"으로 불리고 있고, 홍수 이후 시기는 "현재 하늘과 땅"으로 불리고 있다.

"그 때에 세상"은 인간을 시험할 수 있는 하나님의 정해진 섭리 없이[13] 그저 인간 홀로 남겨진 타락한 사람의 세계였다. 하나님은 어떤 정해진 원칙이나 질서를 소개하지 않으셨고, 인간을 그냥 내버려 두셨다. 그리스도인들은 그 시대를 "양심 시대"라고 부르기도 하지만, 사실 하나님은 그 시대에 하나의 원칙으로 양심을 제시하진 않으셨다. 하나님은 그저 사람을 내버려 두셨을 뿐이다. 이제 JND는 인간이 양심에 맡겨졌다는 것을 잘 알고 있었지만, 홍수 이전에 어느 "세대"가 있었다는 생각은 거부했다. JND는 정확하게 말하자면, 홍수 이전에는 어떠한 세대도 없었다고 강조했다.14) 인간은 에덴동산에서 그저 "무죄상태"에 있었다.15) 그는 아담과 노아 사이의 시기를 "양심"으로 언급했을 뿐이다.16) JND는 아담이 율법을 가지고 있었다고 믿지는 않았지만, 하나의 법은 가지고 있었다고 믿었다.17)

1838년에 쓴 글을 보면, JND가 홍수 이전 상태에 대해서 어떠한 생각을 가지고 있었는지를 엿볼 수 있다. 즉 그는 "결과적으로 하나님의 성품에 속한 원칙들은 전개되지 않고 있었다"라고 말했다.

대홍수 이전과 이후의 하나님의 섭리 사이에는 매우 명확한 차이가 있다. 타락 이후로 하나님의 백성들과 경건치 않은 사람들의 세상이 항상 있었다. 하나님은 증인 없이 세상을 떠나신 적이 없으시다. 에녹의 예언은 그 당시 하나님의 백성들을 위한 가르침이었으며 또한 우리 시대의 신실한 자들의 소망이다. 그럼에도 불구하고 그 시대에는 명확한 심판이나 부르심을 받은 민족이나 외적인 부르심은 없었다. 사실 이런 것들은 신자들을 선택받은 거룩한 하나의 백성으로서 하나님 앞에서 인정받은 하나의 몸을 형성하게 해주는 것들이다. 결과적으로 하나님의 성품에 속한 원리들은 전개되지 않고 있었다. 다만 타락한 인류가 있었고, 그들은 타락한 인간의 본성대로 살았으며,

하나님의 증거가 있었음에도 불구하고 본성이 이끄는 대로 살아갔다. 그리고 하나님은 아주 소수의 사람들만을 제외하고, 어느 누구도 피할 수 없는 심판을 통해서 (더 이상 악인들을 참아보실 수 없으셨기 때문에) 악인들을 지면에서 쓸어버리실 때까지 아무 것도 하지 않으셨다. 그 때에 세상은 물에 삼켜짐으로써 멸망을 당했다. 하나님은 땅 위에 사람 지으신 것을 한탄하셨다. 왜냐하면 "땅이 하나님 앞에서 부패했고, 온통 폭력으로 가득했기 때문이다." 그래서 하나님은 세상을 멸망시키셨다.[18]

또 다시 이렇게 썼다.

홍수 이전과 이후의 하나님의 섭리의 차이점을 살펴보는 일은 매우 흥미롭다. 아담이 심판을 받았을 때, 그에게 어떤 약속도 주어지지 않았다. 첫 사람은 그가 심판을 받아 마땅하다는 사실 외에는 모든 것을 잃었고, 죄악된 육신상태에 있는 아담에겐 아무런 약속도 주어질 수 없었다. 하지만 사탄의 힘의 완전한 파괴가 선포되었다. 뱀에게 심판을 선언하면서, 아담이 아니라 여자의 후손이 (당연한 말이지만 아담은 여자의 후손이 아니었다) 뱀의 머리를 상하게 할 것이 선포되었다. 그 약속들은 그리스도 안에서 이루어질 계획이었다. 그리고 아벨, 에녹, 노아와 같은 개인들은 은혜 안에서 하나님의 다루심을 받았지만, 새로운 제도나 원칙은 설립되지 않았다. 인간은 인간으로서 책임 있는 존재로 남게 되었다. 그리고 세상은 무법천지였고, 부패했으며, 폭력으로 가득했다. 그리고 너무나 나쁜 상태에 빠졌기 때문에, 심판이 왔고, 그 때 세상은 멸망을 당했다. 새로운 머리도 새로운 약속도 없었다.[19]

홍수 이전 삶의 규칙

홍수 이전에 타락한 사람의 행동과 관련해서 고려해야 할 사항이 여러 가지가 있다.

타락하기 이전 아담을 위한 삶의 규칙은 무죄상태의 본성(innocent nature)과 조화를 이루었으며, 하나님이 그에게 주신 축복의 자리와 일치했다. 그는 이러한 복에 감사하면서 이것과 일치하는 삶을 살아야 했다.

인간의 다음 역사를 간략하게 살펴보면, 그 때에 세상을 살아갈 때 삶의 규칙이 무엇이었는지 성경이 우리 앞에 제시하는 것은 바로 경고가 주어졌다는 것이다. 우리는 에녹과 노아에게 경고가 주어진 것을 볼 수 있다. 하지만 타락 후의 장면은 홍수로 끝났다. 부패와 폭력 속에 나타난 악의 힘은 심판을 받았다. 그들에겐 (태초부터 전해져온) 하나님을 아는 지식과 양심과 에녹과 노아와 같은 선지자들의 증거, 그리고 창조 속에 나타난 하나님에 대한 증거들이 있었고, 이러한 것들이 삶의 규칙이었으며, 이를 통해서 그들은 심판을 받았다. 그래서 사도들과 같은 사람들은 그들을 본받아 우리를 가르친다. 하나님께서 - 에녹에게 - 하나님을 아는 참 지식을 계시하셨을 때, 이렇게 하나님을 아는 지식은 은혜 안에서 그 시대를 살아갈 지침으로써 주셨던 것이 분명하다.[20]

세대란 무엇인가?

세대들과 구분 가능한 시기들

아담의 타락에서 대홍수까지 구분 가능한 기간이 있긴 하지만, 엄밀히 말하면, 그것은 하나의 세대를 구성하지 않는다.

지상 낙원에서 아담이 추방을 당한 후 대홍수가 일어나는 기간 동안, 인간은 하나의 가족, 하나의 인류였다. 우상 숭배는 없었다. 사람은 그저 자기 길을 가도록 내버려 두었고, (아무런 증거가 없었던 것은 아니지만, 제지하는 것은 전혀 없는 상태였으며) 악을 제어할 수 있는 것은 없었다. 대홍수가 그것을 종식시켰다. 이 사건 이후, 즉 하나님의 심판 이후 새로운 세상이 펼쳐지게 되었고, 통치의 원칙이 도입되었다. 살인한 사람은 죽음에 처해지게 되었다. 폭력에 재갈이 물리게 되었고, 외적인 죄에 굴레가 씌워졌다. 하나님에게서 멀리 떠난 세상 사람들의 마음은 이전과 동일하게 부패한 상태로 있었다. 아직 민족들은 생겨나지 않았지만, 다양한 인종의 운명이 예언적으로 밝아오기 시작했으며, 오늘날 존재하는 그대로의 모습을 갖출 준비를 하고 있었다. 아담이 낙원에서 실패한 것처럼, 노아는 홍수 이후에 그가 들어간 지위에서 실패했다. 인간은 항상 실패했으며, 하나님의 직접적인 도우심을 받지 못한 모든 피조물은 항상 실패로 끝났다.[21]

많은 독자들이 "무죄상태"와 "양심"을 하나의 세대로 생각하는데 익숙해져 있기 때문에, JND가 홍수 이전에는 세대가 존재했다는 생각을 받아들이지 않았다는 사실은 그렇다면 '그는 무엇을 세대로 생각했는가? 라는 질문을 할 수밖에 없게 만든다. 한 가지를 언급하자면, 어떤 사람들이 하는 것처럼 JND는 그 단어에 중요성을 부여하지 않았다.

> 일반적으로 세대라는 단어가 특정 기간 동안, 신적인 권위에 의해서 확립된 특정 상태를 지정하는 데 사용되긴 하지만, 나는 세대라는 단어를 고수하진 않는다.[22]

그렇긴 하지만 어쨌든 그가 모든 구별 가능한 하나의 기간을 세대라고 생각하지 않았다는 것은 분명하다. 하나의 시기를 하나의 세대로 보기 위해선 반드시 필수적인 요소가 있었다.

> 하나의 세대란 인간이 타락하고, 시험을 받고, 실패하기 이전에,[c] 하나님이 설정하신 섭리적인 원리다. 그러므로 하나님은 그에 따른 수단들을 통해서 행동하실 수밖에 없으셨다.[23]

사실, 세대의 도입은 통치의 도입에 따른 필연적인 결과였다. 1839년 6월 레밍턴에서 열린 한 모임에서 JND는 이렇게 말했다.

> 하나님이 정하신 적절한 세대가 있기 전에, 우리는 홍수 이전 세상을 볼 수 있다. 정확하게 말해서 하나의 세대는 아니지만, 어떤 의미에서 사람들은 그냥 방치되었다. 에녹과 노아에겐 증거가 있었지만, 하나님이 땅을 다스리고 운행하시는 어떤 질서나 시스템은 소개되지 않았다. 우리는 이것을 통해서, 하나님은

---

c) JND는 타락을 하나님의 정해진 질서와 섭리와 연관 지어서 생각했다. 예를 들어서 노아가 새 세상의 통치를 받은 후 술에 취하게 된 것과 같다.

자신의 성품에 속한 은혜 안에서 행하시는 것을 볼 수 있다. 노아는 충성스러운 증인이었다. 이것은 엄격하게 말해서 하나의 세대는 아니었지만, 그에게는 (믿음이라는) 큰 원칙이 있었다.24)

아이온(AION)이라는 단어

Aion(age)라는 단어에 대해 JND는 다음과 같이 썼다.

이 아이온(aion)이란 단어는 고전 그리스 저자들이 "인간의 생명(man's life)"을 의미하는 뜻으로 사용했으며, 성경에서는 "하나의 세대(a dispensation)"(또는 어떤 특정한 원칙을 따라서 하나님이 정하신 대로 이 세상의 사건들이 진행되어 가는 과정)란 뜻으로 사용했다.25)

여기서 우리는 하나의 세대가 형성되려면 하나님의 편에서 어떤 특별한 원칙의 도입이 필요하다는 것을 그가 강조했음을 다시 한 번 볼 수 있다. 엄밀히 말해서 그것을 세대로 부르려면 그저 하나의 아이온 또는 하나의 시대로 구분될 수 있다는 것만으로는 부족하다. 따라서 엄밀히 말하자면, 세대는 홍수에서 십자가에 이르는 기간 동안 첫 사람의 시험과 연관이 있으며, 십자가 이후에 하나님은 둘째 사람을 부활의 토대 위에 세우셨다.d) 이

---

d) 나는 십자가 이후엔 세대들이 없다는 사실을 생각하면서, W. 켈리(Kelly)가 오이코노미아를 "행정 또는 경륜(administration)"으로 번역한 것이 더 일관적이었다고 말하고 싶다. 표 1을 보라. 어쨌든 JND는 그의 글에서 에베소서 1장 9,10절에 있는 그 단어가 "행정 또는 경륜(administration)"을 가리킨다고 말했다.

사실은 JND가 현 시대를 말할 때 전통적인 방식으로 세대라는 단어를 자주 사용했다는 사실을 고려할 때도 염두에 두어야 할 중요한 사안이다.

히브리서 9장 26절과 고린도전서 10장 11절

히브리서 9장 26절과 고린도전서 10장 11절에 대한 JND의 주석을 보면, 우리의 주제와 관련해서 흥미로운 점들을 많이 볼 수 있다. 이 두 개의 구절을 그는 이렇게 번역했다.

"이제 자신의 희생 제물에 의해서 죄를 없이 하시려고 시대들의 정점(the consummation of the ages)에 나타나셨느니라." (히 9:26)

"그들에게 일어난 이런 일은 모형들이 되고 또한 시대들의 종말의 때(the ends of the ages)를 살고 있는 우리의 교훈을 위하여 기록되었느니라." (고전 10:11)

JND는 이렇게 썼다.

주님은 자신의 죽음에 대해서 말씀하시면서, "이제 **이 세상**에 대한 심판이 이르렀으니"(요 12:31)라고 말씀하셨고, 요한복음 15장 24절에서는 "그들이 나와 내 아버지를 보았고 또 미워하였도다"라고 말씀하셨다. 그러므로 히브리서 9장 26절은 "이제 자기를 단번에 제물로 드려 죄를 없이 하시려고 **세상 끝**에 나타나셨느니라"고 말하고 있다. 십자가는 도덕적인 인간의 종말을 뜻했다. 그러나 동시에 그리스도의 죽음을 통해서 이루어진 하나님의 의(義)를 따라서 새로운 창조의 기초가 마련되었다. 하나님의 편에서는 첫 번째 아담에 속한 인류가 하나님의 아들을 거절함으로써 첫 사람에게 속한 사람들의 종말이 이루어졌고, 동시에 마지막 아담에 속한 새 사람의 창조가 이루어질 수 있는 토대가 마련되었다. 그리스도께서 십자가에서 죄가 되셨고, 죄는 십자가에서 심판받았으며, 옛 사람은 영원히 제거되었다.[26]

"시대들의 끝" 또는 "시대들의 정점"은 모두 하나님이 인간의 일반적인 상태를 시험하기 위해 인간을 다루시는 섭리를 가리킨다. 이러한 일반적인 의미에서 처음엔 무죄 상태로 시작되었지만, 타락 이후에 무죄 상태와 연결된 것이 왔다. 즉 사람을 잃어버린바 된 존재로는 보지 않지만, 다만 사람의 상태와 회복이 가능한지 아니면 잃어버린바 되었기 때문에 구원을 받아야 하는지 만을 시험하는 일이 오게 된 것이다. 그렇게 율법 없이 지냈으며, 그리고 나서 율법 아래에 있었으며, 그리고 나서 하나님이 육신으로 오신 것은 이 일에 있어서 (첫 사람을 시험하는 일에 있어서) 가장 큰 일이었다. 그러므로 요한복음 12장 31절에서 주님은 "이제 이 세상에 대한 심판이 이르렀으니"라고 말씀하셨다. 홍수 이전에는 하나님의 증언이 있었고 또 희생 제사를 드린 사실은 있었지만, 종교 예식은 없었다. 그 후에 통치가 왔다. 아브라함에게 한 약속은 우상숭배로 가득한 세상에서 분리되어 나온 사람, (정확한 표현은 아닐지라도) 새로운 인류의 머리가 되는 사람에게 은혜가 베풀어지는 것을 보여주기 위한 것이었다. 그리고 나서 율법과 선지자들, 그리고 마침내 하나님의 아들이 오셨다. 그 때 하나님은 자신의 목적들의 토대를 의에 두실 수 있으셨다.[27]

고린도전서 10장 11절에 볼 수 있는 "시대들의 종말의 때(the ends of the ages)"란 표현은 다소 낯설다. 하지만 그리스어의 의미를 보존하려면, 우리는 "말세(the last times)" 뿐만 아니라 "시대들의 끝"이라고 말하기 보다는 "세상 끝(the end of the world)"이라고 말하는 것이 좋다. 시대들의 끝은 아직 오지 않았다. 그러나 하나님이 인간과 관계를 맺으신 모든 다양한 세대들이 인간의 책임과 관련해서, 한 지점에 이르렀고, 주 예수의 죽음 속에서 종말을 맞이했다. 그렇게 하나님은 오래 참으신 끝에, 새로운 창조를 일으키셨다. 그러므로 우리는 문자적인 번역인, "시대들의 종말의 때"를 선호한다.[28]

그러므로 그 시대들의 종말의 때는 도덕적으로 시대들의 정점을 가리킨다.[29]

왜냐하면 인간의 도덕적 역사가 끝났기 때문이다. … 하지만 은혜는 끝나지 않았다.[30]

"세상 끝에", 즉 세대들의 끝에서, … 세대가 아니라 "시대들이 완결되는 시점에서, 그리스도는 자신을 희생 제물로 바쳐 죄를 없이하고자 나타나셨다." 결과적으로 나는 하나님과 함께 하는 토대로서 그리스도의 사역을 확보하게 되었다.[31]

고린도전서 10장 11절에 대해서 살펴보면, 사실 예표는 이스라엘이 아니라 **이스라엘에게 일어난 일**이었다. 즉 하나님이 이스라엘을 다루신 하나님의 섭리가 우리의 교훈이다. 이스라엘에게 일어난 일들이 세대들의 끝부분을 살아가는 우리의 교훈을 위해서 기록된 것이다.[32]

성경은 분명하게 그리스도께서 거절당하신 이후로 첫 사람은 더 이상 시험 아래 있지 않다는 사실을 밝히고 있다. 그래서 우리는 "하나님의 세대들의 끝"에 있는 우리 자신을 발견한다. 따라서 이제는 세대적인 시험이 없다.

고린도전서 10장 11절에서 "말세 또는 세상의 끝(the ends of the world)"은 곧 시대들의 완결 또는 정점이다. 나에게 세상은 이제 어떠한 세대 아래 있지 않다. 그러나 하나님이 세상을 섭리하시는 전체 과정은 그리스도께서 세상을 심판하고자 오실 때에야 끝을 맺게 될 것이다. 인간은 아담으로부터 그리스도에게 이르기까지는 책임 아래 있었고, 우리 주님은 "이제 이 세상에 대한 심판이 이르렀으니"라고 말씀하셨다.[33]

그렇다면 현재의 시기는 어떠한가?

성경에서 주님은 친히 하나님이 다른 원칙들 위에서 역사하시는 기간(이것을 세대라 부르는 것은 매우 합당하다)에 대해서 말씀하셨다. 주님은 "세상 끝(the end of this age)에도 그러하리라"(마 13:40)고 말씀하셨다. 그래서 주님은 "세상(aion) 끝에 나타나셨다(in the end of the world)."(히 9:26) 이제 아이온(aion)는 몇 개의 성경 구절에서 하나님이 특정한 원칙을 따라서 세상을 경영하시는 특정한 시간 또는 기간을 분명히 나타내고 있다. 그러므로 이 세상 끝 날에 이루어지는, 즉 이 세상에서 가라지를 뽑아내는 심판은 주님의 인간 종들에 의해서 집행되지 않는다. 반면 세상 끝에 이루어질 심판은 결국 인자의 나라에서 모든 불법적인 것들을 천사들이 거두어내는 일을 하게 될 것이다. 그러므로 현재 이 시기를 (내가 이 세대를 심판하는 것이 아니기 때문에) 일종의 괄호(parenthesis)라고 불러야 한 다. 왜냐하면 주 예수님께서 땅 위에 계실 때의 "이 시대(this age)"를 종말의 때에 심판을 통해서 종결시킬 동일한 시대로 말씀하셨기 때문이다. 그러나 이 시기는 주님이 유대인과 맺고 있는 관계와 연결된 기간이었다. 이 기간은 그리스도께서 다시 오실 때까지는 닫히지 않을 것이다. 반면 그 막간에 장자들의 교회(Church of the first-born, 히 12:23, KJV를 보라)를 하늘에 모으고 있다.34)

독자들이 위의 인용된 글의 내용을 충분히 소화하려면, 약간의 묵상할 시간이 필요할 수 있다. 이 장의 끝에 있는 차트는 이러한 개념들을 잘 풀어 설명하고 있기 때문에, 이해하는 데 상당한 도움이 될 것이다.

oikonomia라는 단어

본 주제에 등장하는 아이온(aion)이라는 단어 외에 신약성경에는 또 다른 단어가 있다. 오이코노미아(oikonomia)라는 단어가 있는데, 이 단어는 청지기(stewardship) 또는 세대(dispensation) 또는 경륜(administration, 또는 행정)으로 번역되었다. 이 단어의 용례를 제시해보면 다음과 같다.

표 1

구절	KJV	J.N.Darby	W.Kelly
눅 16:2,3,41	stewardship	stewardship	stewardship
고전 9:17	dispensation	dispensation	administration
엡 1:10	dispensation	dispensation	administration
엡 3:2	dispensation	administration	administration
엡 3:9	fellowship	administration	administration
골 1:25	dispensation	dispensation	stewardship
딤전 1:4	edifying	dispensation	dispensation

JND는 오이코노미아라는 단어가 하나의 기간을 의미한다는 것을 부인했다.

> 나는 아담의 상태를 하나의 오이코노미아로 부르거나 아니면 오이코노미아가 어디에서나 기간을 의미하는 것처럼 말하는 것을 전적으로 부인한다.[35]

이 사실과 관련하여, JND는 다음과 같이 말했다.

> 그러나 성경에서 사용되는 또 다른 단어가 있는데, 이 단어야말로 뚜렷한 기간을 의미한다. … 일반적으로 그리스도인들은 다른 시기들과는 차별된 원리가 지배하는 듯 보이기 때문에, 그것을 세대라고 부르고 싶어 한다. 즉 아이온(aion)과 아이오제스(aiozes)다. 성경은 이러한 단어를 사용하고 있긴 하지만, 이 단어는 하나의 기간으로 오이코노미아로 사용된 적이 없다.[36]

어쨌든 장차 오는 새로운 세대가 있는데(엡 1:10), 그 시기는 그리스도의 천년통치의 시기가 될 것이며, 우리는 JND가 그 시기를, "경륜(administration)"이란 의미를 가진 단어를 사용하고 있는 것을 볼 수 있다.

에베소서 1장 9,10절에 있는 **때가 찬 경륜(오이코노미아)**은 창조의 머리됨이 아니라 하나의 경륜을 의미한다. … 나는 이 구절을 문자적으로 해석한다. 즉 "그 뜻의 비밀을 우리에게 알리신 것이요 그의 기뻐하심을 따라 그리스도 안에서 때가 찬 경륜(administration of the fullness of times)을 위하여 예정하신 것이니 하늘에 있는 것이나 땅에 있는 것이 다 그리스도 안에서 통일되게 하려 하심이라."(엡 1:9,10) 자, 여기에 사용된 오이코노미아, 경륜(administration)이란 단어는 참으로 단순한 단어다. 이 시기에 이루어질 특별한 종류의 경륜이란 만물을 그리스도 안에서 통일시키는 것이다.[37]

"세대"라는 단어의 오용과 현 시대에 대해서 JND는 다음과 같이 말했다.

올리버 씨가 그 단어를 비판하는 일을 하면서 얼마나 혼돈 가운데 있는지를 보라. "현재 세대는 하나님의 은혜의 세대다."(111p) "너희를 위하여 내게 주신 하나님의 그 은혜의 경륜(사역, 오이코노미아)을 너희가 들었을 터이라."(엡 3:2) 이 구절은 은혜의 경륜이 순전히 바울에게 맡겨진 사역으로 말하고 있다. 여기서 우리는 내가 지적하고 있는, 이 단어의 원시적인 형태를 볼 수 있다. 즉 이 경륜이란 단어는 누군가에게 집 안의 경영과 관리가 맡겨진 것을 의미한다. 그렇다면 이 단어의 일반적인 의미로 해석했을 때, 과연 현재의 세대가 바울에게 위임되었다고 말할 수 있는가? 그것은 터무니없는 소리다.

고린도전서 9장 16, 17절을 보자. "내가 복음을 전할지라도 자랑할 것이 없음은 내가 부득불 할 일임이라 … 내가 내 자의로 이것을 행하면 상을 얻으려니와 내가 자의로 아니한다 할지라도 나는 사명(a dispensation of the gospel)을 받았노라." 여기서 사도 바울은 복음의 말씀(the word of evangelization)이 자신에게 맡겨진 하나의 경륜(administration, oikonomia)으로 말하고 있다. 다시 한 번 묻겠다. 모두가 인정하는 단어의 의미에서 현재의 세대가 바울에게만 맡겨진 것인가? 고린도전서 4장 1절을 보자. "사람이 마땅히 우리를 그리스도의 일꾼이요 하나님의 비밀을 맡은 자(stewards of the mysteries of God)로 여길지어다." 사도 바울은 오이코노미아라는 단어를 동일한 의미에서 "맡은 자(stewards)"(고전 4:1)로 사용하면서, 그 단어를 기독교 사역에 적용했다.[38]

그리스도와 연합을 이룬 성도들이 그리스도 안에서 함께 하늘에 앉아 있는 기간은(엡 2:6), 엄밀히 말하자면 그것은 하나의 세대가 아니다. 더구나 그것은 경륜(administration)도 아니다. 성도들이 지금 하늘의 부르심을 받고 하늘에 앉아 있지만, 이스라엘이 그랬던 것처럼 그들은 자신들에게 맡겨진 통치를 가지고 있지 않기 때문이다. 현재 기간은 일종의 괄호상태이며, W. 켈리(Kelly)가 놀랍도록 표현한 "천상의 괄호(heavenly parenthesis)"다. 천상의 괄호란 그리스도 예수 안에서 하늘에 앉아 있는 기간이며, 물론 그리스도의 몸을 이루고 있는 우리는 영원히 성도이긴 하지만, 오순절 이전의 성도들과 휴거 이후의 미래의 성도들은 여기서 제외된다. 이것은 이 장의 끝에 있는 차트에 설명되어 있다. 이제 첫 번째 세대의 시작에 대해서 살펴보자.

첫 번째 세대로서 통치

통치 세대

1836년에 JND는 연속적인 세대들의 배도란 주제의 글을 썼다. 이 글에서 그는 다음과 같은 설명을 했지만, 전통적인 방식으로 "세대"란 단어를 자주 사용했다.

> 여기서 세대들이 시작된다. 첫 번째가 노아였다. 이 부분은 간략하게 다룰 것이다. 통치가 부패와 폭력을 억제하는 일을 해야 했기에, 억제력과 경건성이 주요한 역할을 했다. 하지만 여기서 우선적으로 발견된 것은 홍수에서 구원받은 족장 노아가 술에 취한 채로 벌거벗고 드러누워 있고, 그의 아들이 수치스럽게 아버지를 조롱했던 것이다. 그 결과 그는 공의롭게(justly) 저주를 받게 되었다. 가나안에게서 우상 숭배자들이 나오게 되었다(수 24:11).39

세대의 도입은 통치의 도입에 달려 있었다. 1839년 6월 레밍턴의 한 모임에서 JND는 이 점을 지적했다.

> 우리는 홍수 이전 세상은 하나님의 세대가 도입되기 이전임을 볼 수 있다. 홍수 이전 세상은 정확히 말해서, 세대는 아니었지만 어떤 의미에서, 사람들은 하나의 몸으로서 그냥 방치되고

있었다. 여기에 에녹과 노아에겐 하나님에게서 온 증언이 있었지만, 하나님은 땅을 다스리는데 있어서 명확히 규정된 질서나 체계를 주진 않으셨다.[40]

여기서 우리는 JND가 하나의 세대를 형성하는데 필요한 본질로 무엇을 보았는지를 명확하게 볼 수 있다. 하나의 세대가 되려면, "하나님이 땅을 통치하시는 일을 위해서 구분하신 질서 또는 체계"를 요구한다는 것이다.

1840년, 제네바에서 그는 "영광스러운 교회의 소망(The Hopes of the Church of God, 형제들의집 출간, 2011년)"이란 주제로 11개의 강의를 했는데, 거기서 그는 다음과 같이 말했다.

> 그러나 (연속적인 세대들과 이와 관련된 하나님의 성품에 관한 것을 조금 더 깊이 이해하려면) 우리가 우선적으로 살펴볼 것은 홍수다. 왜냐하면 그때까지 세상에는 소위 통치가 없었기 때문이다. 대홍수 이전에 존재했던 예언은 어찌 보면 그리스도께서 오실 것이라는 정도였다. 하나님의 가르침은 항상 이런 결말을 가지고 있었다. 즉 "아담의 칠대 손 에녹이 이 사람들에 대하여도 예언하여 이르되 보라 주께서 그 수만의 거룩한 자와 함께 임하셨나니." (유 1:14)
>
> 그 다음으로 넘어가보자. 노아의 시대엔 땅에 대한 통치가 있었고, 하나님은 심판하고자 임하셨으며, 사람을 해할 수 있는 칼의 권리를 사람에게 맡기셨다.[41]

그렇다. 대홍수 이전의 예언은 주님이 심판하고자 오신다는 것이었다. 아버지께서는 모든 심판을 아들의 손에 맡기셨다(요 5장). 그러나 심판하러 오시기 전에 통치가 인간의 손으로 넘어갔다. 우리는 고린도전서 15장에서, 하나님의 섭리의 원리를 볼 수 있는데, 곧 "먼저는 신령한 사람이 아니요 육의 사람이요 그 다음에 신령한 사람"(46절)인 것을 볼 수 있다. 따라서 하나님께서 이 땅을 통치하시는 섭리의 발전 과정에 있어서, 먼저는 통치가 첫 사람의 손에 있었던 것이다.

홍수 이후의 세상에서 시작된 통치 아래에 있는 사람이 시험을 받는 기간을[42] "현재의[e] 하늘과 땅(the present heavens and the earth)"(벧후 3:7)으로 부르면서, 성경은 이러한 변화를 명확하게 드러내고 있다. 노아의 홍수 이후에 인간은 통치의 도입으로 인해서 하나님의 마음을 느끼면서 인도를 받기 시작했다. 그렇다면, 세대들은 홍수 이후의 세상과 관련을 맺을 수밖에 없었다.

홍수 이전 시기에 대해선 다루지 않을 것이다. 다만 그 시기의 일반적인 성격은 장차 의가 거하는 새 하늘들과 새 땅의 시기와는 대조적인 모습을 띠고 있으며, 그 시기의 질서를 유지하고 또 상대국의 반대나 실패한 민족의 나약함에 맞서 그것을 좋게 만들 수 있는 장치로서, 통치가 없는 슬픈 모습을 보여줄 뿐이다. 어느 것도 적절하게 세대로 부를 수 있는 것은 전혀 없

---

[e] JND는 그의 번역의 각주에서, "그 때에 세상은(then world)"과는 대조적인 뜻으로 "이제 하늘들(the now heavens)은"(벧후 3:6,7)이라고 말했다.

다. 그것들은 둘 다 우리가 살고 있는 세계와는 또 다른 세계다.

노아와 함께 우리는 세대들이 시작되거나 하나님의 섭리들이 나타나는 것을 볼 수 있는데,f) 이는 최종적으로는 그리스도의 완전한 영광을 이끌어내기 위한 것이었다. 이러한 섭리는 땅에 관한 것이며, 그리스도의 희생 위에 세워진 것이며, 땅의 복을 받기 위한 것이다. 에녹은 사실 타락한 세상에서 하나님이 데려가심으로써 하늘의 복을 받았다. 그러나 노아는 홍수를 통과함으로써 보존되어 새로운 세상을 시작할 수 있었으며, 그는 새 세상의 머리와 통치자(head and chief)가 되었다.

노아라는 이름은 주께서 저주하신 땅 때문에 사람들의 손으로 하는 일에 대한 위로와 땅의 안식을 표현한다. 노아가 얻은 지위는 세 가지 특별한 특징을 가지고 있었는데, 곧 저주를 복으로 바꾸는 희생 제사, 악의 억제력, 땅이 지속되는 동안 창조세계에 다시는 홍수가 있지 않으리라는 축복의 언약 등이 보장되었다. 세대와 관련해서 생각해볼 것은 노아는 새로운 세상과 체계의 머리였고, 악이 여전히 있지만 악을 억제해야만 했으며, 그렇게 할 때 땅이 저주를 받아 신음하는 상태가 풀릴 수 있었다.43)

또 하나 짚고 넘어가야 할 점은 아담이 그리스도의 모형이었듯이, 노아 또한 그리스도의 모형이었다는 것이다.

---

f) 나는 JND가 땅에서의 통치와 땅의 부르심을 마음에 두고 있었다고 생각한다.

독자들은 얼마든지 아담을 장차 오실 분의 예표로, 마지막 아담의 모형으로 볼 수 있을 것이다. 마찬가지로 노아는 세상의 통치와 지금은 인간에게 맡겨진 악에 대한 억제력 측면에서 그리스도의 모형으로 볼 수 있다.[44]

홍수 이후 삶의 규칙

이 장의 시작 부분에서 우리는 홍수 이전의 삶의 규칙을 언급했다. 홍수 이전에 삶의 규칙을 구성했던 것들은 인간의 행동에 계속해서 영향을 미칠 수밖에 없었다. 노아와 관련하여 통치가 인간에게 맡겨지긴 했지만, 사람들이 배워야만 했던 것은 특히 세 가지 사안이었다.

1. **희생 제사**: 번제는 그리스도께서 하나님의 영광을 위하여 자신을 하나님께 완전히 바치는 제사를 가리키고 있었으며, 하나님께 바치는 안식의 향기였다(창 8:21).

2. **통치**: 그리스도께서 악을 정복하실 것이며, 그 일을 이루실 것이다(창 9:1-7). 그리스도는 또한 필요하다면 천년통치 기간 동안 사형을 집행하실 것이다.

3. **언약**: 이 언약은 오직 그리스도만이 성취할 수 있는 축복의 약속이었다(창 9:8-12).

특징이 있는 실패

연속적인 시대들 또는 일정한 기간들이 실패로 끝났을 뿐만 아니라, 예를 들어 홍수 이전의 시대가 폭력과 부패로 끝났던 것처럼 구분 가능한 시기와 기간의 시작에는 특징적인 죄가 있었다. 특징적인 죄는 결국 하나님의 심판을 불러올 수밖에 없는 실패를 예고할 만한 특징을 가지고 있었다. 그러므로 우리는 타락 이후 첫 번째 세대를 보면, 가인 속에 있던 폭력성이 아벨을 죽이고 땅의 소산물을 하나님께 바치는 일에 여전히 타락한 부패의 요소가 있었다는 것을 볼 수 있다. 하나님께서 홍수를 보내셨을 때 이 두 가지 특징이 땅을 가득 채우고 있었다. 동일한 패턴이 통치가 도입된 이후에도 펼쳐졌다. 얼마 지나지 않아, 노아는 술에 취함으로써 통치하는 일에 실패했다(창 9:18-27). 그는 자신을 다스리는 일에 실패했다.

약속의 땅으로 하나님의 부르심을 받은 아브라함은 이집트로 내려갔다. 그곳에서 아브라함은 자신의 아내를 누이라고 속이는 일을 했고, 이로써 참 관계를 부인했다. 이스라엘 자손은, 모세가 율법을 받고자 산에 올라가 있는 동안, 급속하게 타락했다. 그들은 앉아서 먹고 마시며, 일어나서 뛰놀면서 괴악한 행동을 했다. 즉 황금 송아지를 숭배했던 것이다. 사실 성령께서 신적인 능력으로 교회를 형성하셨고, 인격체로서 교회 안에 거하시고 또한 신자 속에 내주하셨을지라도, 마치 성령께서 특별한 능력으로 임하신 일이 없는 것처럼 곧 두 사람이 성령님을 속이는 일을 저질렀던 것을 볼 수 있다(행 5:1-4).

세 가지 경륜

JND가 그리스도의 영광을 위한 하나님의 섭리와 연관해서 강조했던 여러 가지 주제들이 있는데, 나는 이 주제들을 "세대적인 진리"라고 부르면서 이와 관련하여 다루고자 한다. 다음과 같다.

1. 노아와 함께 우리는 세대들이 시작되거나 하나님의 섭리들이 나타나는 것을 볼 수 있는데,[g] 이는 최종적으로는 그리스도의 완전한 영광을 이끌어내기 위한 것이었다.

2. 하나의 세대는 "하나님이 땅을 통치하시는 일을 위해서 구분하신 질서 또는 체계"다. 나는 시간의 개념은 없는 제사장제도, 사사제도 그리고 왕의 제도와 같은 것들과 구별하기 위해서 이런 것을 경륜이라고 부를 것이다.

3. (아브라함을 통해 소개된) 하나님의 부르심 - 다음 장을 보라.

4. (이스라엘에서) 통치와 부르심의 결합

5. 십자가에서 끝나버린 첫 사람의 시험

---

g) 나는 JND가 땅에서의 통치와 땅의 부르심을 마음에 두고 있었다고 생각한다.

6. 구약의 선지자들이 보지 못했던 그리스도와 교회의 비밀 (롬 16:25,26, 골 1:26, 엡 3:9)이 현재 천상의 은혜 시스템으로서 펼쳐지고 있다.

7. 그리고 사람이 실패한 모든 것이 그리스도에 의해서, 때가 찬 경륜 가운데서(엡 1:10) 하나님의 영광으로 화하게 될 것이다. 그 때에 그리스도는 하늘에 있는 것들과 땅에 있는 것들을 다 통일하실 것이며, 땅에 속한 것들의 머리로서 통치와 부르심 안에서 하나님을 영광스럽게 해드릴 것이다.

앞의 내용 3-7은 다음 장에서 하나씩 다룰 것이다. 나는 이 장의 끝부분에 있는 차트에서 이러한 것들을 설명하고 또한 차트에 있는 (1)과 (2)로 지정된 첫 사람의 세대적인 시험과 관련하여 발생한 두 가지의 특별한 특성을 설명하고자 여기에 모두 모았다. JND는 이 두 가지를 구체적으로 설명하지 않았지만, 전통적인 용어를 사용해서 이 두 가지를 설명하고자 나는 다음과 같이 도움이 되는 사항을 제안하고자 한다.

1) "삼위일체(trinity)"라는 단어는 성경에서 볼 수 없지만, 이 단어는 성경에서 하나님의 세 위격에 대해서 밝히고 있는 진리를 표현한다. 이 장의 끝부분에 있는 차트의 (1), (2), (3)은 특별한 성격을 가지고 있기 때문에, 그런 관점에서 이해할 필요가 있다.

2) 비밀의 경륜(administration, 오이코노미아)은 바울에게 개

인적으로 맡겨진 것이었다. 하지만 책임의 시기(바울로부터 휴거의 때까지)는 바울에게 맡겨진 것이 아니었다. 어쨌든 오이코노미아는 일정한 기간을 의미하지는 않지만, 때가 찬 경륜(the administration of the fulness of times, 엡 1:10)은 그리스도께서 1,000년 동안 통치하시는 오랜 기간을 형성하고 있다. 이것은 하나의 경륜이 일정한 시기 동안 진행될 수 있음을 보여준다.

3) 이전 두 개의 경륜 아래서 실패한 것까지 포함해서, 그리스도께서는 첫 사람이 시험 아래서 실패한 모든 일에서 하나님께 영광을 돌리실 것이다. 그리스도는 (이 장의 끝에 있는 차트 (3)에서) 통치와 부르심의 경륜을 완벽하게 이루심으로써 하나님의 영광을 나타내실 것이다.

4) 천년의 기간은 그리스도께서 선한 역사를 이루는 시기이며, 첫 사람이 실패한 모든 것을 선(善)으로 바꾸시는 시기임을 마음에 새겨야 한다. 이것은 첫 사람이 실패한 부르심과 통치를 포함하는 이전의 하나 또는 그 이상의 경륜이 포함되어 있음을 뜻한다.

5) 통치는 사람에게 맡겨진 것이며, 노아에게만 아니라 다른 사람에게도 맡겨졌다. 이스라엘 민족은 통치와 부르심이 결합된 형태다. 이 두 가지는 하나님이 인간을 다루시는 특별하고도 중요한 원칙들이었으며, JND에 의해서 매우 강조되었다. 사실, 통치와 부르심은 십자가에서 첫 사람의 시험이 종결되고 이로써 마지막 아담이 세워지게 된 일과 더불어 하나님이 인간을 섭리

하시는 방식을 설명하는, JND의 가르침의 본질이었다. 이 점이 그의 가르침에 독특한 특징을 부여한다.

그러므로 나는 위의 내용들을 살펴보고 또 JND가 지적한 대로, 사람에게 통치를 맡기는 것을 첫 번째 경륜(세대)[45]으로 정하는 것이 좋을 것이라고 제안한다. 어쨌든 이스라엘에서 통치와 부르심이 결합되었을 때, 첫 사람에 대한 새로운 시험이 시작되었다. 이것은 JND가 지적한 대로, 두 번째 경륜(세대)이다.[h] 이스라엘이 여호와의 백성으로서 인정받는 기간 동안에는, 제사장의 제도와 왕의 제도를 운영하는 다른 보조적인 세대들이 있었다. 이러한 것들은 하나님이 이스라엘 백성들과 관계를 맺는 추가적인 방법들이었다. 제사장 직분과 왕의 직분은 율법의 언약 아래서 부르심을 받은 이스라엘 민족을 하나님이 이 땅에서 통치하고자 정하신 제도다. 이 두 가지 제도는 이스라엘 속에 통치와 부르심이 결합된 경륜 아래에 포함되었으며, 모세로부터 이방인의 때가 시작될 때까지 계속 존재했다.

이스라엘이 실패한 결과로, 통치는 이방 제국에게로 넘어갔으며(단 2장), 따라서 **이스라엘을 향한 심판의 형태로 지상의 괄호(an earthly parenthesis)**가 발생했다.

---

h) 한편 아브라함에게 부르심의 원칙이 세워졌지만, 그럴지라도 이것은 새로운 세대는 아니었다. 왜냐하면, 사람은 그 당시에 부르심에 의해서 시험을 받지 않았기 때문이다.

여기서 말하는 사건은 그야말로 통치가 하나님의 부르심에서 분리됨으로써 땅의 전체의 상태를 바꾸어 놓았다. 이 두 가지는 유대인 백성들을 오랫동안 책임 아래 있는 백성으로 하나로 묶어 왔다. 이러한 하나 됨은 (그들이 왕을 구하기 전까지 하나님은 그들을 직접 통치하셨지만 인간의 불신실성으로 인해서 실패하게 되었지만) 그리스도의 모형이었던 택함을 받은 사람(다윗)의 통치 아래서 새롭게 세워질 수 있었다. 예루살렘이 멸망하고 다윗의 보좌가 허물어졌을 때, 세상의 통치는 이방인들의 손으로 넘어가게 되었다. 이방인의 때가 책임 아래 시작되었고(단 2:37,38을 보라), 그로 인해 발생하게 된 영향이 무엇인지 다니엘서, 요한계시록, 스가랴서에 서술되었으며, 그러한 내용들이 다니엘서 4장에 잘 소개되어 있다. 이방인들이 통치하는 기간 동안 이스라엘은 로암미, 즉 "너희는 내 백성이 아니요"가 되었다.46)

그러나 이러한 변화로 인해서 이방인들은 부르심을 받지 못했다. 이스라엘도 더 이상 하나님의 통치를 맡은 민족이 아니었다. 그래서 더 이상 경륜이 존재하지 않게 되었다. 첫 사람은 통치와 부르심의 경륜을 수행하는 데 실패했다. 그런 의미에서 우리가 지금까지 말해온 다음 경륜은 그리스도께서 때가 찬 경륜을 경영하실 것이며(엡 1:10), 즉 천년통치의 시기에, 첫 사람의 실패를 하나님의 영광으로 바꾸실 것이다.

십자가에서 부르심을 받은 백성들(이스라엘)과 이방 통치(로마)의 대표자들이 하나님의 그리스도를 쫓아냈다. 이로써 첫 사람의 시험은 끝났다. 결과적으로 하나님은 오순절과 휴거 사이에 있는 즉 은혜의 천상의 체계로서, 천상의 괄호로서, 만세와 만대로부터 감추어왔던 위대한 비밀을 계시하셨다. 이 역사가 완료되면 다니엘의 70번째 주간이 시작될 것이다. 이제 성도들은 부르심은 있지만 통치는 없다. 그러므로 현재 시기는 하나의 세대(경륜)가 아니다.

다니엘의 칠십 번째 주간의 중반에, 짐승(계 13:1-10)이 사탄에게서 권세를 받게 될 것이며, 땅에서 하나님에게서 온 것이 아니라 사탄에게서 온 권세로 새로운 형태의 통치를 세우게 될 것이다. 여기서 우리는 통치적인 배교(governmental apostasy)를 볼 수 있다. 또한 이 시기에 기독교계의 배교자들과 유대인 배교자들이 사탄의 거짓말을 믿게 될 것이며(살후 2장), 사탄과 짐승과 적그리스도를 숭배하게 될 것이다(계 13:11-18).

악이 완전히 무르익었을 때, 그리스도를 내쫓았던 이 세상의 심판이 이루어질 것이며("이제 이 세상에 대한 심판이 이르렀으니"), 이 둘째 사람이 그의 "능력의 천사들과 함께 하늘로부터 불꽃 가운데에 나타나실 것이며, 하나님을 모르는 자들과 우리 주 예수의 복음에 복종하지 않는 자들에게 형벌을 내리실" 것이다(살후 1장). 그 때 우리의 사랑하는 주님이 만국의 주님으로서 공개적으로 나타나실 것이며, 모든 무릎이 그분 앞에 꿇게 될 것이다. 땅에서는 모든 이스라엘이 구원을 받게 될 것인데(롬 11:26, 사 66:8), 이는 그들이 하나님의 주권적 행위에 의해서 언약 속으로 들어오게 될 것이기 때문이다(겔 20:33-38, 렘 31:31-34, 히 8:8-13). 그 때에 메시아께서는 옛 백성들 앞에서 영광 가운데 통치하실 것이며(사 24:23), 우리도 그분과 함께 하게 될 것이다(계 3:21, 딤후 2:12). 주님은 인간이 실패한 모든 것, 심지어 제사장 제도와 왕의 제도도 선하게 바꾸실 것이며, 따라서 왕의 보좌에 앉으실 것이며 또한 제사장의 자리를 차지하실 것이다(슥 6:13).

우리 주 예수님은 자신에게 맡겨진 일을 다 마치시고 또 하나님을 영광스럽게 해드렸을 때에도 자신을 지극히 낮추셨다(요 17:4). 갈보리 십자가에서도 그리스도는 하나님께 영광을 돌리셨으며, 그렇게 하실 때에도 도덕적으로 의로우셨다.

> "보라 싹이라 이름하는 사람이 자기 곳에서 돋아나서 여호와의 전을 건축하리라 그가 여호와의 전을 건축하고 영광도 얻고 그 자리에 앉아서 다스릴 것이요 또 제사장이 자기 자리에 있으리니 이 둘 사이에 평화의 의논이 있으리라."(슥 6:12-13)

권능과 영광 가운데서 그리스도께서 오시는 일은 다니엘서 2장의 우상을 깨뜨리는 사건이 될 것이다. 이로써 이방 제국의 재앙적인 종말이 이루어지고, 그리스도의 손에 의해서 다스림을 받는 통치가 세워지게 될 것이며, 이 때 회복되고 구원받은 모든 이스라엘, 즉 하나의 민족으로 부르심을 받은 이스라엘을 통해서 세상 경영이 이루어지게 될 것이다(롬 9:4과 비교해보라). 이로써 때가 찬 경륜 아래서 (그 때 그리스도의 아래서) 이스라엘 민족에 대한 심판이라는 지상의 괄호에 의해서 중단되었던 (이스라엘의 실패에 의해서) 통치와 부르심의 경륜이 재확립될 것이다.

우리가 이 장에서 살펴보고 있는 것은 땅에서 하나님의 통치와 관련된 세 가지 경륜 밖에 없지만, 율법 외에도 하나님의 옛 백성들과의 관계에 속한 보조적인 세대들이 있었는데, 바로 제사장들과 사사들과 왕들의 세대였다. 첫 번째 경륜은 오직 통치의 경륜만 있었고, 나중에는 통치와 부르심이 결합하게 되었다. 이 세 가지 경륜은 다음 페이지의 차트에 설명되어 있으며, 다음 장에서 자세히 살펴볼 것이다.

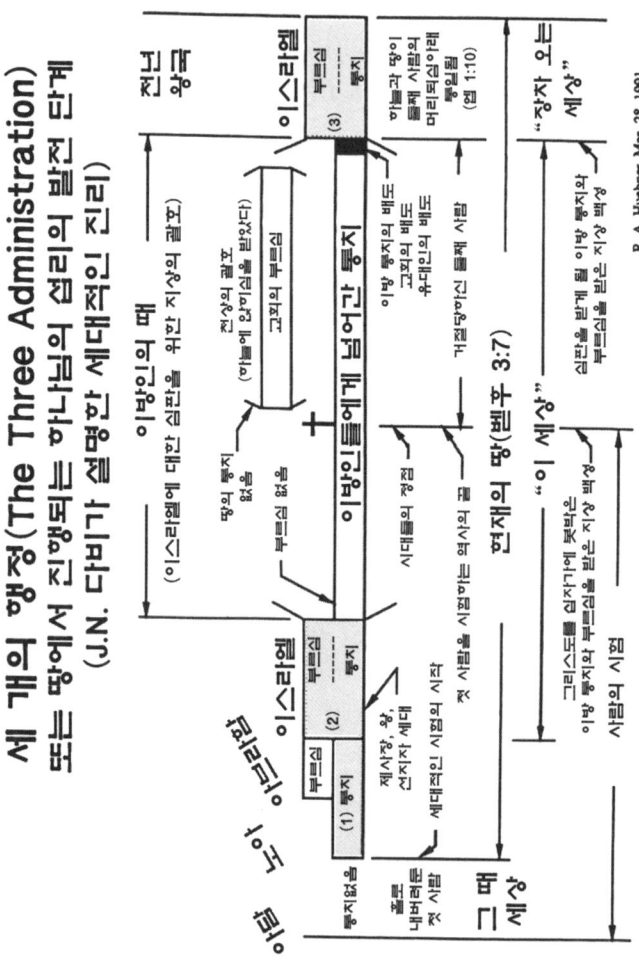

Chapter 3

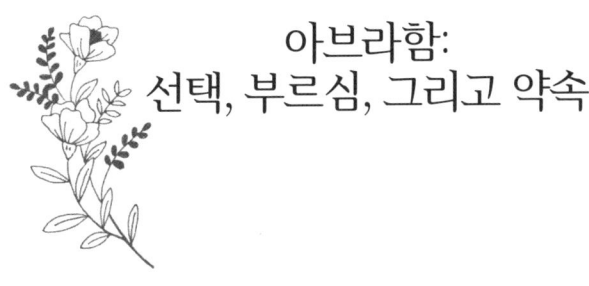
아브라함:
선택, 부르심, 그리고 약속

아브라함의 부르심의 경우

홍수 이후에 바벨탑에서 언어를 혼잡스럽게 하신 하나님의 심판의 결과로 이방민족들이 발전하게 되었다. 그렇게 하신 것은 인간을 다루시는 하나님의 섭리의 일부였는데, 이로써 인간이 여러 민족들을 형성하게 되었다. 이제 하나님의 부르심이 도입되는 배경이 만들어졌다.

오늘날까지 존속하는 두 가지 위대한 원칙은 노아 이후에 발전하게 된 세상의 특징적인 모습을 이루었다. 두 가지 원칙은 바벨탑과 연결되어 있다.47) 지금까지, 홍수 이전이든 이후든, 인류는 오직 한 가족뿐이었다. 이제 홍수로 인간을 심판한 결과, 인간은 땅 위에서 자신을 높이고, 자신의 이름을 알리고 또 자신에게로 힘을 집중시킬 수 있는 중심을 세우고자 했다. 이에 하나님은 바벨탑을 세우던 사람들을 흩어지게 하셨고, 이로써 여러 백성들과 다양한 언어들과 여러 민족들이 생겨나게 되었다. 다른 민족들과 다른 나라들로 나누어진 결과 세상의 현재 모습이 확립되었다. 게다가 개인들의 에너지가 응축되어 제국을 형성했으며, 그 중심과 출발점을 바벨탑으로 삼았다. 세계가 형성된 지금 우리는 이에 대한 하나님의 증언과 섭리를 볼 수 있다. 이 국가들의 시스템의 중심에는 다양한 언어들과 백성들과 나라들이 있다.

하나님의 심판이 세상에 질서를 가져왔지만, 세상의 역사에는 엄청난 사실이 나타나게 되었다. 인간의 죄는 더 이상 하나님께 대항하는 것만이 죄가 아닌 것이 되었다. 이렇게 하나님을 대적하는 죄는 인간 속에 내재되어 있는 부패성과 독립적인 의지의 발현에 의해서 나타나는 것이었다. 이제 악마는 인간의 눈과 상상력을 자극하면서 하나님의 자리를 차지하고 있다. 우상숭배가 여러 민족들 가운데 군림하게 되었고, 심지어는 하나님을 섬기도록 하나님께 가까이 불러 모은 셈족도 우상숭배에 빠졌다. 이러한 우상숭배는 근본적으로 어디서나 똑같았지만, 각 나라마다 신들을 모시고 있었다. 바벨탑에서 인류를 심판할 당시 하나님이 직접 세운 제도는 악마를 그들의 신으로 인정하는 결과를 초래했다. 그리고 이 점이 아브라함을 불러내는 계기가 되었다.[48]

그러므로 JND가 집중했던 두 가지 큰 원칙은 우상숭배와 하나님의 부르심이다. 하나님은 심판을 통해서 사람들을 흩어지게 하셨고, 이에 여러 민족들이 생겨났다. 사람들은 악마를 숭배하게 되었다. 이로써 하나님께서 세우신 것이 끔찍한 부패에 빠지게 되었다. 하나님의 섭리가 발전되어 가는 과정에서 이러한 민족들과 친족들, 그리고 직계가족들의 상태가 아브람을 불러내어 따로 분리시켜야만 하는 배경이 되었다.

영광의 하나님께서 아브람에게 나타나셨고, 그의 본토, 그의 친척과 그의 아버지 집을 떠나라고 부르셨다. 그는 하나님이 세운 체계와 가장 가까운 인간관계를 완전히 깨야 했다. 그는 하나님의 주권적인 은혜에 의해서 선택되었다. 부르심을 받았고 믿음으로 걸어야 했으며, 그에게 약속이 주어졌다.[49]

아브라함의 부르심

아브라함과 관련하여, 세 가지 새로운 주요한 진리가 있다. 그 세 가지 진리는 *선택, 부르심, 그리고 약속*(election, calling and promise)이다. 이 세 가지는 필연적으로 분리를 통해서 이루어지는 것이었다. 여기서 분리란 바로 나라와 친척과 아버지의 집을 떠나는 것을 의미했다.

그 다음으로 제시된 중요한 원칙은 부르심과 선택이다. 땅은 이제 부패하게 되었고 폭력으로 가득하게 되었을 뿐만 아니라 하나님을 완전히 떠난 상태가 되었다. 하나님을 아는 지식에서 떠났고, 다른 신들을 섬겼다. 하나님은 주권적인 선택에 의해서 아브람을 불러내셨으며, 세상과 분리되어 하나님을 따르도록 하셨다. 이제 세상에서 분리되어 믿음으로 약속을 누리는 것이 복을 받는 신성한 원리가 되었다. 아브라함은 믿는 모든 사람의 아버지다. 그는 오직 하나님이 그에게 보여주신 약속의 땅을 위해 자신의 본토, 친척, 아버지의 집을 떠나라는 하나님의 최고의 명령에 순종해야 했다. 약속의 땅에 도착한 그는 여전히 약속을 기업으로 받지 못한 채 인내로, 믿음으로 살면서 행해야만 했다. 맹세로 주신 기업을 약속으로 받았지만 그는 자신의 아들 이삭의 목숨을 바쳐야 했다. 하지만 그는 하나님이 능히 이삭을 죽은 자 가운데서 다시 살리실 것을 믿었고, 하나님에 대해서 아무런 의심 없이 확신 가운데서 이삭을 바쳤다.

우리 또한 선택, 부르심, 그리고 약속을 가지고 있으며, 이 세 가지 때문에 신자들은 하나님을 떠난 세상에서 이방인이다. 여기에 우리는 부활 안에 있는 하나님의 능력으로 약속을 받는다는 뚜렷한 원칙을 추가할 수 있다. 이 특별한 지위는 아브라함을 특별한 방식으로, 아브라함의 믿음에 속한 사람들 - 모든 믿는 사람들 - 의 아버지로 만들었다. 그는 세상의 상속자이며, 그가 믿었던 하나님 앞에서 많은 민족의 아버지다.[50]

아브라함이 부르심을 받은 결과

아브라함의 부르심은 하나님의 섭리에 중요한 원리를 도입했다.

이 부르심은 또 다른 매우 중요한 원칙을 끌어들였다. 하나님과 함께 동행해온 많은 신실한 사람들, 곧 아벨과 에녹과 노아가 있었다. 그러나 인류의 조상이자 악의 머리였던 아담과 같은 존재는 없었다. 이제 부르심을 받은 아브라함은 세상 밖에서 약속을 상속받게 될 새로운 인류의 조상이 되었다. 물론 이것은 그리스도인들에게는 영적인 방식으로, 이스라엘 백성들에게는 육체적인 방식으로 전개될 것이다. 하지만 약속의 상속자들은(이 약속은 그리스도에게도 적용된다) 아브라함의 씨로서, 이 복을 누릴 수 있다. 민족들과 백성과 가족들과 언어들이 악마를 자신들의 신으로 선택했다면, 하나님은 은혜로 한 사람을 선택하여 한 집의 머리, 한 백성의 조상으로 삼으셨으며, 오직 하나님 자신에게 속하게 하셨다. 하나님의 감람나무의 뿌리의 진액은 아브라함이란 뿌리를 둔 모든 사람들이 함께 참여한다 (롬 11장을 보라). 그러므로 육신의 후손이든 아니면 약속된 복에 참여하게 된 영적인 후손이든 모두가 감람나무 뿌리의 진액을 함께 받는다.i) 그리스도에게 속한 자는 누구나 약속에 참여하게 되는 약속의 후손(the true Seed of the promise)이다. 이러한 부르심과 소명은, 어떠한 과정과 단계를 거치든 항상 확고한 상태로 상실됨이 없이 남아 있다. 그리스도는 하나님의 변함없는 진리의 증인으로서, 조상들에게 주신 약속들을 이루고자 오셨기 때문이다(롬 15:8).51)

아브라함에게 하신 무조건적인 약속

하나님의 섭리에는 율법과 대비되는 또 다른 중요한 요소가 있었는데, 그것이 바로 약속이다. 이러한 것들은 타락과 함께 시작되었지만, 세상이 이미 타락하였고, 죄에 빠졌을 뿐만 아니라 우상숭배에 빠져듦으로써 사탄과 악마가 사람의 마음 속에서 하나님의 자리를 차지했을 때, 하나님의 섭리의 새로운 원칙이52) 아브라함과 함께 시작되었다. 이제 아브람의 선택과 부

---

i) 씨와 아브라함의 씨(the Seed, and of the seed of Abraham)에 관한 주제는 갈라디아서에 대한 JND의 글을 보라.

르심과 그에게 하신 약속의 선물은 모두 은혜와 연결되어 있었다. 이제 아브람은 하나님을 따라갔으며,j) 하나님이 자신에게 지시하는 땅을 향해 갔지만, 그는 거기서 발 디딜 만한 자리도 소유하지 못했다. 이것은 또 다른 중요한 원칙을 끌어오게 되었는데, 곧 믿음으로 살고, 하나님의 말씀을 그대로 받아들이고, 하나님의 신실한 선하심에 의지하는 것이었다. 약속은 분명히 은혜에 터 잡고 있었다. 약속은 하나님의 말씀에 의해서 확실히 보장되었지만, 약속하신 것이 실제적으로 주어진 것은 아니었다. 믿음은 약속에 의지하고 있었고, 거의 확실하게 세상 밖에 있는 축복을 생각하게끔 했다. 그렇지 않으면, 믿음을 가진 사람은 자신의 믿음으로 아무것도 얻지 못할 수밖에 없었다. 하나님의 은혜를 의식하는 일은 의심의 여지없이 지금까지 전부였지만, 그것은 하나님이 약속하신 것을 하나님이 충실하게 이행하실 것이라는 하나님의 진정성에 대한 믿음에 달려 있었다. 이제 약속과 관련하여 주목해야 할 중요한 요소가 있다. 무조건적인 약속이 있고, 조건적인 약속이 있다. 아브라함과 이삭과 야곱에게 한 약속은 무조건적인 것이었다. 반면 시내 산에서 한 약속은 조건적인 것이었다. 하나님의 말씀은 절대 그들을 혼란스럽게 한 적이 없었다. 모세는 아브라함과 이삭과 이스라엘에게 한 약속을 기억해달라고 간구했다(출 32:13). 솔로몬은 모세에게 한 말씀을 기억하시도록 요청했다(왕상 8:51-53). 느헤미야서 1장은 모세를 소환했으며, 느헤미야서 9장은 처음에는 아브라함을 모든 것의 근원으로, 그 다음에는 그것이 하나님의 섭리의 문제가 되었을 때 모세를 소환했다. 사도 바울이 갈라디아서 3장 16-20절에서 말하는 것은 이런 차이가 있

---

j) 그는 처음에 부분적으로만 순종했을 뿐이지만, 나는 여기서 하나님의 섭리를 언급하고 있다.

다.

　율법 아래에서 중보자가 있었을 때, 그 약속의 효과를 누리는 일은 하나님의 진정성만큼이나 이스라엘의 신실함에 달려 있었다. 그러나 그 때 처음 시작부터 모든 것을 잃어버렸다. 하나님의 단순한 약속의 성취는 하나님의 진성성에 달려 있게 되었다. 이런 경우라면, 모든 것이 확실했다. 우리는 갈라디아서에 언급된 구절을 통해서, 아브라함에게 한 약속이 둘째 사람, 그리스도를 통해서 성취될 것이 확정되었고, 그렇기 때문에 그 약속들은 선지자들이 바라보았던 그리스도의 날에 반드시 성취될 것이다. 그렇다. 그 모든 약속들은 "그리스도 안에서 예가 되니 그런즉 그로 말미암아 우리가 아멘 하여 하나님께 영광을 돌리게"된다(고후 1:20). 하지만 이미 지적했듯이 이 세상의 통치와 주권적 은혜 사이엔 차이점이 있으며, 각각 그 적용되는 부분이 따로 있다. 우리를 하늘에 앉게 한 은혜는 예언된 적이 없다. 예언은 지상의 백성들에게 속한 것이며, 주 예수와 관련하여, 초림의 때에 지상에서 일어나는 일에 대한 계시를 포함하고 있다. 그리고 그리스도께서 재림하실 때 지상에서 일어나는 예언된 사건들이 계속해서 일어나게 될 것이다. 마치 이 두 번의 재림 사이의 시간 간격이 없었던 것처럼 일이 진행될 것이다. 여전히, 그리스도의 위격에 관한 사실들은 그리스도의 개인적인 역사를 우리에게 더 많이 계시해주고 있는 시편들에 잘 나타나 있다. 그리스도의 부활(시 16), 그리스도의 승천(시 68), 하나님의 우편에 앉으신 그리스도(시 110) 등등. 그리고 성령에 관해서, 시편은 우리에게 그리스도께서 사람으로서 성령을 받으시는 것으로 가르치고 있다. 선물들은 하나님의 선물일 뿐만 아니라, 그리스도께서는 그것들을 "인자로서(in Man)" 즉 인류와 연결된 사람으로서 받으실 것이다. 반면에 시편 72편과 145편에서 다윗의 소망을 제외하면, 이 두 개의 시편은 그리스도의 위격과 관련된 주제를 다룬다. 이 시편들은 주님의 귀환 이후에 일어날 일들을 다루고 있지 않다. 반면에 선지자들은 이 미래의 상태를 유대인들에게 한 약속이 이루어지는 것으로 보았고, 이에 대해서 상세하게 묘사했으며, 아울러 이방인들에게 미치게 될 결과에 대해서도 설명했다. 우리가 주목해야 하는 또 다른 점이 있다. 선지자들은 하나님 편에 서서 그 당시에 믿음을 가진 사람들을 격려해주었고 또 시련의 상황을 잘 대처하도록 위로했을 때, 하나님의 영께서는 이것을 사용해서, 장차 하나님이 자신의 백성들에게 은총을 베풀고자 개입하시는 미래의 때를 앙망하도록 역사하셨다.[53]

두 가지 종류의 약속

아브라함에게 한 약속의 의미는 다음과 같았다.

갈라디아서에서 아브라함에게 한 약속들은 그리스도에게, 오직 그리스도에게만 한 것이다. 그것이 사도 바울이 논증하는 것의 전부였다. 약속에는 두 가지 종류가 있었고, 모두 아브라함에게 해당되었다. 아브라함은 약속의 시작이다. 만일 우리가 조금만 거슬러 올라가면 홍수 이전엔 하나님의 섭리가 없었던 것을 볼 수 있다. 하나님은 사람을 에덴 동산에서 쫓아냈고, 만일 그런 것을 섭리라고 부를 수 있었다 해도, 그것과 홍수 사이에는 아무것도 없었다. 그리고 나서 하나님께서 새로운 세상을 여셨을 때에, 노아 안에서, 하나님은 사람을 억제하기 위해서 통치를 도입하셨다. 거기엔 칼의 권세가 있었다. 이 일 후에, 모든 것이 순수한 은혜였다는 것을 이해시키고자, 하나님은 약속으로 시작하셨다. …

두 종류의 약속이 있었다. 즉 하나의 위대한 민족이 아브라함과 그의 씨에게서 나올 것이며, 하늘의 별과 같이 될 것이다. (이 씨는 "네 씨" 혹은 하나를 가리키는 것이 아니었다.) 그러나 창세기 12장에서 하나님은 "땅의 모든 족속이 너로 말미암아 복을 얻을 것이라(in thee shall all the families of the earth be blessed)"고 말씀하셨다. 이것은 이스라엘을 가리키지 않는다. 후에 우리는 이 약속이 창세기 22장에서 확증되는 것을 볼 수 있다. 이 약속의 말씀은 결코 "네게(to thee)" 곧 "아브라함에게" 준 것이 아니었으며, "네 씨로 말미암아 천하 만민이 복을 받으리니"라는 것이었다. 이삭을 제물로 바쳤을 때 부활을 통해서 이삭을 도로 받았다. 사도 바울은 갈라디아서에서 "이 약속들은 아브라함과 그 자손에게(to Abraham and to his seed) 말씀하신 것인데"(갈 3:16)라고 말했다. 창세기 12장은 약속을 아브라함에게 준 것으로, 창세기 22장은 약속을 그 씨(the Seed)에게 준 것으로 확증하고 있다. 약속은 창세기 12장에서 아브라함에게 개인적으로 주어진 것이었고, 창세기 22장에서 그의 씨인 이삭에게 확정된 것인데, 이삭은 죽었다가 다시 살아나신 그리스도의 예표였다. 그러므로 약속은 그리스도에게 (그리스도 안에서가 아니라) 확정된 것이었다. 나중에 들어오게 된 율법은 약속을 무효화시키거나 무언가를 추가할 수 없었다. 그러므로 우리는 율법을 개입시킬 수 없다. 율법을 약속과 섞을 수도 없다. 이제 우리는 유일한 하나의 씨를 볼 수 있는데, 바로 그리스도다. 그리고 사도 바울은 덧붙이기를, 만일 내가 그리스도 안에 있다면, 나는 약속을 가지고 있다고 말한다. 이것이 바로 사도가 이방인을 복음 안으로 들어오게 하는 방법이었다. 유대인들은 자연적인 씨(후손)였지만, 축복의 약속은 오직 한 사람, 그리스도에게 주어졌다고 사도는 말한다. 그렇다. 나는 그리스도 안에 있으며, 그렇다면 나는 약속을 가지고 있다. "너희가 그리스도 안에 있으면, 곧 아브라함의 씨요 약속대로 유업을 이을 자니라."(갈 3:29)

이것은 이방인들에게 주어진 약속이 아니라 그리스도에게 확정된 약속이다. 그리고 나서 성령을 통해서 그리스도 안에 있는 이방인들에게도 증거되었다. 창세기 15장은 유대인들에게 확정된 것이고, 창세기 22장은 그 씨에게 확정된 약속이다. 하늘의 별은 유대인들만을 가리키며, 모세가 "너희가 오늘날 하늘의 별 같이 많거니와"(신 1:10)라고 말한 것과 같다. 주님이 성경 말씀에서 가리키고 있는 것을 볼 수 있다는 것은 위대한 일이다. 주님은 셀 수 없이 많다는 뜻을 강조하고자 두 개의 사례를 들었는데, (유대인들을 가리켜) 하늘의 별과 같이 많고 또 (이방인들을 가리켜) 바닷가의 모래와 같이 많게 하리라는 것이었다.[54]

우리는 이러한 약속들이 언약 신학의 해석과는 달리 무조건적이었다는 사실을 이해할 필요가 있다. 언약 신학은 율법을 신자의 삶의 규칙으로 해석하고, 그리스도인들을 율법 아래에 가두며, 따라서 율법주의를 끌어들인다. 이것은 아브라함에게 한 약속을 어떤 조건적인 것으로 만든다. 그러나 하나님은 아브라함에게 주권적인 권세로 약속하셨고, "내가 이루리라"고 선언하셨다.

여기서 긍정적인 약속이 시작되고 있다. 한편으로는 마귀의 역사를 파멸시킬 해방자에 대한 계시 뿐만 아니라 다른 한 편으로는 양심이 마귀의 역사를 인식하는 일과 더불어 "너로 말미암아" 땅의 모든 족속이 복을 받게 되리라는 긍정적인 약속도 있다. 그러므로 그를 세상 밖으로 불러낸 은혜가 그를 세상의 상속자로 지명했고, 하나님의 축복의 그릇으로 삼았다.

아브라함에게 주어진 약속은 무조건적이고 절대적인 것이었다. 하나님은 약속을 자신이 친히 이루실 목적의 계시로 주셨고, 그것을 아브라함에게 선언하셨으며, 그 약속을 이룰 사람을 정하셨다. 하나님은 축복하시는 일에 친히 개입하실 것인데, 이로써 오직 자신의 신실성에만 의지하여 복을 주시려는 자신의 의도를 드러내셨다. 하나님은 복을 주신다. 왜냐하면 복을 주시는 일을 기뻐하시기 때문이며, 또한 자신이 부르신 사람이 그 복을 누리는 것을 기뻐하시기 때문이다. 여기서 주목해야 할 것은 이 약속의 적용 범위가 온 세상이라는 점이다. "땅의 모든 족속이 너로 말미암아 복을 얻을 것이라." 이 약속의 특징은 이렇다. 즉 그 적용 범위는 온 세상이며, 그 성격은 절대적이며, 그 성취는 하나님의 신실성에 달려 있다.

모형적으로 이 일에는 발전이 있었다. 이 점은 하나님의 섭리에 새로운 빛을 비춰준다. 이삭은 아버지에 의해서 자기 아들을 아끼지 아니하고 번제물로 바쳐진, 예수님의 놀라운 희생제물의 모형이다. 그는 모형적으로 죽은 자들 가운데서 도로 받았으며, 그의 희생이 이루어진 후에 부활하신 그리스도를 예표한다. 거기에 토대를 둔 약속이 그에게 확정되었다. 땅의 모든 족속이 복을 받게 된다는 축복의 약속은 아브라함과 그의 자손에게 주어지지 않았다. 창세기 12장을 보면, 약속은 아브람에게만 주어졌다. 그래서 갈라디아서 3장을 보면, 우리는 "이 약속들은 아브라함과 그 자손에게 말씀하신 것인데 여럿을 가리켜 그 자손들이라 하지 아니하시고 오직 한 사람을 가리켜 네 자손이라 하셨으니 곧 그리스도라"(16절)는 구절을 볼 수 있다. 그리고 또 다시 그 약속은 하나님 앞에서 (그리스도 안에서가 아니라) 그리스도에게 확정되었다. 그러므로 사도는 이 약속이 하나라고 설명한다. 즉 유대인의 조상인 아브라함에게 주어진 약속은 그와 그의 자손 모두에게 공통적으로 주어진 것이었다. 그리고 그의 자손이 하늘의 별과 같고, 바닷가에 있는 모래와 같이 셀 수 없이 많아질 것이라는 약속이 주어졌다. 반면 땅의 모든 민족이 복을 받게 된다는 약속은 우선적으로 아브람에게 주어졌으며, 그 다음에 하나의 씨로서, 희생제물로 바쳐졌다가 다시 살아나신 그리스도의 모형인 이삭에게 확정되었다. 여기엔 다른 누구도 포함되지 않았고, 다른 자손들도 언급되지 않았다.

다시 본 주제로 돌아오자. 하나님의 약속은 절대적이고 무조건적인 것이었으며, 하나님은 약속된 하나의 씨를 통해서 하나님의 축복이 성취될 것과 약속의 성취는 오로지 자신의 신실성에 달려 있음을 선언하셨다. 그 복을 누리게 될 사람들의 의로운 행위는 전혀 거론되지 않았다. 사도는 이러한 복을 주시는 하나님의 은혜가 그리스도 안에서 드러났다고 말한다. 그러나 그 복을 누리게 될 사람들의 죄는 전혀 언급되지 않았고, 양심의 문제도 제기되지 않았으며, 그에 대해선 전혀 언급되지 않았다. 구원자와 하나님의 약속이 이제 합쳐졌지만, 축복을 받게 될 사람의 상태는 어떤 식으로든 개입되지 않았다. 그런 것이 아브라함에게 주어진 무조건적인 약속의 힘이었다. 여기엔 땅의 모든 족속이 받게 될 복도 포함되어 있었다. 의의 문제는 제기되지 않았다. 하나님은 아브라함에게 약속하셨고, 그 약속은 하나의 씨에게 확증되었다. 하나님의 신실성이 그 약속을 이룰

것이다.55)

"부르심"의 중요성

하나님의 부르심은 아브라함과 과거와 미래에 하나의 민족으로서 이스라엘에게 중요했다. 이 하나님의 부르심은 교회에도 중요한 영향을 미친다. 어쨌든 하나님의 부르심은 더 이상 약속의 세대를 형성하고 있지는 않으며, 오히려 현재의 기간은 은혜가 의로 말미암아 왕 노릇 하는 은혜의 세대를 형성하고 있다. 이 부분은 JND가 교회나 현재 시기를 하나의 세대로 생각하지 않았음을 다루는 부분에서 마지막으로 설명하고자 한다. 그가 지적한 대로, 우리는 그저 하나의 시간대를 하나의 경륜이라고 부르지만, 거기엔 반드시 통치의 경륜이 있어야 하는 것이 필수적이라는 것을 이미 살펴보았다. 그리스도께서 지상에 통치를 세우시고 온 세상을 다스리실 때, 이스라엘은 그 중심의 자리에 서게 될 것이며, 이스라엘은 개인적으로나 국가적으로, 하나님의 부르심의 복을 받게 될 것이다.

우리는 반드시 하나님의 부르심이란 주제에 보다 많은 관심을 기울여야 한다. JND가 쓴 글, "아브람: 창세기 12장"56)은 우리 영혼에 많은 이익을 가져다주기 때문에 전체적으로 읽는 것이 좋다. 여기서, 그는 여러 곳에서 자주 그리했던 것처럼, 전통적인 의미로 "세대"라는 단어를 사용하고 있는 것을 볼 수 있다.

창세기 12장의 가장 중요한 요소는 하나님의 부르심과 그 부르심이 진행되는 원리다. 하나님의 부르심은 하나님이 정하신 세대들에 있어서 가장 중요한 포인트다. 그것은 은혜와 동일시되며, "하나님의 은사와 부르심에는 후회하심이 없다"는 사실을 기억해야 한다. 하나님은 그 점을 외면하지 않으실 것이다. 그것은 하나님의 목적을 표현한다. 성경은 "하나님의 은사와 부르심에는 후회하심이 없다"(롬 11:29)고 분명히 말하고 있다. 이에 대해 이전에는 아무런 언급이 없었다. 개인들이 부르심을 받았지만, 이 장에 이르기까지 그것은 하나님의 계시의 주제가 아니었다.

성경이 이전에 제시한 주제가 무엇이었는지를 고려하는 것이 중요하다. 이전에 제시한 주제는 실질적으로 아담과 노아였으며, 창조와 통치에 의해서 안전을 확보한 창조세계였다. 아담이 창조세계의 머리의 자리를 차지했다는 것은 의심의 여지가 없다. 노아가 통치의 대표적인 머리의 자리에 있었으며, "다른 사람의 피를 흘리면 그 사람의 피도 흘릴 것이니"(창 9:6)라는 원칙이 계시되었기에 그에게 칼의 권세가 맡겨졌다는 것을 볼 수 있다. 하나님의 은사와 하나님의 부르심에는 후회하심이 없었지만, 이 일들에는 후회하심이 있을 수가 있다. 하나님은 자신을 아담의 하나님이나 노아의 하나님으로 선언하지 않으셨다. 그렇지만 하나님은 아브라함의 하나님이요, 이삭의 하나님이요, 야곱의 하나님으로 선언하셨다. "너희 조상의 하나님 여호와 곧 아브라함의 하나님, 이삭의 하나님, 야곱의 하나님께서 나를 너희에게 보내셨다 하라 이는 나의 영원한 이름이요 대대로 기억할 나의 칭호니라."(출 3:15) 창조에 대해선, 사실 (현존하는 상태로 인해서) 후회하셨다. "여호와께서 사람의 죄악이 세상에 가득함과 그의 마음으로 생각하는 모든 계획이 항상 악할 뿐임을 보시고 땅 위에 사람 지으셨음을 한탄하사 마음에 근심하시고 이르시되 내가 창조한 사람을 내가 지면에서 쓸어버리되 사람으로부터 가축과 기는 것과 공중의 새까지 그리하리니 이는 내가 그것들을 지었음을 한탄함이니라 하시니라."(창 9:5-7) 그리고 하나님은 은혜를 입은 노아를 제외하고, 세상을 멸망시키셨다. 그러나 하나님의 부르심이 곧 하나님의 목적이며, 하나님은 자신의 거룩함을 두고 맹세하셨고, 후회하지 않으실 것이다. …

"여호와께서 아브람에게 이르시되 너는 너의 고향과 친척과 아버지의 집을 떠나 내가 네게 보여 줄 땅으로 가라."(창 12:1) 여기에 "믿음의 조상"을 부르시는 독특한 부르심이 있다. 나라와 동족의 개념이 이미 존재하고 있는 것으로 나타나 있다. 우리는 이 두 가지가 어떻게 창조세계와 (노아에게서 확립된) 통치 하에서 형성되었으며, 그 이후의 상황이 어떻게 전개되었는지에 대해서 이미 살펴보았다.

이 두 가지는 지금까지 그대로 남아 있다. 그들은 서로 간섭하지 않는다. 사실, 비록 타락했지만, 이 두 가지는 자신의 자리에서, 그리고 하나님의 정하신 질서에 의해서 설립되었다는 인장을 가진 채, 각자의 자리를 유지하고 있다. 이 가운데 어느 것도 오늘날까지 폐기되지 않았으며, 장차 이 두 가지는 그리스도에게로 권리가 이양될 것이며, 그리스도 아래서 공의롭게 되고 복을 받을 것이지만, 원칙상 영원히 있을 것이다. "장차 한 왕이 공의로 통치할 것이며,"(사 32:1) 왕후와 그리스도의 영광의 유대인 파트너는 자신의 아버지의 집을 잊어버리라는 가르침을 받게 될 것이다(시 45:9-11). 하지만 남은 자들의 후손은 그들과 더불어 복을 받게 될 것이다. "왕의 아들들은 왕의 조상들을 계승할 것이라 왕이 그들로 온 세계의 군왕을 삼으리로다."(시 45:16) 하지만 악이 그러한 것들을 황폐하게 만들 수도 있지만, 통치와 관계, 가족과 같은 것들은 폐기되지 않을 것이며, 추상적으로 변하지도 않을 것이다. 하나님의 부르심이 그러한 것들에 가장 중요하게 작용하고 있으며, 만일 그렇지 않다면 그러한 것들에 인간의 악이 강력하게 작용하기 때문에 달리 치유할 아무런 방도가 없는 상태로 남게 될 것이다. …

우리는 하나님의 부르심 속에서, 은혜로 부르신 개인을 향한 하나님의 요구를 볼 수 있는데, 그것은 바로 그가 부르심을 받은 곳에 있는 모든 것을 떠나는 것이다. 부르심은 그를 거기서 나오게 하는 것이었다. 이것은 이전에는 계시되지 않았던, 매우 강력하면서도 독특한 새로운 원칙이며, 결과적으로 이전에 정해진 질서와 기존 관계를 벗어버리는 방식이었다. 사람들이 있던 그곳에서 복을 받도록 축복하고 또 복을 선포하는 방식이 아니라, 그들을 그 자리에서 나오도록 불러내는 것이며, 우리는 거기서 개인들을 불러내시는 하나님의 부르심을 볼 수 있다. 이 원칙에는 이러한 부르심에 대해서 개인적으로 책임 있는 행동을 해야 한다는 개인적인 순종이 추가로 확립되었다. "여호와께서 아브람에게 이르시되 너는 … 떠나라." 여기 하나님의 말씀에는 개인적인 순종의 책임이 첨부되어 있다. 여기엔 개인이 지금까지 살아온 인간관계를 깨뜨리는 일이 필연적으로 또한 명확하게 포함되어 있다. 아브람은 자신의 본토, 친척, 그리고 아버지 집을 떠나야 했다. 그가 떠나야 했던 것들은 여전히 이전과 같은 상태로 남아있을 것이다. (그럴 수도 있고 그렇지 않을 수도 있다.) 이것은 섭리에 순종하는 문제였다. 하나님의 말씀과 부르심에 순종하는 것이 아브람에게 은혜를 베푸는 유일한 조건이었고, 아브람이 고려해야 할 요소였다. 하나님의 말씀이 그 길을 인도했고, 그로 하여금 행동하도록 격려하고자 그에게 약속이 주어졌다. "내가 네게 보여 줄 땅으로 가라." 이것이 확실한 믿음의 확실한 소망이었다. 이로 인해서 사람은 전에 살던 고향에서 완전한 이방인이 된다. 이것은 단순한 약속이었지만, 하나님의 확실성 뿐만 아니라, "내가 네게 보여 줄 땅"으로 약속된 곳까지 하나님이 인도하실 것까지 포함된 약속이었다.

하나님의 부르심에 대해서 자세히 살펴보자. 우리는 하나님의 부르심의 가장 큰 특징이 세상으로부터 분리되는 것이란 점을 이미 보았다. "여호와께서 아브람에게 이르시되 너는 너의 고향과 친척과 아버지의 집을 떠나라." 이것이 각 민족별로 나라를 이루고 있는 세상에서, 현재 부르시는 하나님의 부르심의 본질적인 특징이었다. 여기서 교회의 구체적인 특성도 발생하게 되었다. …

이 사실에서, 우리는 JND가 얼마나 자주 아브라함의 부르심을 통해서 통치의 세대가 변함없이 지속되고 있었다고 강조했는지를 볼 수 있다. 하지만 특히 마지막 문단에서 그는 이 모든 특징을 교회에 그대로 가져오는 것을 볼 수 있다. 이 부르심이 민족적인 성격을 가지고 있는, 이스라엘 민족의 부르심의 경우에서 볼 수 있는 것처럼, 통치는 교회에 주어지지 않았다. 그러나 그리스도에게 속한 존재로서, 우리는 아브라함의 씨이며, 아브라함의 경우에 주요한 특징이었던 도덕적 특성 때문에, 이 부르심은 우리에게도 동일한 도덕적 특성을 요구한다.

아브라함을 위한 삶의 규칙

"도덕 법"은 아브라함을 위한 삶의 규칙이 아니었다. 율법은 모세를 통해서 주어진 것이기 때문에(요 1:17), 아브라함 당시에는 아직 주어지지 않았다. JND는 아브라함의 삶의 규칙에 대해서 이렇게 썼다.

> 아브라함의 경우를 보자. 하나님은 아브람에게 자신을 계시하셨고, 그것은 믿음에 의해서 깨달을 수 있었다. 그리고 그것이 그의 행실의 지침과 규칙을 형성했다. "나는 전능한 하나님이라 너는 내 앞에서 행하여 완전하라."(창 17:1) 양심이 분명히 거기에 있었지만, 하나님의 본래적이고 끊임없는 계시가 믿음으로 걸어가는 그의 행실의 특징에 깊은 영향을 주었다. 그럼에도 이 모든 것은 부분적인 계시였을 뿐이다. 그럼에도 믿음의 선진들은 좋은 간증을 남겼다. 그들은 믿음으로 걸어갔다.[57]

아브라함에겐 새로운 세대가 소개되지 않았다

JND는 아브라함과 관련해서 새로운 세대가 도입되었음을 언급한 적이 없다. 약속의 도입이 가장 중요하긴 했지만, "약속"은 부르심의 부속적인 것이었다. 그러므로 만일 누군가 이와 관련하여 세대를 말한다면, "부르심의 세대"라고 불러야 적절할 것이다. 그러나 부르심도 약속도 그 자체로 하나의 세대를 이룰 순 없다. 반면에, 부르심은 율법의 경륜과 때가 찬 경륜처럼, 하나의 경륜 속에 포함된 하나의 요소가 될 순 있다. 그러나 "약속"과

"부르심"만으로는 하나님이 인간을 시험하는 기간을 이룰 순 없다. 통치와 결합된 이스라엘의 부르심을 보면, 우리는 "첫 사람"이 부르심과 통치에서 (그 외에도 하나님이 주신 제사장 제도와 왕의 제도에서도) 시험을 받고 또 실패하는, 하나의 경륜을 볼 수 있다. 더욱이 그 시험은 자신의 노력을 통해서 약속을 성취하는 인간의 능력까지 포함하고 있었다. 그렇지만 이 시험의 실패는 아브라함에게 전에 한 약속을 무효로 만들지 않았다(갈 3:17-20). 한편 현재 세상의 머리로서, 노아에게 주어진 통치는 하나님이 족장들을 다루시는 동안에도 계속되었다.

Chapter 4

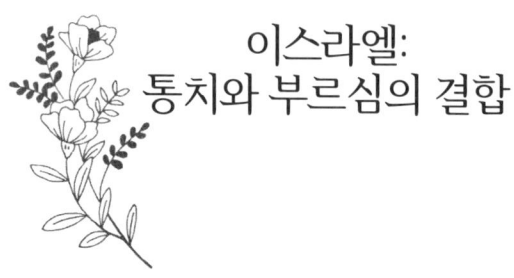
이스라엘:
통치와 부르심의 결합

통치는 이러한 이유 때문에 부르심 앞에 등장한다.

1. 하나님의 말씀에서 하나님은 사랑이라고 말씀하기 전에 빛이라고 말하고 있다(요일 1장, 3장을 보라)

2. 이러한 순서에 따라서, 이러한 순서를 반영하고자(창 9장과 12장을 보라), 통치가 부르심 앞에 소개되고 있다. 하나님의 말씀은 성경의 저자이신 하나님의 본성을 반영하듯, 그 도덕적 질서(빛과 사랑)를 곳곳에 반영하도록 기록되었다.

이스라엘에게서 결합된 통치와 부르심

통치와 부르심의 결합은 두 번째 세대를 불러왔다. 이 세대는 여호와와 언약관계에 있는 이스라엘, 특별히 은총을 입은 백성으로서 이스라엘과 (즉 아담의 입장과 책임을 가진 존재로서) "첫 사람"의 시험이 함께 엮여 있었다. 이것은 "첫 사람"이 실패했던 시험이었다. 그에 반해 장차 그리스도께서 통치하고 또 하나님을 온전히 영광스럽게 해드릴 때 부르심과 통치의 결합이 다시 일어나게 될 것이다. 우리는 앞으로 이 부분을 더욱 자세히 살펴볼 것이다.

노아의 시대에 땅의 통치가 있었고, 하나님께서 심판하고자 세상에 오셨고 또 사람에게 칼의 권세를 맡기셨다. 그 뒤에 아브라함의 부르심이 왔다. 이제 주목할 것은 통치의 원리는 (아브라함의 경우처럼) 말씀으로 발효된 것이 아니라, 하나님과의 관계 속에서 이루어지는 약속과 부르심의 원칙에 의해서 된 것이며, 믿는 사람의 조상인 아브라함을 하나님의 모든 약속의 뿌리로 삼음으로써 된 것이란 사실이다. 하나님은 아브람을 부르셨고, 그의 나라와 그의 가족을 떠나게 하셨으며, 친히 보여주시는 땅으로 가게 하셨다. 하나님은 그에게 자신을 약속의 하나님으로 계시하셨고, 하나님은 약속을 주심으로써 자신에게로 한 백성을 분리해내셨다. 하나님이 전능하신 하나님의 이름으로 자신을 계시하신 것은 이 바로 이 시기였다.

그 후에 아브라함의 자손들 가운데서 하나님은 이와 같은 선택의 원칙을 따라서, 야곱의 자녀들을 자기 백성으로 삼으셨다. 하나님은 그들을 친히 돌보시는 지상 백성으로 삼으셨으며, 그리스도께서 육체를 따라서 그들 가운데로 오셨다. 하나님은 이스라엘 백성들 가운데서, 여호와로서 자신의 모든 성품을 드러내셨다. 이 일은 약속의 하나님으로서 뿐만 아니라 노아와 아브라함을 통해서 연속적으로 드러내셨던 부르심과 통치라는 두 가지 원칙을 통합하신 하나님으로서 하셨다. 이스라엘은 부르심을 받고 세상과 분리된 백성이 되었다. 실제로는 땅에 속한 복을 받도록 분리되었으며, 약속을 누리도록 분리되었다. 하지만 동시에 율법을 따라서 하나님의 통치의 대상이 되었다. 우리는 노아에게는 땅의 통치의 원리가, 아브라함에게는 부르심과 선택의 원리가 중요한 특징이었다고 말할 수 있다. 그러므로 여호와께서는 약속의 하나님으로서 말씀하신 모든 것을 이루실 것이다. "전에도 계셨고 이제도 계시고 장차 오실 이"이신 하나님은 자신의 율법의 의(義)를 따라서, 곧 이스라엘에게 계시하신 의를 따라서 온 땅을 다스리실 것이다. …

우리는 유대 민족이 멸망을 당한 후에 하나님께서 통치권을 이방인들에게 넘기신 것을 볼 수 있다. 이러한 특별한 상황으로 인해서, 이 권리는 하나님의 부르심과 약속으로부터 분리되었다. 유대인들에게는 두 가지가, 곧 하나님의 부르심과 땅에 대한 통치가 하나로 결합되어 있었는데, 이 두 가지는 이스라엘이 제쳐지는 순간부터 별개의 것이 되어 버렸다. 우리는 노아와 아브라함에게서 이 두 가지가 별개로 존재했던 것을 볼 수 있는데, 하나는 통치이고, 다른 하나는 부르심이다.

이 원칙들은 유대인들에게는 결합되어 있었다. 하지만 이스라엘이 실패했고, 이스라엘의 하나님은 공의 가운데서 행동하셨기 때문에, 하나님의 통치의 원칙은 더 이상 작용할 수 없게 되었다. 그리고 불의한 이스라엘은 더 이상 하나님의 권능의 도구일 수 없게 되었다. 그러자 하나님은 이스라엘에 두고 계셨던 땅의 보좌를 떠나셨다. 그럼에도 불구하고, 땅의 부르심에 관한 한, 이스라엘은 여전히 부르심을 받은 백성이었다. 하나님의 은사와 부르심에는 후회하심이 없기 때문이다. 통치에 관해서는, 하나님께서 그것을 하나님이 원하시는 곳으로 옮기셨다. 땅의 통치는 이방인들에게로 돌아갔다. 사실 여러 이방인들 가운데서 부르심을 받은 사람들(즉 교회)이 있긴 하지만, 사실 교회는 하늘의 부르심을 받은 사람들의 모임이다. 땅의 백성이 되는 하나님의 부르심은 결코 이방인들에게로 넘어가지 않았다. 그것은 유대인들에게 남아 있다. 만일 내가 땅에 속한 종교를 원한다면 유대인이 되어야 한다. 마찬가지로 교회가 유대화 되면, 그 순간부터 교회는 하늘의 부르심을 잃게 되고, 인간적으로 말하면 모든 것을 잃게 될 것이다.[58]

장차 그리스도께서 권능과 영광 가운데 임하실 때, 그리스도는 열국을 심판하실 것이며, 통치권을 자신의 손에 쥐실 것이며, 그리고 회복된 이스라엘을 통하여 세상 나라를 다스리실 것이다. 그 때에 이스라엘 백성은 다 의롭게 될 것이며(사 60:21, 롬 11:25,26) 이스라엘에게 민족적으로 양자삼음 또는 아들됨이 이루어지게 될 것이다(롬 9:5). 그러므로 통치와 부르심은 둘째 사람의 통치 아래서, 때가 찬 경륜 아래서(엡 1:10) 다시 하나로 결합될 것이다.

율법 아래서 이루어지는 시험의 원칙

율법 아래서 이루어지는 시험의 원칙은, 인간은 책임의 자리에 서 있고 또 아담의 자리에 서 있으며, 모든 것이 그가 어떤 사람인지에 달려 있다는 것이다.

하나님의 이러한 통치와 밀접하게 연결되어 있는 것이 율법이다. 율법은 하나님이 정하신 선과 악의 규칙을 확립할 뿐만 아니라 하나님의 권위에 기초하고 있다. 주님은 우리에게 모세오경의 원칙들의 여러 부분에서 그러한 원칙들을 이끌어내셔서, 우리에게 제시하셨다. 만일 그러한 것들이 마음속에서 확립되고 작동한다면, 순종이 이루어지고 또 하나님의 뜻의 성취로 이어질 것이며, 인간의 의를 생산해낼 수 있을 것이다. 십계명은 인간에게 의무사항을 요구하지 않으며, 하나님이 인간에게 설정하신 관계를 토대로 그저 존재할 뿐이다.

예수님이 말씀하신 율법의 원리와 십계명 사이에는 이러한 차이가 있다. 즉 모세의 책에서 예수님이 이끌어낸 원리는 죄 문제없이 모든 범위에서 절대적인 선이 무엇인지를 말해주고 있다면, 십계명은 죄가 이미 있는 것으로 전제하고 있으며, 한 가지 계명을 제외하면 계명들은 인간이 관계에 불신실한 일을 사전에 방지하고자 금지를 표명하고 있다는 점이다. 이러한 계명 중 마지막 계명은 앞에서 정죄했던 죄들을 향한 마음의 첫 움직임을 금지하고 있다는 것을 주목하는 것이 중요하다. 더욱이 다양한 관계들은 의무의 기본 틀을 이루고 있었고, 계명들은 그 관계에서 실패하는 것을 금지하고 있었다. 그렇다면 율법의 원칙은 다음과 같다.

나 자신이 책임 있는 존재로서 책임을 져야 하는 하나님, 나 자신이 얼마나 책임을 충실하게 이행했는지를 판단할 권리를 가진 하나님 또는 나의 연약함을 호의로 받아주시는 하나님, 다시 말해서 나의 행복을 결정할 권리를 가지신 하나님에게서 인정을 받는 일은 나 자신이 어떤 사람이며, 나는 그분에게 어떤 존재인가에 달려 있다. 왜냐하면 관계란 창조주의 뜻과 권능에 의해서 설정되는 것이고, 내가 그 관계 속에서 실패할 때에는 그 관계를 세우신 하나님께 죄를 짓는 것이기 때문이다.

비록 죄가 나와 직접적인 관계에 있는 사람을 대적하는 것일 수도 있지만, 의무란 것은 하나님의 뜻에 의해서 부과된 것이고 하나님의 뜻의 표현이기 때문에, 의무를 어기게 되면 나는 사실 그분의 권위를 경멸하고 그분께 불순종하는 것이 된다. 법의 원칙이란 그 사람을 받아들이고 수용하는 것은 그의 행동 여하에 달려 있다는 것이다. 반면 은혜는 선한 것을 기뻐하며, 은혜로 행하시는 하나님의 본성과 성품을 그대로 실현해낸다.[59]

율법 아래서 행한 인간의 역사

영혼에 이보다 더 심각한 문제는 있을 수 없다. 나는 하나님 앞에서 의(義)를 어디에서 찾을 수 있는가? 율법이 이런 문제를 일으킨다. 율법이 주어졌을 때의 위치가 무엇이었는지를 보는 것이 중요하다.

지구상에 인간이 처음 존재하면서부터 책임과 은혜 사이의 문제가 쟁점이 되었다. 지상 낙원에는 생명만을 주는 생명의 나무가 있었고, 인간의 책임이[60] 부착되어 있는 선악을 알게 하는 지식의 나무가 있었다. 생명의 나무에 대해서 생각해보자면,[61] 인간은 생명의 나무를 먹지 않았다. 그리고 (일단 죄인이 되자) 하나님의 자비 뿐만 아니라 하나님의 의와 하나님의 통치 도덕적 질서가 인간이 생명의 나무로 가는 길을 막았다. 이 땅에서 불멸하는 죄인은 하나님의 통치에서 용납할 수 없는 변칙이었기 때문이다. 게다가, 인간은 낙원에서 쫓겨나야 했다. 인간은 그의 책임에 실패했다. 타락하기 전에 아담은 죄를 알지 못하는 무죄상태였지만, 하나님과의 관계에서 피조물의 관계에 있었다. 선악을 알게 하는 나무의 열매를 먹지 말라는 금지 조항 외에 죄는 없었다.

인간이 타락했을 때, 여자의 씨, 마지막 아담이[62] 즉시 선언되었다. 인류의 희망은 이제 새로운 토대 위에 놓이게 되었다. 여기서 소개된 구원은 이미 타락한 상태에 있는 인간의 도덕적 활동에 기초하여 타락한 인간을 다시 일으켜 세우는 수단에 불과했던 것에 지나지 않았다. 그래서 또 다른 사람이 선언되었다. 즉 그는 인류에 속한 존재이면서, 아담과는 독립적인 생명의 원천이 될 것이며 또한 원수의 권능을 파괴하게 될 것이다. 아담을 대표하는 것이 아니라 하나님 앞에서 아담을 대신하여 줄 사람은 첫 사람 아담의 씨가 아니라 여자의 씨여야 하며, 동시에 아담과 아담의 자손들에겐 믿음의 대상이 되어야 했다. 그 믿음의 대상을 마음 속으로 영접하는 사람에게는, 생명과 구원이 되어 줄 것이다. 첫 사람 아담은 살아있는 혼이 되었다. 그는 잃어버린바 되었다. 반면 마지막 아담, 둘째 사람은 살려주는 영(a quickening spirit)이시다.[63] 그리스도께서 오실 때까지 약속만이 희망의 원천이었다. 지금은 은혜로 말미암아서 약속만이 믿음을 산출하고 또 붙들어준다. 우리는 그 약속이 반드시 이루어질 것으로 믿는다. 하나님께서 아브라함을 부르셨을 때(창 12장) 그를 통해서 땅의 모든 민족들이 복을 받으리라는 약속을 주셨다. 그 후(창 22장) 이 약속은 그의 씨(그리스도)에게 확증되었다. 여자의 씨가 될 사람은 아브라함의 씨도 될 것이다.[64] 그러므로 인간에 대한 하나님의 섭리는 불멸의 약속 위에 세워졌다.[65] 이 약속은 조건이 없는 것이었으며, 단순한 약속이었으며, 결과적으로 인간의 의나 인간의 책임에 대한 문제가 전혀 없었다.

그로부터 사백 삼십 년 후에 율법이 들어왔다. 앞서 언급한 것과 같이 율법은 인간의 책임을 기초로 하여, 아담의 자손인 인간이 무엇이 되어야 하는지에 대한 완벽한 규칙을 그에게 제시함으로써, 의(義)의 문제를 제기했다. 이제 인간은 죄인이 되었다. 이 율법은 두 가지 측면을 가지고 있었는데, 즉 절대적인 진리를 가지고 있었다. 그러므로 주 예수님께서는 율법의 모호함 속에서도 하나님을 향한 경외하는 사랑과 이웃을 내 몸처럼 아끼고 사랑하는 사랑을 끌어낼 수 있었다. 이것은 피조물로서 피조물이 복을 받을 수 있는 축복의 완벽한 규칙이다. 천사들은 하늘에서 그것을 깨닫고 있다. 인간은 지상에서 율법을 성취하기에는 가능한 한 멀리 떨어져 있다. 그러나 이 규칙은 인간이 처한 관계 속에 흐르는 다양한 의무사항 속에 전개되어 있으며, 하나의 사실로서, 이 세상에서 하나님 앞에서 그리고 인간이 처한 관계 속에서 서로를 향한 도덕적 의무를 다해야 하는 책임을 알려준다.

이제 죄와 정욕이 역사하고 또 그것을 금지하는 등 인간이 처한 상황 속에서 이러한 세부 사항들은 필연적으로 도덕적 상태와 연결되어 있다. 하나님의 법이 인간의 실제 상태에 적용되면, 율법은 필연적으로 죄를 정죄할 것이며, 다른 한편으로는 죄의 존재를 입증하게 될 것이다. 그러한 경우 율법이 할 수 있는 일은 무엇인가? 다만 정죄할 뿐이다. 그렇다면 사도가 말한 것처럼 율법은 정죄와 사망의 직분일 뿐이다(고후 3장). 율법은 인간의 양심이 할 수 없고 또 그저 유죄만을 입증할 뿐인 규칙에 따라서 의를 요구할 뿐이다.[66] 사실 율법의 유용성이 여기에 있다. 율법은 죄를 깨닫게 해준다. 하나님은 의를 산출하라고 율법을 주신 것이 아니다. 의를 산출하려면 내면의 도덕적인 힘이 절대적으로 필요하다. 그러나 돌판 위에 새긴 율법은 이런 힘을 줄 수 없다. 율법은 사람의 의를 요구하며 또한 하나님의 최후의 심판을 선포하고, 죄를 더욱 심히 죄 되게 만들고 또한 하나님의 의로운 진노를 불러온다. 어떤 법도 거룩한 본성을 만들어내지 못했다. 인간의 본성은 죄로 물들어 있다. 계명은 하나님이 그러한 일을 금지하셨음에도 불구하고, 그저 인간이 그러한 본성을 만족시키고자 애쓸 것이란 사실만을 드러낼 뿐이다. 그런 것이 율법이다. 율법은 의롭고 선한 것이지만, 죄를 다시 살려내는 힘이다. 율법이 개입한 곳에 죄가 더욱 넘친다. 율법 행위에 속한 자들은 (율법 행위가 반드시 나쁜 것은 아니다. 사도는 이러한 원리를 따라서 행하려는 사람들을 가리키고 있다) 저주 아래에 있다. 왜냐하면 율법은 율법에 순종하지 않는 사람들에게 저주를 선언하고 있기 때문이다. 육신은 하나님의 법에 순종하지 아니할 뿐만 아니라 할 수도 없다. 하나님의 약속은 확실하다. 인간을 시험해보셨고, 과연 인간이 의를 산출할 수 있는지 없는지를 밝히 드러내셨다.

 율법은 인간에게 두 가지 측면으로 제시되었다. 즉 (첫 번째 돌판에 새겨진) 순수하고 단순한 율법과 (두 번째 돌판에 새겨진) 은혜와 혼합된 형태의 율법이다. 후자의 경우, 율법이 은혜가 개입된 후에 인간에게 주어졌으며, 은혜로 인해서 죄 용서가 허락된 이후에 인간은 책임 있는 존재로 남게 되었다. 첫 번째 관점의 역사는 매우 짧다. 모세가 시내 산에서 내려오기 전에, 이스라엘은 금송아지를 만들었다. 처음 율법을 기록한 돌판은 이스라엘의 진영에 들어온 적이 없었다. 그들은 결코 순수하고 단순한 율법에 의해서 인간과 하나님과의 관계의 기초를 형성할 수 없었다. 금송아지를 숭배하는 것과 율법의 계명들을 어떻게 조화시키겠는가? 이러한 죄를 저지른 이후에, 모세는 이스라엘 백성을 위한 중보기도를 했으며, 백성은 다시 율법을 받게 되었다. 하나님은 자신의 주권에 따라서 긍휼 가운데 행동하셨고, 자신을 자비롭고 은혜로우신 하나님으로 선포하셨다. 이스라엘 백성과 하나님과의 관계는 하나님께서 허락하신 죄 용서에 기초하게 되었으며, 더 이상 하나님과의 직접적인 관계가 아니라, 모세의 중재에 토대를 두고서 다시 확립되었다.[67] 어쨌든 이스라엘 백성은 율법 아래 들어가게 되었고, 누구든지 여호와께 범죄하면 그가 지은 죄로 인해서 하나님의 책에서 지워지게 되었다. 동시에 율법은 언약궤 안에 숨겨 두었고, 하나님 자신은 휘장 뒤에 숨어 계셨다. 휘장 안에서 피를 뿌리는 일은 증거궤 위에, 케루빔과 하나로 연결된 속죄소 위에서 이루어져야 했다.

그러나 이렇게 은혜와 율법의 혼합마저도, 혼합되지 않은 율법에 지나지 않았고, 하나님과 인간 사이의 관계를 유지하는데 도움이 될 순 없었다. 그것은 하나님의 인내하심이 어떠했든지 상관없이, 자신의 행위에 책임을 져야 하는 인간은 스스로의 힘으로 성취해야 하는 의를 통해서는 생명을 얻을 수 없다는 사실을 보여줄 뿐이었다. 또한 인간이 하나님의 영광의 갑작스러운 임재 앞에서, 아무리 영광이 희미하게 계시된다 할지라도, 그 앞에서 살아가는 것의 불가능성이 놀라운 모습으로 우리에게 소개되고 있는데, 사도는 이 사실을 고린도후서에서 설명하고 있다. 이스라엘 백성들은 모세에게 시내 산 꼭대기에서 여호와 하나님과 함께 하는 시간을 보낸 결과, 여호와의 영광이 여전히 빛나고 있는 그의 얼굴을 가려 달라고 간청해야 했다. 하나님이 인간에게 하나님 앞에 마땅히 이러해야 할 것을 요구하셨을 때 인간은 하나님의 계시를 감당할 수 없었다. 모세의 얼굴을 덮었던 그 수건은 근본적으로 그러한 진리를 드러낸다. 하나님은 자신을 숨기셔야만 했다. 가장 거룩한 곳, 곧 지성소로 가는 길은 아직 나타나지 않았다. 하나님 편에서 사람의 삶을 인도하는 법이 주어졌고, 제사장 직분이 세워졌으며, 이로써 죄가 있음에도 불구하고 이스라엘 백성과 하나님의 관계를 유지할 수 있었다. 하지만 사람은 하나님께 가까이 나아갈 수 없었다. 이것은 참으로 슬픈 상태였다. 왜냐하면 진정으로 복을 받을 수 있는 유일한 길은 하나님의 임재의 계시 속으로 들어가는 것인데, 이 복을 필요로 하는 사람을 필연적으로 하나님의 임재 속으로 들어가는 길을 차단하고 있었기 때문이다! 하지만 기독교에서는 정반대의 일이 일어났다. 휘장이 찢어진 것이다.

이제 사람을 율법 아래 두신 하나님의 섭리를 살펴보자.

우리는 이미 우리가 살펴보고 있는 이러한 시스템에서는 생명이 인간의 신실성의 결과로 주어지는 것으로 제시되고 있음을 볼 수 있다. 하나님의 인내심과 은혜가 무엇이었든 간에, 모든 것은 이 신실성에 달려 있었다. 그렇기 때문에 인간의 책임이 전적으로 위태로운 상태에 있었을 뿐만 아니라, 모든 것은 인간이 이 책임을 어떻게 감당하느냐에 달려 있었다. 하나님은 의심의 여지없이 인내심을 가지고 계셨고, 은혜를 나타내셨다. 하나님은 광야에서 이스라엘과 동고동락하셨고, 그들의 신실하지 못한 여러 가지 행태에도 불구하고 그들을 가나안 땅으로 들여보내셨다. 하나님은 그들에게 땅을 기업으로 주셨고, 원수들을 쳐서 이기는 승리를 안겨 주셨다. 그들의 신실하지 못한 행위로 인해서 그들의 강력한 이웃 나라들에게 사로잡혀 종노릇해야 하는 상황에서도, 하나님은 사사들을 일으키셨고 보내주심으로써 그들을 건져주셨다. 하나님은 선지자들을 보내셔서 그들로 하여금 율법을 지킬 것을 상기시키는 일을 하셨다. 마침내 그들의 마음을 얻기 위한 마지막 수단으로, 하나님은 자신의 아들을 보내셨고, 그간 온갖 은혜로운 방법을 마다하지 않고 쏟아 부었으며 또한 무수히 많은 사랑으로 돌보고 보살피셨던 자신의 포도원의 열매를 받도록 하셨다. 그러나 하나님의 포도나무는 들포도만을 맺을 뿐이었고, 그 포도를 재배하는 사람들과 하나님이 포도원을 맡긴 사람들은 하나님의 종 선지자들을 거부했고, 심지어 그분의 아들을 포도원에서 쫓아내어 그를 죽였다. 이로써 사람을 율법 아래 두었던 증거는 끝났다. 하나님이 그들로 하여금 순종하게 하고 또 순종 가운데 머물도록 하는데 사용하신 모든 은혜와 모든 인내는 아무 소용이 없게 되었다.

율법 아래에 있었던 인간의 역사가 있다.[68] 만일 우리가 율법이 양심에 미치는 영향을 살펴본다면, 우리는 그것이 영적으로 이해되자마자 정죄와 사망을 가져온다는 것을 알게 될 것이다. 그러나 이 글의 목적은 하나님의 섭리를 생각하는 것이다. 그럼에도 불구하고 나는 독자들에게 율법의 의미가 진정 무엇인지 심사숙고해보라고 간청하지 않고는 이 주제를 그저 떠날 순 없다고 생각한다. 만일 율법이 하나님 앞에서 자신의 양심과 자신의 삶에 적용된다면, 그래서 (당연한 말이지만) 사람이 율법에 대해서 책임 있는 존재라면, 만일 사람이 할 수 있는 일이라고는 율법이 요구하는 정의와 탁월함을 인정하는 것뿐이라면, 만일 사람이 율법의 정죄를 피해야 하고 또 율법의 긍정적인 부분을 이루는 두 가지 계명이 피조물이 복을 받을 수 있는 두 가지 기둥이라고 생각한다면, 만일 사람이 율법과 자신의 양심이 정죄하는 것을 끊임없이 행했고 또 사랑했으며, 피조물의 완전한 기준으로서 자신의 양심이 정죄하는 것을 완전히 실패했다는 것을 보게 되었다면, 만일 이 모든 것이 사실이라면,

순종의 조건으로 약속된 생명은 어디에 있단 말인가? 만일 사람이 자신의 책임을 근거로 삼고, 자신이 완전한 것으로 인정하는 규칙에 따라서 자신을 판단해야 한다면, 율법을 어긴 사람에게 정죄가 선고되는 것을 어떻게 피할 것인가? 다른 법은 없다. 만일 사람이 율법이 없으면 선과 악에 대해서 무관심하게 될 것이다. 그런 사람은 악하다고 말한 것 이상의 존재가 될 것이다. 자연적인 양심조차 남아있지 않게 되고 선은 존재하지 않게 되며, 그렇다면 사람은 악을 향해 치닫게 되며, 이웃의 폭력이나 홍수와 같은 사건에 나타난 하나님의 의로운 심판이 아니면 악을 멈추지 않을 것이다. 그렇다. 율법은 의롭고 선하며, 인간은 그것을 알고 있고 또 그의 양심은 자신에게 그렇게 말한다. 그러나 율법이 선하고 의롭다면, 자신의 책임이란 토대 위에 서 있는 인간은 잃어버린바 된다. 인간은 율법에 순종하는 대가로 약속된 생명을 결코 얻지 못한다. 율법의 권위와 정의를 선하게 만들어줄 심판이 율법을 거역한 사람을 기다리고 있으며, 동시에 억제되지 않은 의지를 가진 모든 사람의 수치를 모르는 파렴치함을 향해서 선고될 것이다. 유죄가 확정될 것이다. 율법에 관해서 사도가 표현한 것처럼, "생명에 이르게 할 그 계명이 사람에 대하여 도리어 사망에 이르게 하는 것이" 되는 것이다. 이 사실을 양심이 깨닫는 사람은 복이 있다.[69]

이스라엘의 통치와 부르심의 결합, 그리고 그 과거 역사

이스라엘의 민족적인 부르심은 하나님의 부르심과 통치가 결합된 것을 국가적인 형태로 보여주는 것이었다. 이 결합 아래에서 이스라엘의 역사는 하나의 경륜(administration)을 이루게 되었다. 이것은 이스라엘 민족을 구성하는 사람들뿐만 아니라 민족을 전체적으로, 첫 사람의 시험 아래 들어가게 했다. 율법은 신약시대 하나님의 자녀들을 그런 식으로 다루지 않는다. 율법은 타락한 아담의 자녀들을, 은총을 받은 민족에 속한 사람들을 아담과 동일한 책임을 가진 존재로 다루었다. 이것은 첫 사람을 시험하는 형태를 취하였다. 하나님의 목적은 둘째 사람(곧 그리스도) 아래서, 땅을 다스리시는 하나님의 통치를 하나님의 부르심과 결합된 형태의 모습으로 보여주려는 것이었다. 그러나 먼저는 육의 사람이기 때문에(고전 15:46), 그러므로 은총을 입은 이스라엘 민족에 속한 사람들 가운데서 첫 사람이 민족적인 부르심을 받은 것과 땅을 다스리시는 하나님의 통치와 결합된 형태에서 시험을 먼저 받아야 했다. 하나님께서 그 필연적인 결과를 확인하기 위한 것이 아니라, 첫 사람과 둘째 사람에 대해서, 모든 것이 주권적인 은혜에 달려 있음을 우리에게 가르치기 위한 것이었다. 왜냐하면 인간은 타락한 존재로서 아담의 책임을 다한 일에 대한 결과를 토대로 어떠한 복도 얻지 못하기 때문이다. JND는 많은 책에서 이스라엘과 하나님의 섭리의 관계를 다루었으며, 나는 여기 저기에 있는 내용들을 조금씩 인용했다.

우리는 노아 시대에 심판의 원칙이 도입된 것과 일상적인 응징이 새로운 세상의 구성 요소인 것을 살펴보았다. 이런 것이 통치의 원리다. 우리는 또한 아브라함의 역사를 통해서 하나님의 부르심의 원리가 나타난 것을 보았다. 이것이 하나님의 은혜와 거룩, 그리고 하나님의 최고 존엄의 원칙이다. 이 두 원칙의 결합은 성경에서 우리의 눈 앞에 펼쳐져 있다. 이 결합은 한 동안 매우 놀라운 방식으로, 책임 아래에 있는 인간의 신실성을 새롭게 시험하는 방식으로, 그리고 전적으로 특이한 상황에서, 그리고 하나님 쪽에서 더욱 놀라운 인내심을 동반하는 방식으로 나타났다. 이 방식은 말세에 더욱 엄숙한 찬양의 주제를 제공하게 될 것이다. "그 인자하심이 영원함이로다." 미래와 관련하여 이 두 가지 원칙의 결합은 하나님이 통치를 자신의 손에 넣으실 때에, 하나님의 비교할 수 없는 지혜와 권능이 나타나게 되는 만물의 상태의 원천이 될 것이다.

이 두 원칙의 결합의 역사는 인간의 책임 아래에 있건 아니면 하나님의 최고 존엄의 권능 아래에 있건 유대 민족의 역사였다. 율법은 하나님의 통치의 실제적인 기간을 표현하고 있었으며, 그 기간을 총괄하는 원칙이었다. 결과적으로 우리는 이스라엘 민족의 역사 속에서 세상 통치의 경륜의 중심을 찾을 수 있다. 한편으로는 이스라엘의 과거 역사 속에서 (지금도 그렇지만) 이방인들이 섬기는 거짓 신들에 대항하여 유일하고 참되신 하나님을 아는 지식으로 부르심을 받은 한 백성에게 주어진 증언을 포함해야 하고, "이스라엘아 들으라 우리 하나님 여호와는 오직 유일한 여호와이시니!"(신 6:4), 다른 한편으로 이 증언은 하나님의 선택을 받은 자신의 백성을 향한 진실하신 하나님의 통치 원칙들을, 그들의 행실에 따라서 공개적으로 축복하거나 징벌을 내린 증거들을 보여주어야 했다. "내가 땅의 모든 족속 가운데 너희만을 알았나니 그러므로 내가 너희 모든 죄악을 너희에게 보응하리라."(암 3:2)

그러나 만일 인간의 책임이 한편으로는 하나님의 성품 전체를 보여줄 수 있는 기회를 즉각적으로 제공했다면, 다른 한편으로는 인간의 연약함은 하나님이 이 책임 이외에 다른 기초 위에서 하나님의 모든 약속을 받을 수 있는 희망을 세우실 필요를 제공했다. 그리고 실제로 우리는 우리가 살펴보고 있는 이스라엘의 역사에서, 이스라엘이 절대적이고 또한 무조건적인 하나님의 부르심을 따라서 아브라함에게 약속된 약속을 받는다는 것을 볼 수 있다. 율법 아래서, 이스라엘은 이 약속들을 그들의 순종에 따른 책임으로 받아들였다. …

이 중요한 시점에서 우리는 잠시 멈춰서, 이스라엘 백성을 통해서, 하나님과 세상, 그리고 하나님과 사람들 사이의 관계가 어떻게 전개되는지를 생각해보자. 그 후에 우리는 다시 이스라엘의 역사로 돌아올 것이다. 이 시간 이후로 우리는 이러한 관계를 형성하는 세 가지 큰 도구를 볼 수 있으며, 그 가운데에서 각자의 자리를 볼 수 있다. 모세는 하나님의 백성 가운데서 왕권을 대표하는 사람이었다. "모세가 우리에게 율법을 명령하였으니 곧 야곱의 총회의 기업이로다 **여수룬에 왕이 있었으니** 곧 백성의 수령이 모이고 이스라엘 모든 지파가 함께 한 때에로다."(신 33:4,5) 아론은 대제사장의 자리를 차지하였고, 미리암은 여선지자로서 이렇게 말했다. "내가 너를 애굽 땅에서 인도해 내어 종 노릇 하는 집에서 속량하였고 모세와 아론과 미리암을 네 앞에 보냈느니라."(미 6:4) 출애굽기 15장과 민수기 13장도 보라.

이로써 우리는 광야 생활에서 하나님의 권능의 세 가지 중재적인 직분과 도구를 볼 수 있다. 첫째는 하나님의 뜻을 전달하는 도구요, 둘째는 우리가 하나님께 나아갈 수 있는 길을 안내하는 도구요, 셋째는 하나님의 통치의 도구로서 하나님의 권능의 수신자를 볼 수 있다.

모세는 각기 다른 시기에 이 세 가지 직분을 모두 수행했다.

그래서 교만한 이집트 사람들에게 가해진 재앙에서 아론은 선지자 역할을 했고, 모세는 바로에게 하나님 역할을 했지만, 크게 달라진 것은 없었다. 통치와 부르심이란 두 가지 원칙이 결합되어 있는 동안, 이러한 것들이 완전한 모습을 나타냈다. 하지만 이런 것들에 대한 책임 아래 있었던 유대인들은 각각에 대해서 스스로 타락하는 것을 막지 못했다.

제사장 제도 아래서 (하나님이 그들의 왕이시며, 그들의 불신으로 인해서 생긴 비참한 일들로부터 그들의 기업을 보존하기 위해서 때때로 사사들을 보내셨을 때에도), 완전한 영적인 부패가 있었고, 우리가 사무엘상 2장에서 보는 것처럼 심지어 제사장들에게서 영적인 부패가 일어났다. 사무엘상 3장에 묘사된 감동적인 장면에도 불구하고, 하나님의 백성들에게 이가봇이 특징적인 모습이었다. 제사장 직분이 폐지된 것은 아니었다. 그렇지 않다. 오히려 그 모든 기능을 효율적으로 수행하실 수 있는 분이 오실 때까지, 하나님의 인내심을 보여줄 뿐이었다.

사무엘은 선지자 계통의 대표자이자 사사이며, 하나님의 증언의 말씀으로 백성을 다스리는 사람이었다. 우리가 살펴본 것과 같이, 제사장 직분의 실제 상태에 반하는 증언이 주어졌다. 이 때문에 베드로는 사도행전 3장에서 "사무엘 때부터 이어 말한 모든 선지자"라고 말했다. 이것은 선지자들을 통한 하나님의 통치를 의미했다. 그렇지만 백성들은 그것에 만족하지 않고 왕을 원했다. 그래서 하나님은 그들에게 "분노하므로 왕을 주고 진노하므로 폐하셨다."(호 13:11) 하나님이 그들의 왕이셨을 때에, 육체를 따라서 선택된 왕은 모든 인간의 연약함과 모든 인간이 열망했던 일의 어리석음만을 보여주는 역할을 하였다. 그럼에도 불구하고 그분의 백성들을 다스리는 그리스도의 왕권은 언제나 하나님의 계획 속에 있었다. 하나님은 자신의 마음에 합한 한 왕을 그들에게 주셨고, 이에 다윗과 솔로몬은 그리스도의 왕권을 모형으로서 보여주었다. 한 사람은 고난을 당하지만 결국 모든 원수를 물리치고, 완전한 순종에 이르렀다. 다른 한 사람은 행복하고 순종적이며, 부유한 백성을 다스리면서 평화와 영광을 누렸다. 모형적인 그림은 거기서 끝났다! 사람은 모형을 제공할 뿐이며, 그리스도 안에서 성취되어야 할 참된 것의 기능을 모두 수행할 수는 없다. 솔로몬이 누렸던 안식과 영광이 그의 타락의 원인이 되었다. 그는 하나님의 풍성한 선물을 받았지만, 하나님을 향한 충정심을 지키지 않았고, 자신의 아내들에게 이끌려 이방신들을 따랐다. 하나님과 이스라엘 백성들과의 관계를 유지하기 위한 하나님의 마지막 자원이었던 왕권마저 부패하게 되었다. …

이스라엘 땅에 계속해서 거했던 이스라엘

우리는 JND의 펜을 통해서 서술된 이스라엘의 역사를 살펴보았다. 우리는 사사들과 왕들과 선지자들의 직분을 도입한 것이 세대를 변경하지 않았다는 사실을 명심해야 한다. 우리는 이제 이스라엘이 이스라엘의 땅에 계속해서 거했다는 사실과 관련하여 몇 가지 요소들을 살펴보고자 한다.

우리는 신명기에서 이스라엘 백성들이 가나안에 거의 들어갈 때쯤 순종의 원칙을 따르고 또 순종에 의존된 약속을 누리는 모습을 볼 수 있다. … 성경이 말하길, 모세는 그들 앞에 "생명과 사망과 복과 저주를" 두었다. 그것은 조상들과 맺은 맹세를 기억하여, 그들이 순종하면 축복을, 순종하지 않으면 위협을 가

하는 언약이었다. 하나님은 그들이 그 땅을 소유할 것이라고 약속하신 것이 아니라, 그 땅에서 복을 주실 것이라고 약속하셨다. 그렇지 않으면 그들은 그 땅에서 쫓겨나게 될 것이다. 그러나 그들의 마음이 주께로 돌아온다면, 하나님은 먼 나라에 있는 그들에게 자비를 베풀어 주실 것이다. 이 때문에 사도는 여기서 믿음에 속한 하나님의 의를 보증하는 하나의 구절을 인용한다. 왜냐하면 율법을 지키는 일은 이스라엘 땅을 제외한 어느 땅에서도 불가능한 일이었기 때문이다. 그럼에도 만일 그들이 마음으로 순종하여 주님께로 돌아온다면, 그들은 구원을 받게 될 것이다. 느헤미야의 리더십 아래서 그들이 고토로 돌아오게 된 것은 이러한 약속과 이 언약의 부분적인 성취였다. 그렇게 돌아왔을 때, 아브라함에게 한 약속은 여전히 유효했다. 그것은 하나님의 자비와 신실하심을 보여주는 사건이었으며, 비록 중요한 사건들이 얽히고설키긴 했지만, 하나님의 약속과 원래의 언약의 성취는 아니었다. 원래 약속은 무조건적인 것이었고, 하나님의 맹세에 의해서 보장된 것이었기 때문에, 총체적인 범위에서 완전한 성취를 이루어야 했다.* 이 점이 하나님의 백성들에게 여전히 남아 있다. 여호수아는 그들의 역사에 현재적인 땅에 속한 성취를 가져다주었다. 그리고 사사기는 이스라엘이 인간적으로 땅에 속한 기업을 누리는 가운데서 몰락해가는 역사를 그리고 있다.

* 신명기 32장에서 말하는 것은 점점 더 확장되고 또 깊어진다. 하나님은 언약을 따라서 말씀하시는 것이 아니라 자신의 주권과 자신의 생각을 따라서 말씀하신다. 결과적으로 이방인들이 하나님의 백성들과 함께 기뻐하는 일이 거기서 소개되고 있다.[70]

갈라디아서 3장 17절은 조건부 언약 (즉 율법) 아래 있는 이스라엘의 실패가 그들의 조상들에게 한 약속을 헛되이 만들 수 없었다는 사실을 보여준다. 약속은 무조건적인 것이었고, 때가 찬 세대에서 이루어질 새 언약 아래에서 완전히 성취될 것이다.

땅의 부르심을 받지 못한 이방나라들

이방인의 때(The times of the Gentiles)는 구분될 수 있는 하나의 기간이지만, 하나의 세대는 아니다. 이방인들은 땅에 대한 통치와 결합된 땅의 부르심을 결코 받은 일이 없다. JND는 이렇게 썼다.

> 우리는 유대 민족의 몰락이 완결되었을 때, 하나님은 통치권을 이방 사람들에게 넘겨주셨음을 살펴보았다. 이 일로 인해서 이 세상 통치권은 하나님의 부르심과 약속에서 분리되었다. 유대인들에게는 두 가지가 하나로 통합되어 있었다. 즉 하나님의 부르심과 땅을 통치하는 일이 이스라엘이 제쳐지는 순간부터 별개의 것이 되었다. 노아와 아브라함에게서 우리는 이 둘이 구분되어 있는 것을 볼 수 있었다. 하나는 통치이고, 다른 하나는 부르심이다. …

> 이방인들이 통치권을 넘겨받음으로써 그들에게 무슨 일이 일어났는가? 이방 제국은 "짐승(beasts)"이 되었다(단 7장). 그래서 4대 군주국으로 불리게 되었다. 일단 통치가 이방인들에게로 넘어가자, 그들은 하나님의 백성들을 압제하는 사람들이 되었다. 첫째는 바벨론 제국, 둘째는 메대-바사 제국, 셋째는 헬

라(그리스) 제국, 그 다음은 로마 제국이었다. 네 번째 군주 국가는 본디오 빌라도가 반역적인 이스라엘 민족의 뜻을 받들어 하나님의 아들이자 이스라엘의 왕이었던 그리스도를 죽임으로써 그들의 죄에 가담하는 동시에 또한 이방인들의 죄를 극점에 달하게 했다. 부르심을 받은 백성으로서 유대인들이 타락한 상태에 있듯이 이방인들의 권세도 타락한 상태에 있다. 심판이 권세와 부르심에도 선언되었다.[71]

이 마지막 두 문장은 인간이 이방인의 때에 이방인들에게 맡겨진 권세를 사용하는 데 실패했음을 의미한다. 이스라엘도 그들의 부르심에 실패했다. 십자가에서 이스라엘과 이방인의 권세는 하나였고, 그리스도를 거부하였다. 그러므로 권세와 부르심은 천년왕국 시대에 그리스도에게로 귀속될 것이며, 그리스도는 이 두 가지를 완벽하게 집행하실 것이다.

이방인의 때

우리는 이방인의 때(이 시기는 느부갓네살이 예루살렘을 함락하면서 시작되었으며, 장차 그리스도께서 권능과 영광 가운데 나타나면서 끝나게 될 것이다)가 구분할 수 있는 하나의 기간이며, 하나님은 이 기간 동안 이방인들에게 제국의 권세를 주셨지만 그렇다고 해서 하나의 세대를 형성하는 것은 아니라는 점을 살펴보았다. *이방인의 때는 하나의 괄호를 형성한다.* 즉 이스라엘 민족이 로암미로 선포되는 기간 동안, 이스라엘을 향해 이방인들의 심판의 시기로서 지상의 괄호를 형성한다.[72] JND는 예언의 요소란 제목의 글에서 통치와 은혜를 통한 하나님의 섭리와 관련하여 유대인과 이방인에 대해서 광범위한 논평을 했다(이것은 교회에 대한 훌륭한 글이기도 하다).

이것은 나로 하여금 유대인과 관련하여, 우리가 성경에서 볼 수 있는 유대인들이 가지고 있는 두 가지 다른 지위와 관련해서 일어날 수 있는 두 가지 예언의 성격을 깊이 생각하도록 이끌어주었다. 첫째, 하나님은 많건 적건 하나의 백성을 소유하고 계신다(하나님은 그들 가운데 이미 알려진 통치 원칙을 따라서 행하신다). 둘째, 그들은 한동안 거부당할 것이다(이로써 땅에 대한 주권은 이방인들에게 귀속되었다). 이 마지막 시기는 이방인의 때를 형성하고 있다.

나는 지금 유대인들에게만 한정하고 있다. 하나님은, 어떤 형태로든 자신의 백성들을 소유할 수 있었지만, 그들에게 직접 자신을 계시하셨다. 느부갓네살 때까지 하나님의 보좌와 임재는 이스라엘 가운데 있었다. 느부갓네살 때부터 하나님은 땅에 대한 주권적인 권세를 직접 행사하시는 것을 멈추었고, 그 권세를 자신의 백성이 아닌 이방인, 곧 느부갓네살에게 귀속시키셨다. 이것은 세상 통치의 측면 뿐만 아니라 자기 백성들에 대한 하나님의 심판 차원에서, 모두 매우 중요한 변화였다. 둘 다 종말의 때까지 발전되어 가는 위대한 예언의 대상들로서, 반역적인 이스라엘 백성들로 하여금 환난을 통과하도록 함으로써 그들을 마침내 회복시키고 또한 신실함이 없고 또 배교적인 이방 제국 권세의 머리를 심판하는 길로 이끌고 간다. 어쨌든 이스라엘과 이방나라들이 이전에 맺었던 관계는 이제는 사라지고 없다. 이제 우리는 이러한 주제가 발전되어 가는데 매우 중요한 또 다른 사안을 살펴볼 필요가 있다.

우리가 살펴본 대로, 이스라엘은 여호와와의 관계에서 신실하지 못했기에 그들 위에 이가봇(영광이 이스라엘에서 떠났다)이란 글씨가 새겨졌다. 이스라엘에서 하나님의 영광과 힘의 상징이었던 하나님의 궤가 원수의 손에 넘어가게 되었다. 원수들은 이스라엘 땅을 더럽혔다. 그러나 하나님이 주권적인 은혜로 개입하셨고, 육신의 후손이신 그리스도의 예표로서 다윗을 일으키셨으며, 이스라엘에게 은혜와 해방을 가져오는 왕으로 세우셨다. 그의 후손들 가운데 악한 왕들이 일어났으며, 이스라엘 대부분의 지파들은 다윗 가문의 왕을 향해 반란을 일으켰다. 그 결과 두 지파만 남게 되었고, 그들 가운데 일부만이 바벨론에서 돌아왔다. 그들의 후손들이 그리스도를 거절했으며, 십자가에 못 박았다. 그러므로 이스라엘이 심판을 받는 두 가지 이유는 우상숭배와 여호와를 향한 반역, 그리고 그리스도를 거절한 죄 때문이다.

이 심판의 두 번째 근거를 제시했기에, 나는 전자의 근거인 여호와를 향한 반역이란 주제를 다루고자 한다. 이스라엘은 여호와와 언약 관계를 맺은 언약백성으로서, 그 복을 누리는 행복한 증인이 되어야 했다. "이러한 백성은 복이 있나니 여호와를 자기 하나님으로 삼는 백성은 복이 있도다."(시 144:15) 그럼에도 이스라엘은 이교도들의 길을 배우고 익혔다. 그리하여 이스라엘은 그들보다 더 부패하게 되었고, 여호와께서는 주변 나라들로 하여금 그들을 공격하고 괴롭히는 일을 허락하셨다. 이 일은 열 개의 지파들 가운데 더욱 심했다. 은혜 가운데 일으켜진 다윗의 집은 그래도 얼마간 유다에 충성했다. …

그러나 예루살렘에서 주님의 보좌에 오른 다윗의 가문은 우리가 알고 있는 바와 같이, 신실하지 못했고, 므낫세의 죄로 인해서 그들의 통치는 여호와를 대표할 수 없게 되었다. 유다 또한 이스라엘처럼 여호와에게서 버림받게 되었다. 그러나 율법을 주신 이후 그 위에서 하나님이 직접적으로 통치하신 영역 가운데 무엇이 남았는가? 아무 것도 남은 게 없었다. 전에 예루살렘 성전을 가득 채웠던, 하나님의 영광은 예루살렘과 땅을 떠났다 (에스겔서 1-10장을 보라). 당시 이 심판은 매우 중요한 성격과 중요성을 가지고 있었다. 땅 위에서 하나님의 통치를 거두고, 이방인들의 수장에게 권력을 부여했다. 이스라엘은 잠시 제쳐지게 되었다. 그러나 유다는 섭리에 의해서 부분적으로 회복되었고, 메시아를 그들에게 보냈지만, 우리가 알고 있듯이, 그들은 카이사르 외에는 왕이 없다고 선언하면서 그리스도를 배척했다. 이 일로 인해서 유다는 이방인의 권세 아래 들어가게 되었는데, 이것은 여호와를 대표했던 그들의 왕과 다윗의 가문을 거역하고 또한 약속된 메시아를 거부하고 이방인을 자신들의 머리로 삼은 일에 대한 징벌이었다. 이 일은 결과적으로 말세에 나타날 심판을 통해서 완전히 성취될 것이다. 그 중 특별히 이방인들에게 해당되는 부분은 선지자들이 거의 언급하지 않았고, 대부분 예언은 이스라엘에 대한 것이었다. 다니엘서와 요한계시록이 이러한 주제를 다루고 있다. 말세에 대한 예언을 보면, 유다는 이방 권세의 머리 아래서 압제를 당하고, 거짓 그리스도에게 속임을 당하고, 억압을 당하게 될 것이다. 그러나 하나님은 이스라엘을 여전히 자신의 백성으로 여기실 것이며, 이스라엘로 하여금 대환난을 통과하게 하실 것이다. 대환난 기간 동안 이방인들과 그들의 머리와 더불어 우상숭배에 참여하지 않고, 은혜로 말미암아 주님께 매달려서 주의 이름을 부르며 또한 그리스도 영의 말씀을 받아들이는 사람들은 구원을 받게 될 것이며, 배도한 이방인의 권세와 거짓 선지자는 심판을 받게 될 것이다.

또 다른 요소가 여기에 도입되었다. 우리가 알다시피 유대인들이 거절당한 관계로 기독교가 들어오게 되었다. 하지만 아아! 인간은 유대교에서와 마찬가지로 신실하지 못했다. 사도 시대 초기부터 이미 불법의 비밀이 활동하기 시작했으며, 장차 배도를 일으킬 것이며, 이방 세계의 열 왕이 어린 양과 전쟁을 벌이게 될 것이다. 요컨대, 기독교 세계에서 공개적인 배도가 일어나고, 죄의 사람이 나타날 것이며, 그와 결탁한 짐승과 왕들이 주님을 상대로 전쟁을 일으킬 것이며, 말세에 일어날 사건들 가운데 중요한 요소로서 하나님이 세상에서 권세를 주신 이방인이 예루살렘에 있는 하나님의 보좌에 앉음으로써 이방인의 권세의 성격과 묘사를 최종적으로 완성하게 될 것이다. 이러한 것이 앞선 사례들과 더불어 요한계시록이 제공하는 예언적인 내용들이다.

앗시리아와 다른 이방 민족들의 사례에서 보았던 것처럼, 이 권세가 파괴된 결과, 땅 위에는 그리스도 아래에서 축복을 받은 이스라엘이 다시 세움을 받게 될 것이고, 이로써 주님의 보좌가 예루살렘에서 다시 확고하게 세워지게 될 것이다.

이방인의 권세의 파멸은 완전히 이 시기의 후반부까지 이어지지 않을 것이다. 그러므로 이방인의 권세의 시기를 다루고 있는, 다니엘은 결코 천년왕국에 대해서 언급하지 않는다. 그는 단지 이스라엘의 구원에 대해서 언급한 후, 거기서 멈추었다. 이방인의 권세가 파멸된 효과는 여호와와 예루살렘과 이스라엘을 재결합시키고, 그 다음에는 여호와와 그분의 백성을 대적하여 일어났던 앗시리아인과 여러 대적들을 심판하는 것이다. 이 일은 결국 이 땅에 완전한 평화의 통치를 가져오게 될 것이다. 이후로 이방인들과 이스라엘의 관계는 여러 가지 측면에서 이

방인들에 대해서 예언된 내용으로 이어지게 될 것이다.[73]

제사장, 선지자, 그리고 왕

우리는 이전에 JND가 제사장과 선지자와 왕을 "하나님의 권능을 집행하는 세 가지 중재적인 도구"로 말한 것을 보았다. 통치와 부르심의 두 가지 원칙이 결합을 이루고 있는 동안 이 세 가지 것들이 완전히 발전되었다. 하지만 이 두 원칙에 대한 책임 하에 있던 유대 백성들은 각각의 원칙에 대해서 타락하게 되었다. 하나님의 모든 공급과 보살핌이 사람에게 풍성하게 베풀어졌지만, 첫 사람은 철저하게 실패했다. 첫 사람이 실패했던, 이 세 가지 직분은 장차 그리스도 안에서, 특히 그리스도께서 하늘의 영역과 땅의 영역을 통일하시는, 때가 찬 경륜의 시기에(엡 1:10) 하나님의 영광을 빛내는 일을 통해서 아름답게 나타나게 될 것이다.

구분 가능한 시기라고 해서
필연적으로 하나의 경륜을 이루는 것은 아니다

왕들이 이스라엘을 다스리던 때가 있었다. 비록 이 기간은 구분 가능한 기간이긴 했지만, 엄밀히 말해서 하나의 세대를 이루는 것은 아니었다. 물론 JND는 전통적인 의미에서 "왕들의 세대 (kingly dispensation)"라는 표현을 사용하긴 했다.[74] 이방인 제국의 시대, 곧 이방인의 때(단 2,7장)가 도래했지만, 그렇다고 해서 그것이 하나의 세대를 형성하진 않았다. 하나님의 섭리가 어떤 특징적인 모습으로 나타난 다른 여러 "시기들(periods)"이 있었지만, 그것이 하나님의 경륜의 숫자(to the number of administrations)에 더해지진 않았다.

Chapter 5

두 개의 괄호

심판을 위한 이방인의 괄호

서론

이 장은 길이를 최소화하기 위해서, 여러 글을 인용하지 않고, JND의 가르침의 요점을 설명하고자 한다. 다음 페이지의 차트가 도움이 될 것이다.

여기서 괄호 "( )"란 (괄호가 그렇게 하는 것과 같이) 다른 영향을 주지는 않으면서도 연속을 중단시킨다. "괄호"란 단어는 1800년대 초에 세대적인 진리를 소개하면서 사용되었는데, 이는 하나님이 자신의 섭리의 연속성과 관련하여 새로이 도입하신 것을 나타내기 위해 사용되었다. 이러한 괄호에는 두 가지가 있다.

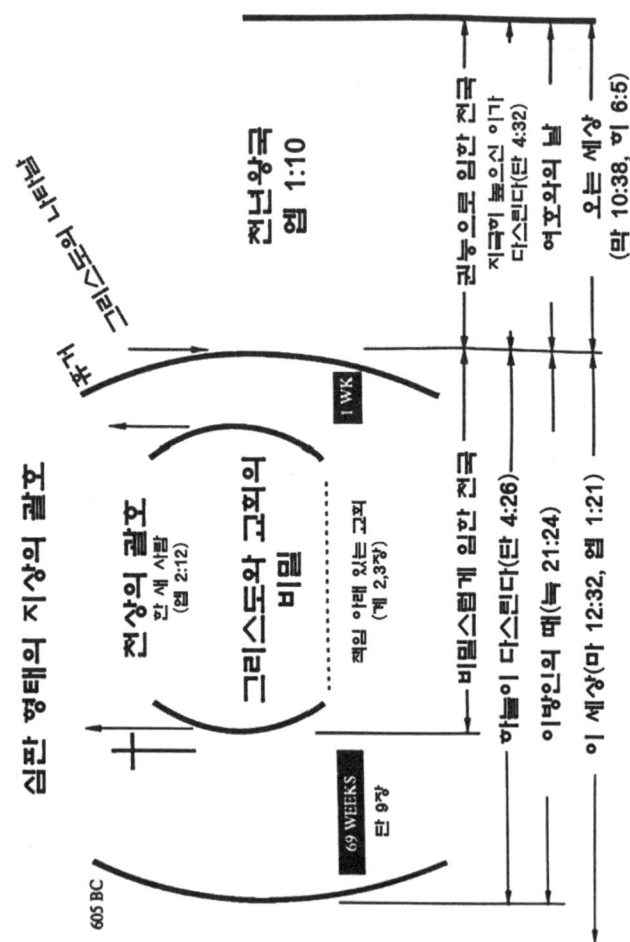

104 천상의 괄호란 무엇인가

하나는 그리스도 안에서 하나님의 영광이 나타나는 천상의 영역과 관련이 있고, 다른 하나는 그리스도 안에서 하나님의 영광이 나타나는 지상의 영역과 관련이 있다. 하나님은 한 가지 목적만을 가지고 있다는 점을 상기하자. 즉 그리스도 안에서 하나님 자신을 영광스럽게 하시는 것이다. 그러면 이 하나님의 영광은 두 영역에서 나타나게 될 것인데, 바로 지상의 영역과 천상의 영역이다(엡 1:10).

이방인의 때는 이스라엘에게 내려진 심판의 괄호를 형성한다. 통치는 이스라엘에게서 취하여 느부갓네살에게로 넘어갔다. 통치는 다시 천년왕국 시대에서 이스라엘에게 주어지게 될 것이다. 그러므로 이스라엘에서 통치가 중단된 이 시기를 괄호라고 부른다.

심판의 성격을 가지고 있는 지상 이방인의 괄호

여기서 우리는 두 개의 괄호,[75] 즉 이스라엘에게 심판의 성격을 가지고 있는 이방인의 괄호, 즉 지상의 괄호에 대해서 살펴보자.[76] 이스라엘은 "지상의 영역"에서 하나님이 그리스도 안에서 나타내실 영광의 중심에 있게 될 것이다. 소위 천년왕국 시대에 이스라엘은 영광의 자리에 들어가게 될 것이다. 이스라엘을 제쳐놓고 또 하나님의 보좌를 예루살렘에서 거둔 것은 하나님이 지상에서 통치하시는 하나님의 섭리의 발전과정에서 일종의 괄호다. 물론 이러한 중단은 하나님이 자신의 영광을 위해서 인간을 다루시는 하나님 섭리의 일부였다.

이 시기, 즉 이방인의 때는 "괄호"로 불리는데, 왜냐하면 이 시기는 이스라엘에서 하나님의 "다스림"이 중단되는 시기이기 때문이다. 땅에서 왕이 통치하는 경륜은 하나님이 선택하신 사람, 곧 그리스도의 위대한 모형인 다윗에 의해서 시작되었다. 사울은 육신적인 사람을 대표했다. 사울의 통치는 일시적이었다. 그것은 왕을 요구하는 백성들의 요청에 반응해서, 그들의 상태를 드러내고자 하나님이 일시적으로 허락하신 것이었다.77) 하나님의 선택은 시온과 다윗이었다(시 78:65-72). 다윗의 보좌(B.C. 1011)와 솔로몬의 보좌(B.C. 971)는 여호와의 보좌로 불렸다(대상 29:23). 이 보좌는 땅에서 하나님이 왕으로 통치하시는 자리였다. 다윗과 솔로몬은 "하나님 곧 전능하신 이의 큰 날"(계 16:14)에 전쟁을 치르고(계 19장), 또한 평화의 왕으로서 통치하시는 주 예수 그리스도의 모형이었다.

그러나 여호와의 보좌에 앉았던 솔로몬은 신실하지 못했다(왕상 11장). 그래서 하나님은 여로보암의 통치하에 있는 이스라엘을 분열시키셨고(B.C. 931), 또한 나라를 둘로 나누심으로써(왕상 12장) 이스라엘 민족을 징계하셨다. 그럼에도 여호와의 보좌는 예루살렘에 남아있었다. 얼마 후 10개의 북쪽 지파들(종종 "이스라엘의 집"으로, 때로는 "에브라임"으로 불리던)이 앗시리아인들에게 포로로 사로잡혀 가게 되었다(B.C. 722). 반역적인 유다 또한 마침내 느부갓네살에게 포로로 사로잡혀 갔다(B.C. 605/604). 그렇게 유다의 70년 동안의 포로 생활이 시작되었고(렘 25:1-14, 29:10), 490년 동안 안식년은 지켜지지 않았다(대하 36:21). 그리고 이 70년의 포로기간이 끝났음에도, 예루살렘에 있는 다윗의 집은 왕국을 회복하지 못했다.

느부갓네살에 의해서 예루살렘이 함락된 것은 이스라엘을 통해서 하나님께서 왕으로서 통치하시는 방식을 70년 이상 중단시키기 위한 것이었다. 이렇게 통치를 끝내신 것은 성경에 여러 가지 방식으로 소개되어 있다.

1. 다니엘서에서 하나님은 "하늘의 하나님(the God of the heavens)"으로 언급되고 있는 것에 주목하라. 또한 "하늘이 다스린다(the heavens do rule)"(단 4:26)는 진술에도 주목하라.

2. 에스겔은 환상을 통해서 하나님의 영광인 셰키나(Shekinah)가 떠나가는 것을 보았다(겔 10:18, 11:22). 장래 돌아오는 때가 있을 것이다(겔 43:1-7, 44:1). 하나님의 영광이 부재해 있는 기간 동안, 이스라엘 땅에서 하나님이 통치하시는 것이 아니라 하늘이 통치하게 될 것이다.

3. 하나님은 이스라엘을 로암미로 선언하셨는데, 이는 "내 백성이 아니다"(호 1:9)라는 뜻이다. 그들은 그때부터 장차 암미, 즉 "내 백성"(호 2:1)으로 불리게 될 때까지 외견상으로는 하나님의 백성으로 인정받지 못하게 될 것이다.

4. 느부갓네살은 꿈을 꾸었는데(단 2장), 꿈 속에서 그는 네 개의 이방 제국을 묘사하는 "큰 신상"을 보았다. 이 신상은 느부갓네살로부터 장차 손대지 아니한 돌이 이 신상의 발을 쳐서 부서

뜨릴 때까지 이어지게 될 이방인 통치의 상징이었다. 바로 그리스도가 이 신상을 부서뜨리는 돌이고, 장차 그리스도께서 전능하신 하나님의 큰 날에 전쟁을 수행하기 위해 하늘에서 오실 때에는(계 19장), 이방인 제국시대를 종식시킬 것이며, 그분의 옛 백성들 앞에서 영광 가운데서 다스리실 것이다(사 24:23).

5. 다니엘은 꿈을 꾸었는데, 이 네 개의 제국이 짐승 같은 특징을 가지고 있었다(단 7장).

6. 우리 주님은 이 시기를 이방인의 때(times of the Gentiles)로 부르셨다(눅 21:24).

이러한 상태는 "이방인 심판의 괄호"로 지정된 시기 동안 계속될 것이다. 이방인의 때는 이스라엘에게 징계 또는 심판으로 정해진 시기이기 때문에, 이 시기는 장차 하나님께서 시온의 거룩한 산 위에 그분의 왕을 세우면 끝나게 될 것이다(시 2편). 이로써 하나님이 이스라엘을 통해서 이 땅에서 직접적으로 통치권을 행사하지 않는 기간이 끝나게 될 것이다.

실패를 성공으로 만드시는 그리스도

이스라엘에서 왕권의 실패는 다니엘서 2장에 있는 신상을 통해서 묘사된 이방 제국의 괄호로 이어졌다. 이 실패의 이면에는 그리스도께서 초림하셨을 때 (이방인의 지배 하에 있었지만) 유대인과 이방인에 의해서 범세계적으로 거절당하심으로써 결국 이스라엘 땅에서 이스라엘 백성을 왕권을 가진 백성으로 삼으시려는 하나님의 목적이 있었다. 그래서 70년 포로생활을 마치고, 남은 자들로 하여금 이스라엘 땅으로 돌아오게 하셨다. (이러한 하나님의 목적을 밝히는 것이 에스라서의 목적이다.) 비록 이전처럼 외적으로는 소유한 것이 없었지만, 여호와의 보좌가 예루살렘에 있었을 때처럼 하나님은 이 백성과 함께 계속해서 일하셨고(에스라, 느헤미야, 학개, 스가랴, 그리고 말라기를 보라), 장차 자신의 아들을 보내셨을 때 치르게 될 큰 시험을 준비하고 계셨다. 이 시험은 이스라엘 백성의 상태와 이방 권세의 상태를 드러냄으로써 첫 사람의 상태를 선언하기 위한 것이었다(고전 15:47). 그리스도를 거절하고 십자가에 처형한 일은 결국 A.D. 70년 경에 예루살렘의 멸망을 초래했다(마 22:7, 단 9:26). 그 중간 시기인 "지금 은혜로 택하심을 따라 (유대인 가운데) 남은 자가 있었다."(롬 11:5) 이 남은 자들은 결국 그리스도의 몸의 지체를 이루게 되었으며, 특별히 믿는 이방인들과 구분할 때에는 "하나님의 이스라엘(the Israel of God)"로 불리기도 했다(갈 6:16). 이 사람들이 바로 로마서 2장 28,29절에서 말하는 참 유대인들(true Jews)이다. 우리는 로마서 2장이 바울이 유대인들을 향해서 말하고 있다는 사실을 볼 수 있다. 17절을 보라.

모든 것이 둘째 사람을 통해서 좋게 변하게 될 것이며, 하나님의 영광이 나타나게 될 것이다. 심지어 왕정에서 실패한 것도 좋은 결말로 끝을 맺게 될 것이다. 이는 그리스도께서 다스리실 것이며, 천년 동안 완벽하게 다스리실 것이고, 나라를 하나님께 바치실 것이기 때문이다(고전 15:24). 다른 모든 존재들은 통치권을 상실하게 될 것이다. 종-아들이신 그리스도께서 땅을 다스리는 통치를 통해서 하나님을 영광스럽게 해드릴 것이며, 나라를 하나님께 바치실 것이다. 그리스도는 얼마나 경이로운 분이신가!

그러므로 이스라엘에 대한 심판으로서 지상의 이방인의 괄호, 즉 "이방인의 때"는 느부갓네살에 의한 예루살렘 함락으로 시작되었으며, 우리의 사랑하는 주님, 우리 주 예수 그리스도께서 이스라엘을 통해서 땅에 대한 하나님의 직접적인 통치를 세우고자 오실 때에 예루살렘을 해방시키는 역사로 끝나게 될 것이다. 쳐서 부수는 돌이신 그리스도께서 하늘에서 오실 것이며 또한 거기에 걸려 넘어지는 사람마다 가루로 만드실 것이다. 그 신상은 박살이 날 것이며, 쳐서 부수는 돌이 온 세계에 가득하게 될 것이다. 그 때 물이 바다를 덮음 같이 여호와를 아는 지식이 세상에 가득하게 될 것이다(사 11:9).

"우리 생명이신 그리스도께서 나타나실 그 때에 너희도 그와 함께 영광 중에 나타나리라."(골 3:4)

천상의 괄호

"천상의 괄호"의 의미

세대적인 진리를 가지고 있는 사람들은 종종 하나님이 두 가지 목적을 가지고 있다는 가르침 때문에 비난을 받는다. 어쩌면 어떤 사람들이 그런 말을 했을지 모르지만, 사실 **하나님은 한 가지 목적만을 가지고 있다. 즉 그리스도 안에서 자신을 영광스럽게 하는 것이다.** 그러나 그리스도 안에서 하나님의 영광이 나타나는 것은 두 가지 영역에서, 즉 하늘의 영역과 땅의 영역에서 나타나게 될 것이다. 이스라엘은 그리스도 안에서 하나님의 영광이 나타나는 일에 있어서 특히 땅의 영역과 연결되어 있지만, 반면 그리스도의 몸은 그리스도 안에서 하나님의 영광이 나타나는 일에 있어서 특히 하늘의 영역과 연결되어 있다. 시편 8편은 지상의 영역에서 통치권을 가지고 있는 인자(the Son of man)에 대해서 말하고 있다. 그러므로 그런 것은 신약성경이 말하는 비밀에 속한 것이 아니다. 하지만 에베소서 1장 10절은 그리스도께서 하늘에 있는 것이나 땅에 있는 것을 다 통일하실 것이라고 말하고 있다. 그리스도께서 하늘의 영역까지 통일하실 것이란 사실은 구약성경에는 계시된 일이 없었다.

지금 성도들을 부르고 있는 부르심은 "땅의 영역(earthly places)"에서 통치하시는 하나님의 섭리의 과정 중 일부가 아니다. 이스라엘은 특별한 방법으로 그러한 통치와 연결되어 있었고 또한 앞으로도 그럴 것이다. 반면 그리스도의 몸은 이스라엘을 대체하지도 않았고, 이스라엘의 (영적인) 계승자도 아니다. 그리스도의 몸은 이스라엘처럼 땅에 속한 백성(earthly people)이 아니며, 앞으로도 그럴 것이다. 오히려 그리스도의 몸으로서 교회는 하늘의 소망을 가지고 있으며(요 14:13, 빌 3:20,21), 그리스도 예수 안에서 하늘에 앉아 있는 하늘에 속한 백성(heavenly people)이다(엡 2:6).

주 예수님은 "하나님의 진실하심을 위하여 할례의 추종자가 되셨으니 이는 조상들에게 주신 약속들을 견고하게 하시고 이방인들도 그 긍휼하심으로 말미암아 하나님께 영광을 돌리게 하고자"(롬 15:8,9) 하셨다. 그리하여 이스라엘과 이방인들이 모두 복을 받게 될 것이다. 이제 주목할 것은, 이스라엘이 복을 받을 뿐만 아니라 이방인들도 복을 받게 될 것이란 점이다. 그리스도께서 높이 승격되신 후에도, 성경은 언약들이 바울의 골육의 친척인 이스라엘에게 속한 것임을 명백하게 선언하고 있다(롬 9:3,4). 그럼에도 불구하고 세대적인 진리를 반대하는 사람들은, 이처럼 명백한 하나님의 말씀 앞에서도, 새 언약이 교회를 위한 것이라고 주장한다. 그리스도의 죽음은 특별히 구원받은 민족으로서 이스라엘의 미래를 준비했다(요 11:51,52). 반역의 무리들이 심판을 받게 되면(겔 20장), 모든 이스라엘이 구원받게 될 것이다(롬 11:26).

그러므로 메시아의 통치 아래서 천년왕국은 하나님이 "땅의 영역"을 향한 하나님의 섭리에 있어서 엄청난 진보와 발전이 있게 될 것이다. 구원과 관련하여 이스라엘은 새 언약 아래에 들어가게 될 것이며, 죄 사함을 경험하게 될 것이다(렘 31:31-34, 히 8:10-13). 통치와 관련하여 그들을 위해 보혈을 흘려주신 메시아께서 새 언약 아래서 그들의 축복의 기초가 되실 것이며, 그분이 통치하실 것이다. 하나님은 지상의 영역에서 이스라엘을 직접적으로 통치하시는 메시아를 통해서 영광을 받으실 것이다. 그리스도께서 영광 속에서 자신의 옛 백성들을 통치하실 것이며(사 24:23) 또한 이스라엘은 머리가 되고 이방나라들은 꼬리가 될 것이다(신 28:13,44).

땅에서 통치하시는 하나님 섭리의 방식의 발전과 이스라엘의 구원이 이루어지는 방식(히 8:10-13)에 대한 지식을 갖추게 되면, 모든 이스라엘이 구원을 받고(롬 11:26) 또 민족적으로 양자가 되어 하나님 앞에 서게 되는 때(롬 9:4)는 그야말로 물이 바다를 덮음같이 주님을 아는 지식이 세상에 충만하게 되는 때요(사 11:9) 또한 주님 홀로 높임을 받으시는 때(사 2:11)가 될 것이다. 그리스도의 천년 통치는 이스라엘과 이방인들에겐, 그들이 구약 시대에서 차지했던 위치와 비교해볼 때, 엄청난 진보요 엄청난 도약이 아닐 수 없을 것이다. 이러한 해석은 선지자들의 예언을 영적인 연금술을 사용해서 변화무쌍한 영해를 하지 않는 사람들에겐 쉽게 이해될 수 있는 내용이다.

무천년주의자들은 전천년주의자들과 마찬가지로 천년왕국을 기독교에서 퇴보하는 것이며, 역행적이고, 유대주의화하는 것이라고 생각한다. 왜냐하면 천년왕국의 실현을 기독교의 특권을 낮추는 것이라고 보기 때문이다. 하지만 이러한 주장은 그리스도의 몸이 땅의 영역을 통치하시는 하나님의 섭리의 발전 과정 가운데 천상의 괄호와 연결되어 있다는 진리를 거부하기 때문에 생긴 것이다. 이런 이해를 하는 사람들은 교회를 "영적인 이스라엘(spiritual Israel)"로 생각하고 있고, 그래서 교회 이후에는 아무 것도 없다고 믿고 있기 때문이다. 하지만 **교회를 새로운 이스라엘로 생각하는 이런 개념은 시대에 따른 하나님의 경륜을 이해하지 못하고 다만 교회를 유대교화 하는 것일 뿐이다.**

우리는 이제 천상의 회중을 모으는 시기를 정하는 문제에 이르게 되었다. 우리는 현재의 시기를 어떻게 정해야 하는가? 우리가 삼위일체에 대해 말하는 것과 같은 방식이라고 말하고 싶다. 비록 삼위일체라는 단어는 성경에 없지만, 삼위일체의 진리는 확실히 있다.

윌리암 켈리는 이것을 "천상의 괄호"라고 불렀다.[78] 이 명칭은 땅과 이스라엘이 관계된 이스라엘에 대한 심판의 이방인 괄호(즉 이방인의 때)와는 멋지게 대조를 이룬다. 그는 또한 그것을 "긍휼의 이방인 괄호(he Gentile parenthesis of mercy)"[79]와 "교회 괄호(church parenthesis)"[80]라고도 불렀다. 여기서 가장 좋은 것은 "천상의 괄호"라고 생각한다. 천년왕국 기간 동안 자비와 긍휼은 이방인들에게로 갈 것이며, 그래서 "천상의 괄호"는 더 명확하게 구분될 것이다. 더욱이 "교회 괄호"는 그리스도의 몸이 하늘에 속한 존재라는 사실을 직접적으로 가리키고 있지도 않다. 그러나 "천상의 괄호"라는 표현은 이스라엘 민족의 세상적인 소망과 잘 대조되면서, 하나님의 섭리의 추가적인 발전이 이루어지고 있는 기간 동안, 현재 특별하면서도 하늘에 속한 백성이 형성되고 있다는 사실을 잘 나타내고 있다. 이로써 그리스도 안에서 하나님의 영광이 하늘의 영역에서도 나타나게 될 것이다. 이런 것이 그리스도 예수 안에서, 하늘에 앉아 있는 성도들의 천상의 괄호다(엡 2:6). 이것이 천상의 괄호인 이유는, 오순절 이전의 성도들과 7년 대환란 전 휴거가 일어난 이후에 구원을 받게 되는 환난 성도들은 그리스도 예수 안에서 하늘에 앉을 수 있는 특별한 자리가 없기 때문이다.

우리는 앞서 B.C. 605/604년 느부갓네살이 예루살렘을 차지한 때로부터 그리스도께서 이방인들을 심판하러 나타나시는 때까지 이 시기를, 우리 주님은 "이방인의 때"(눅 21:24)로 부르신 일을 살펴보았다. 이 시기는 느부갓네살의 꿈 속에 나타난 신상을 통해서 묘사되었다(단 2장). 이 기간은 이스라엘에 대한 심판의 이방인 괄호라고 부르는데, 왜냐하면 이 시기는 이스라엘을 다스리는 하나님의 통치를 방해하고 있기 때문이다. 우리는 B.C. 605/604년 이후 그들은 비록 외형상으로는 하나님의 백성으로 인정받지 못했으나(그들은 로암미로 선언되었다. 호 1:9), 하나님은 계속해서 이스라엘 가운데 역사하셨음을 살펴보았다. 이러한 하나님의 역사는 장차 이스라엘이 그리스도를 거절한 일로 인해서 중단되었다. 이로 인해 또 다른 괄호인 천상의 괄호가, 오순절부터 휴거의 때까지 도입되었다. 휴거가 일어나게 되면, 하나님은 이스라엘에 대한 섭리를 다시 시작하실 것이며, 그들은 여전히 외형상으로는 하나님의 백성으로 인정받지 못할 것이다. 그러한 이스라엘에 대한 섭리를 중단시켰던 천상의 괄호는 휴거와 함께 종료될 것이다. 따라서 괄호 안에 괄호가 있으며, 더 넓은 지상의 괄호 안에 천상의 괄호가 있다.

천상의 괄호는 구약성경 예언의 대상이 아니다. 이방인들이 복을 받게 될 것이란 구약성경의 예언은 그리스도의 1,000년 통치 기간 동안, 즉 천년왕국에서 성취될 것이다. 그리스도의 탄생, 생애, 죽음, 부활 및 여호와의 우편에 앉아 다스리는 그리스도의 통치에 대한 인용구절을 제외하면, 신약성경 저자들이 선지자들에게서 인용한 본문들은 천년왕국에서 성취되는 것들이 대부분이긴 하지만, 하나님의 섭리와 관련하여 원칙이나 부분적인 적용을 위해서 사용하기도 했다.

천상의 괄호를 위한 공간을 허용하는 구약성경의 예언들

시편 110:1. 여기서 우리는 여호와께서 아도나이에게(우리의 찬송 받으실 주 예수님께), 자신이 아도나이의 적들을 그분의 발판이 되게 하기까지 자신의 우편에 앉아 있으라고 말씀하시는 것을 볼 수 있다. 이것은 천상의 괄호가 생길 수 있는 여지를 허용하고 있다. 이 천상의 괄호 시기 동안, 아도나이께서는(마 22:41-46과 비교해보라) 자신의 보좌에 앉아 있는 것이 아니라 시편 110편 1절에서 말씀하신 것처럼 여호와의 우편에 앉아 계신다. 요한계시록 3장 21절은 "이기는 그에게는 내가 내 보좌에 함께 앉게 하여 주기를 내가 이기고 아버지 보좌에 함께 앉은 것과 같이 하리라"고 선언한다. 주 예수님은 아직 자신의 보좌에 앉아 있지 않다. 하지만 주 예수님께서 자신의 보좌에 앉으실(이것은 그리스도의 통치를 비유적으로 표현하는 것이다) 때가 오고 있다. "인자가 자기 영광으로 모든 천사와 함께 올 때에 자기 영광의 보좌에 앉으리니."(마 25:31) 만일 그리스도께서 지금 자신의 영광의 보좌에 앉아 계심을 증거하는 성경 구절이 있다면, 보좌는 오래 전에 만들어졌을 것이다. 성경은 분명하다. 즉 그리스도는 지금 자신의 보좌에 앉아 있지 않다. 그 때까지 우리는 천상의 괄호의 일부이며, 그리스도와 함께 하게 될 그 날을 소망하면서 기다려야 한다.

이사야 61:1-2, 누가복음 4:16-20. 이사야서 61장 2절은 "여호와의 은혜의 해와 *우리 하나님의 보복의 날을 선포하여 모든 슬픈 자를 위로하되*'라고 말한다. 우리의 찬송을 받으실 주 예수님은 이 구절을 읽으면서, 앞에서 이탤릭체로 된 구절을 읽지 않으셨다. 그 때는 주님이 "우리 하나님의 보복의 날"(눅 4:19)을 선포하실 때가 아니었다. 그러나 주님은 여호와의 우편에 앉아 계셨다가(시 110:1-3, 계 19:11-21) 때가 되면 "전능하신 하나님의 큰 날에 있을 전쟁"(계 16:14)을 진두지휘하고자 일어나실 것이다. 이 두 개의 선언 사이에는 천상의 괄호가 들어갈 공간이 있다.

다니엘 7장. 다니엘서 7장에 있는 네 짐승은 다니엘서 2장에서 볼 수 있는 느부갓네살의 꿈에 나타난 신상의 네 부분과 평행을 이룬다. 다니엘은 꿈에서 "왕좌가 놓이고 옛적부터 항상 계신 이가 좌정하신" 모습을 보았다(단 7:9). 그리스도는 지금 자신의 보좌에 앉아 있지 않다(계 3:21). 환상을 통해서 본 시간은 아직 도래하지 않았다. 이렇듯 여기엔 천상의 괄호를 위한 여지가 있다. 이 괄호가 닫힌 후에 이러한 왕좌들이 놓이게 될 것이다.

다니엘 8:22,23. 우리는 방금 "마지막 때에"(단 11:40) 뻔뻔하고 속임수에 능한 왕(적그리스도)이 이집트의 공격을 받고 또 북방 왕(앗시리아)에게 침략을 당하는 것을 보았다. 다니엘서 8장은 큰 뿔(알렉산더 대왕)을 가진 숫염소(헬라 왕)가 갑자기 끊어지고 네 개의 왕국을 상징하는 네 개의 뿔이 하나의 뿔을 대체하는 모습을 우리에게 보여준다. 알렉산더의 제국은 그의 네 명의 장군들에 의해서 분열되었다. 하나는 이집트를 차지한 남방 왕이다. 다른 하나는 앗시리아를 차지한 북방 왕이다. 지리학적인 설명은 이스라엘의 위치와 관련하여 언급된 것이다. 22절과 23절 사이에는 엄청난 시간적인 갭이 있다. 23절에서 예언은 "이네 나라 마지막 때에 반역자들이 가득할 즈음에 한 왕이 일어나리니 그 얼굴은 뻔뻔하며 속임수에 능하며"라고 말하는데, 그는 왕 중 왕(the Prince of princes)에 의해서 파멸을 당하게 될 것이다. 이 뻔뻔하고 속임수에 능한 왕은 적그리스도가 아니다. 그는 북쪽의 마지막 왕이다. 어쨌든 22절과 23절 사이에는 천상의 괄호가 들어갈 공간을 마련해주는 시간적인 갭이 있다.

다니엘 9:24-27. 이 성경 구절은 다니엘의 70주간과 로마제국의 부활을 상세히 고찰하고 있다.[81] 이것은 말하자면, 적절하게 이해되면 독자가 예언에 대한 전천년주의적인 이해를 얻게 해주는 성경의 표지 중 하나다. 즉 왕의 출현에 앞서 지상에 왕국이 존재하게 될 것이다. 간단히 말하면, 느헤미야서 2장에 나오는 예루살렘 성을 재건하고 건축하라(즉, 성벽을 다시 세우라)는 칙령을 내린 때로부터 왕께서 나귀를 타고 예루살렘에 들어가신 일요일까지(마 21:5) 69주(483년)가 흐르게 될 것이다. 마지막 주간(7년)은 여전히 미래이며, 왕의 두 번째 출현에 바로 앞서 있게 될 것이다. 천상의 괄호는 처음 69주간과 마지막 1주간 사이의 간격 동안에 나타나는 것이다.

다니엘 11:35-45. 다니엘서 11장 1-35절은 역사적으로 성취된 일들을 말한다. 다니엘서 11장 36-45절은 그렇지 않다. 다니엘서

11장 36절의 왕은 남방 왕(이집트)이 힘을 겨룰 사람이며(40절), 북방 왕(앗시리아)이 회오리바람처럼 와서 쓸어버리게 될 사람이다. 이집트와 시리아 사이에 영토를 삼고 있는 이 뻔뻔한 왕은 이스라엘의 (거짓) 왕이다. 주님은 다른 사람이 자기 이름으로 와서 영접될 것이라고 경고하셨다. 자기 고집대로 행하는 이 왕은 어리석은 목자(슥 11:15), 불법한 자(살후 2:8), 마지막 적그리스도(요일 2:18)이다. 다니엘서 11장 35절과 36절 사이에는 천상의 괄호가 들어갈 공간이 있다.

호세아 3:4-5. "이스라엘 자손들이 많은 날 동안 왕도 없고 지도자도 없고 제사도 없고 주상도 없고 에봇도 없고 드라빔도 없이 지내다가 그 후에 이스라엘 자손이 돌아와서 그들의 하나님 여호와와 그들의 왕 다윗을 찾고 마지막 날에는 여호와를 경외하므로 여호와와 그의 은총으로 나아가리라." 이스라엘이 아주 오랫동안 이런 상태에 있게 될 것이 분명하다. 여기엔 성령에 의해서 형성되고 또 하늘에서 영광스러운 머리와 연결된 하나의 몸을 이루는 것에 대해선 아무런 언급이 없다. 그럼에도 여기엔 천상의 괄호를 위한 공간이 있는 것이 분명하다.

호세아 5:15. "그들이 그 죄를 뉘우치고 내 얼굴을 구하기까지 내가 내 곳으로 돌아가리라 그들이 고난 받을 때에 나를 간절히 구하리라." 여호와께서 내려 오셨고 거룩하신 분으로서 오셨다. 여호와-예수께서 자기 백성을 그들의 죄에서 구원하고자 오셨기에(마 1:21), 장차 주권적인 은혜의 역사로 야곱에게서 경건하지 않은 것을 돌이키실 것이며, 그리하여 모든 이스라엘이 구원을 받게 되는 날이 오게 될 것이다(롬 11:26 등). 그 때까지 인자께서는 이전에 있던 곳으로 올라가셨고(요 6:62), 자기 백성들이 자신들이 저지른 큰 죄를 인정하고 또 감히 피조물로서 침을 뱉었던 (이 타락한 세상 사람들이 보았던 유일한 죄가 없으신) 그분의 얼굴을 구할 때까지 그곳에 계실 것이다. 그들은 감히 그분의 얼굴을 주먹으로 치기까지 했다. 그러나 장차 그들이 "그분의 뺨은 향기로운 꽃밭 같고 향기로운 풀언덕과도 같고 입술은 백합화 같고 몰약의 즙이 뚝뚝 떨어지는"(아 5:13) 모습을 보게 될 날이 올 것이다. 오, 그들은 그 큰 죄를 어떻게 감당할 것인가!(슥 12:10-14) 그분 자신의 영광과 도덕적인 방법에 의해서 그들의 영혼 속에 회개를 일으키고 또 새 언약 아래서 그들을 축복하실 분은 바로 하나님이시다(겔 20:37, 38). 그 어간에 천상의 괄호가 들어갈 공간이 있다.

아모스 9:9-11, 사도행전 15:13-18. 무천년주의자들과 후천년주의자들은 "다윗의 장막"이 지금 세워졌고 또 그리스도께서 지금 그분의 보좌에 앉아 계신다고 가르친다. 그러나 다윗의 장막을 다시 짓는 일은 천년왕국 시대에 있게 될 것이다. 사도행전 15장에서 야고보는 유대인들의 편견을 깨고 또 하나님께서 이방인들에게 복을 주시려는 뜻이 있음을 보여주고자 성경 구절을 인용했다. 물론 하나님은 많은 예언들을 따라서 그렇게 하실 것이다. 그러나 야고보는 이 예언이 이방인이 복을 받는 것에 대한 유대인들의 편견에 어느 정도 영향을 미치고 있다고 보았다. 야고보의 시대에 일어나고 있던 일은 하나님의 목적과 일치하지 않는 것은 아니었으며, 사실 이방인들이 복을 받는 일을 포함하고 있었다. 야고보는 이 사실을 보여주고자 이 구절을 인용했다. 하지만 그는 이 구절을 자신의 시대에 성취된 것처럼, 또는 성취되고 있는 것처럼 인용하지는 않았다. 이런 것이 사도행전과 여러 서신서에 나오는 선지자들의 많은 예언을 인용하는, 일반적인 방식이란 점을 주목할 필요가 있다. 인용된 구절은 천년왕국 시대에 성취될 것이지만, 그 어간에 시간적인 갭이 있다. 다윗의 장막을 다시 세우기 전에, 천상의 괄호를 위한 공간이 있다.

스가랴 11:12-17. 은 30개는 이스라엘 민족이 이방 권세의 힘을 빌려 살해한, 참 이스라엘의 목자에게 정해진 값이었다. 그래서 하나님은 그들에게 또 다른 목자를 주실 것인데, 그는 "어리석은 목자"이며, 심지어는 자신의 마음대로 행하는 무법한 사람이다. "아이들아 지금은 마지막 때라 적그리스도가 오리라는 말을 너희가 들은 것과 같이 지금도 많은 적그리스도가 일어났으니 그러므로 우리가 마지막 때인 줄 아노라."(요일 2:18) 어리석은 목자는 오기로 예언된 마지막 적그리스도다. 이스라엘의 참목자를 살해한 것과 "어리석은 목자"가 나타내는 것 사이에는 천상의 괄호가 들어갈 공간이 있다.

기타 다른 성경구절들. 독자는 또한 누가복음 17장 21절과 22절 사이의 시간적인 갭을 발견할 수 있을 것이다. 또한 마태복음 24장, 마가복음 13장, 누가복음 21장에서도 발견할 수 있다. 심지어 여호와의 절기조차도 천상의 괄호를 위한 공간을 허용하고 있다. 즉 처음 네 가지 절기(유월절, 무교절, 초실절, 오순절)는 이미 성취되었지만, 마지막 세 번의 절기(나팔절, 대속죄일, 초

막절)는 아직 일어나지 않았다. 처음 네 번의 절기는 1년의 첫 번째 달과 두 번째 달에 일어났고, 마지막 세 번은 일곱 번째 달에 기념될 것이다. 일곱 번째 달은 하나님의 섭리의 최종적인 마지막 단계를 예표한다. 오순절과 하나님의 섭리의 최종 마무리 사이의 기간은 천상의 괄호를 위한 공간이 있다.

"이 시대"와 천상의 괄호

서론

구약시대 선지자들은 메시아의 통치 아래에 있는 지상의 왕국을 예언했고, 그것은 유대인들이 마땅히 고대하는 그런 왕국이었다. 그래서 유대인들과 남은 자들은 구약시대 선지자들이 예언한 그대로, 문자적인 왕국을 소망했다. 더욱이 우리의 주님도 그러한 기대를 지지하셨다. 이 왕국은 겸손하고 온유한 사람의 인격을 통해서 나타나신 메시아의 왕국으로서, 남은 자들은 메시아를 영접했지만 대다수의 사람들은 거절했다. 인간 마음의 심각한 타락상태와 또한 자기 아들을 거절할 것을 다 아시는 하나님께서는 이 천국을 이스라엘 백성들을 도덕적으로 시험하는 형태로 제시하셨다. 그러므로 이 일시적인 왕국(The temporal kingdom)은 그리스도 안에서 자신을 영광스럽게 하려는 하나님의 목적에 따라서 연기되었다. 한편, 이스라엘에 대한 이방인의 심판의 괄호 기간 동안, 즉 그들이 로암미 상태로 있는 동안, 하나님은 또 다른 일을 하고 계신다. 즉 우리가 "천상의 괄호"라고 부르는 기간 동안,[82] 하나님은 그리스도 안에서 모든 신령한 복을 받은 하늘에 속한 무리들을 모으는 일을 하고 계신다.

"이 세상"은 천상의 괄호가 아니다

이제 "이 시대"와 관련하여 성경이 말하고 있는 세 가지 표현을 살펴보자.

1. *이 시대(이 세상)*: 마태복음 12:32, 고린도전서 2:8, 고린도후서 4:4, 갈라디아서 1:4, 에베소서 1:21, 디모데전서 6:17, 디모데후서 4:10.

2. *시대의 끝(세상 끝)*: 마태복음 13:39,40,49, 24:3, 28:20.

3. *오는 세상(내세)*: 마태복음 12:32, 마가복음 10:30, 누가복음 18:30, 에베소서 1:12, 히브리서 6:5.

이전에 우리는 이스라엘에 대한 심판의 이방인의 괄호(즉, 이방인의 때)에 대해서 살펴보았다. 우리 주님은 그 괄호의 기간 동안 이 땅에서 사셨고, "이 시대(this age)"에 대해서 말씀하셨다. 그것은 지상 왕국이 소개되기 이전 모세의 시대였다.[83] 그렇다면 이스라엘에 대한 심판의 이방인의 괄호는 시대를 바꾸지 않았다는 점에 주목해야 한다!

뿐만 아니라 천상의 괄호가 도입되었다고 해서 시대를 바꾸지도 않았다. 몇몇 서신서들은 천상의 괄호가 도입된 후에도 "이 시대(this age)"를 언급하고 있다. 그렇다면 "이 시대"가 여전히 진행 중에 있다는 사실에 주목하라. 물론 "오는 세상(the age to come)"(즉 천년왕국 시대, 때가 찬 경륜)에 들어가게 되면 이 시대는 끝나게 될 것이다. 이 시대를 종결시킬 경륜에 들어가기 직전에 짧은 기간이 있다. 이것을 "시대의 끝(the completion of the age)"이라고 부른다. 하나님이 지금 하늘에 속한 사람들을 모으는 일을 하시는 것을 "천상의 괄호"라고 부르는 것이 과연 적합한지를 이를 통해서 알 수 있다. 이 일은 땅과 연결되어 있는 "이 시대"가 주님이 오시기 전까지 존재할 것이며, 주님이 이 세상에 계실 때 진행 중이었으며, 지금도 진행 중이지만 휴거 이후엔 완성될 것이라는 사실을 바꾸지 않는다. 이 시대가 끝날 때, 이스라엘에 대한 심판의 지상의 괄호는 종결될 것이다. (그리스도께서 영광 중에 나타나실 때, 부서뜨리는 돌이 신상을 박살낼 것이다(단 2장)). 만일 이 모든 것이 사실이라면, 세례 요한과 함께 시작된 변화는 어찌 되는 것인가?

세례 요한의 선언

"내가 진실로 너희에게 말하노니 여자가 낳은 자 중에 세례 요한보다 큰 이가 일어남이 없도다 그러나 천국에서는 극히 작은 자라도 그보다 크니라 세례 요한의 때부터 지금까지 천국은 침노를 당하나니 침노하는 자는 빼앗느니라 모든 선지자와 율법이 예언한 것은 요한까지라." (마 11:11-13)

"율법과 선지자는 요한의 때까지요 그 후부터는 하나님 나라의 복음이 전파되어 사람마다 그리로 침입하느니라." (눅

16:16)

이 본문들은 요한이 온 이후에 더 이상 성취될 예언이 없다는 것을 의미하지 않는다. 예를 들어, 요한이 죽은 이후에 성취되어야 하는 그리스도의 죽음과 부활에 대한 예언들이 있었다. 율법의 경우도 마찬가지였다. 율법에는 그리스도께서 죽음을 통해서 이루어야 하는 모형들이 있었다. "모든 선지자와 율법이 예언한 것"이란 구절은 사실 구약성경 전체를 가리킨다. 이러한 표현은 사실 장차 나타날 왕국을 가리켰으며, 요한은 그것의 도래를 선언했다. 따라서 이 본문들은 요한이 천국을 전파했을 때 선지자들과 율법의 끝이 왔음을 의미하지 않는다. 다만 엄청난 변화가 도래했음을 의미할 뿐이다. 이 시기는 과도기였다.[84] 물론 하나님의 나라는 아직 시작되지 않았다. (물론 세례 요한은 천국 안에 있었으며, 천국에서는 극히 작은 자라도 그보다는 큰 사람이다.)

마태복음에서 그리스도께서 거절당하신 일은, 특히 마태복음 12장에서 종교 지도자들이 그리스도가 귀신의 왕을 힘입어 귀신을 쫓아내는 일을 했다고 말한 것을 통해서 노골적으로 드러났는데, 이로써 그들은 그리스도 안에서 하나님의 능력으로 역사했던 성령을 모독하는 죄를 저질렀다.[85] 마태복음 13장에서 그리스도는 천국에 대해서 가르치면서 비유를 사용하셨는데, 이는 능력과 영광으로 임하는 왕국이 연기되었으며 또한 비밀스러운 형태로 도래하였음을 가르치기 위한 것이었다. 이것은 마태복음 12장에 기록된 바와 같이, 성령을 대적하는 죄를 지은 결과였다.

그러므로 천국은 비밀스러운 형태(마 13:11), 즉 선지자들과 율법에 의해서 전혀 예측되지 않은 형태를 띠게 되었다.

그리스도를 거절하고 성령을 대적하는 이 죄를 짓는 시점까지 전파된 하나님의 나라는 비밀스러운 형태가 아니라 능력으로 임하는 하나님의 나라에 대한 것이었다. 이 점이 마태복음 11장 11-13절 속에 포함되어 있다. "천국에서 극히 작은 자"는 권능으로 임하는 왕국에 들어간 사람을 가리키며, 우리는 이것을 그리스도의 천년통치라고 부른다. JND는 이렇게 말했다.

> 천국의 소개와 증거는 이전과 앞으로 나타날 일 사이의 차이점을 만들어내었다. 여자가 낳은 자 중에 세례 요한보다 더 큰 사람은 없었고, 그토록 여호와 가까이에 있었던 사람도 없었으며, 메시아 앞에 가서 그 길을 준비하며, 하나님의 백성들 가운데서 그러한 사명을 완수하고자 하나님의 영의 능력에 의해서 모든 악으로부터 그렇게 분리된 삶을 살면서, 메시아에 대해서 그처럼 정확하고 완전한 증언을 한 사람도 없었다. 그럴지만 그는 천국의 실현을 보지 못했다. 천국이 아직 설립되지 않았기 때문이다. 천국에서 그리스도의 임재 속에 들어가, 그리스도의 영광이 확립된 결과를 누리는 일은 천국의 도래에 대해서 증언하는 일보다 더 크고 위대한 일이었다.[86]

왕국에 적합한 도덕적 상태(마 5-7장)[87]는 일반적으로 이스라엘 백성들의 상태와 특별히 (소수의 사람들은 제외하고) 지도자들의 상태와 상당히 엇갈렸다. "침노하는(violent)" 사람들은 왕국에 들어가는 것을 영적으로 막고 있었던 모든 것을 돌파하는 사람들이었다. 이렇게 침노하는 것은 신체적인 폭력을 사용한다는 의미가 아니라 하나님의 옛 백성들 앞에서 영광을 나타내실 메시아의 통치 아래에서 복을 받을 수 있는 왕국에 들어가고자 모든 대가를 기꺼이 지불하는 것을 의미했다.

다시 본론으로 돌아와서, 나의 요점은 세례 요한이 다가오는 천국을 선언한 일이 율법과 선지자들을 종식시키지 않았다는 것이다(마태복음 5장 17절과 JND의 각주를 보라). 여전히 왕국은 권능에 의해서 "이루어져야 할 일"이 남아 있었다. 요한은 천국이 가까이 왔노라고 선언했다. 우리 주님도 마찬가지였다. 그러나 권능으로 임하는 왕국은 "연기"되었다. 이렇게 된 것은 결코 하나님이 그리스도께서 거절당할 것을 몰랐기 때문이 아니었다.

하나님은 왕국을 겸손하고 온유하신 주 예수님의 인격 안에서 제시하셨는데, 타락한 사람들은 그러한 분을 거절했다. 그리고 이러한 거절과 그에 따른 결과로, 아버지의 우편 자리에 앉는 영광을 입으신 그리스도는 그분을 영접하는 사람들에게 보내신 성령에 의해서 오순절에 형성된 몸의 머리가 되는 자리를 차지하셨다(행 2:32,33, 고전 12:13 등). 이렇게 하늘에 계신 머리와 성도들이 하나됨을 이루는 것은 선지자들이 보지 못했던, 그리스도와 교회의 큰 비밀이다(롬 16:25; 골 1:26, 3:9). 율법과 선지자들이 가리켰던 왕국은 하나님께서 현재 하늘 백성들을 형성하는 사역이 완료된 후에, 다니엘서 2장에서 말한 부서뜨리는 돌의 힘에 의해서 세워지게 될 것이다.

율법과 관련해서 생각해보자. 우리는 율법이 죽었다는 내용을 성경에서 볼 수 없다. 다만 그리스도인은 그리스도와 함께 죽은 사람이다(롬 6:8). 율법은 죽은 사람에게 적용되지 않지만(롬 6:7을 보라), 율법을 적법하게 쓸 필요가 있다.

"그러나 율법은 사람이 그것을 적법하게만 쓰면 선한 것임을 우리는 아노라 알 것은 이것이니 율법은 옳은 사람을 위하여 세운 것이 아니요 오직 불법한 자와 복종하지 아니하는 자와 경건하지 아니한 자와 죄인과 거룩하지 아니한 자와 망령된 자와 아버지를 죽이는 자와 어머니를 죽이는 자와 살인하는 자며 음행하는 자와 남색하는 자와 인신 매매를 하는 자와 거짓말하는 자와 거짓맹세하는 자와 기타 바른 교훈을 거스르는 자를 위함이라." (딤전 1:8-10)

율법수여자이신 여호와께서 거룩한 사람으로 이곳으로 내려오셔서 십자가에 못 박혀 죽으신 이래로, 율법은 강제력을 발휘하는 것 같지는 않다. 성경은 그리스도인이 생명(또는 삶)의 규칙으로서 모세의 율법 아래 있지 않음을 보여주는데, 이 시점에서 우리는 이 주제에 대해서 몇 가지 살펴볼 사안이 있다. 오늘날 그리스도인도 십계명 아래에 있으며, 십계명은 곧 생명의 규칙이며 또한 제칠일 안식일이 곧 주일이기에 주일을 안식일로 삼아야 한다고 주장하는 사람들이 있다. 그렇다면 그들은 십계명을 다 지키는가?

갈라디아서는 모든 모순에도 불구하고 그리스도인을 무슨 목적으로든, 율법 아래 두는 것을 반대한다. 모세의 율법을 지키는 것이 아니라 "그리스도의 법"을 성취하는 것이다(갈 6:2). 그리스도의 법은 결코 모세의 율법이 아니다. 오히려 **그리스도의 법은 새로운 피조물의 삶의 규칙이다.**

"할례나 무할례가 아무 것도 아니로되 오직 새로 지으심을 받는 것만이 중요하니라 무릇 이 규례를 행하는 자에게[88]와 하나님의 이스라엘에게 평강과 긍휼이 있을지어다." (갈 6:15,16)

여기서 믿는 이방인과 믿는 이스라엘 사람(하나님의 이스라엘)[89]은 그리스도의 법을 따라 산다. 즉 *그리스도인은 부활하신 그리스도께서 머리가 되시는 새로운 피조물의 규칙, 규범, 표준을 따라 살아야 한다.* 모세의 율법 마인드를 가진 사람들은 이것을 이해하지 못할 뿐만 아니라, 우리를 반율법주의자(즉, 율법을 무시하거나 율법을 반대하거나 율법이 폐기되었다고 믿는 사람들)라고 부른다. 새로운 피조물의 규칙은 이 세상에서 새로운 피조물의 머리이신 그리스도의 뜻을 표현하려는 사람들을 위한 것이다. 이 새로운 피조물의 규칙이 바로 그리스도의 법이다. 모세의 율법은 아담의 책임 아래 있는 사람들을 위한 법이었다. 우리의 자리는 "그리스도 안(in Christ)"이다.

이 시대의 새로운 특징

"이 시대" 기간 동안 주 예수님께서 거절당하셨다. 그리스도께서 십자가에서 죽으신 일은 첫 사람(잃어버린바 된 사람이자, 아담과 동일한 책임 아래 있는 사람)에 대한 시험이 끝났음을 의미한다. 그리스도께서 거절당하신 이래로, 사탄은 이 세상의 신(the god of this age)으로 불리게 되었다. 참 하나님께서 거절당하셨다. 그리고 "이 시대"는 이제 그리스도인에겐 "이 악한 세대"(갈 1:4)일 뿐이다. 데마는 "이 세상(the present age)을 사랑하여"(딤후 4:10) 바울을 버리고 떠나갔다. 우리가 "주의 나타나심을 사모하는" 일은 얼마나 좋은 일인가!(딤후 4:8). 주께서 나타나시면 장차 오는 세상, 즉 천년왕국에서 그리스도의 권능과 영광이 나타나게 될 것이다.

현재 세대는 무엇인가?

여러 곳에서 J.N. 다비는(그리고 여러 사람은) 현재 시기를, 전통적인 의미에서, 하나의 세대로 이야기하고 있다. 다음의 내용을 살펴보자.

> 교회는 정확하게 말하면, 하나의 세대가 아니다. 천국이 비밀스러운 형태로 이 땅에 존재하는 가운데, 교회는 하늘에서 그리스도와 연합을 이룬 채 그리스도와 공동 상속자로서 몸을 형성하고 있다. 율법이 하나의 세대로 끝났을 때, 왕국은 아직 권능 가운데 세워지지 않았고, 모든 것이 과도기 상태에 들어갔다. 여기서 성도들은 하늘에 앉아 있고, 하나님의 보좌는 땅과 관련이 있다.[90]

> 교회는, 정확히 말하면, 그리스도의 몸이며, 하나의 세대가 아니다. 교회는 땅에 속하지 않는다. 그러나 교회가 땅에서 순례의 길을 가는 동안, 땅과 연결된 부분들이 있다. 교회의 존재

때문에 생겨난 부분들은 교회의 책임과 연결되어 있다.91)

두 개의 경우 모두에서 그는 "적절하게(properly)"라는 단어를 사용하고 있다. 우리는 지금 세대에 대해서 우리의 이해를 넓히기 위해서 더 정확한 것을 추구하고 있으며, 하나의 세대를 그저 "일정한 시간적인 기간"으로만 이해하는 해석체계를 맹목적으로 따라가는 것이 아니라, 땅에서 통치하시는 하나님의 섭리의 발전과정의 근본적인 방식으로 이해하려는 것이며, 또한 천상의 괄호와 이에 부수적인 여러 진리들의 진정한 의미를 이해하려는 것이다.

첫 사람이 십자가 이후 더 이상 시험 아래 있지 않게 되었는데, 어째서 "은혜" 아래 있는 사람이 시험 아래 있는 것처럼 말하는 것인가? 그런 것은 세대들의 성격에 대한 잘못된 개념을 가지고 있기 때문에 (더 이상 하나님 앞에 설 자리가 없는) 첫 사람에 대한 시험이 끝난 것과 이런 거대한 변화의 결과에 대해서 잘못된 결론을 내렸기 때문이다.

어쨌든 세대들은 땅과 관련되어 있을 뿐 하늘에 속한 사람들과는 아무 관계가 없다.

사실 이것은 세대가 아니다. 유대인들은 "이 세상"과 "장차 오는 세상", 즉 "이 시대"와 "다가오는 시대"를 소유하고 있었다. 메시아께서는 "오는 세상"을 가져오실 참이었다. 율법의 시대는 가고 메시아께서 오셨지만 그들은 그분을 영접하지 않았고, 그 결과 모든 것이 멈추게 되었다.k) 그리고 나서 그 때와 그리스도의 재림 사이에 교회가 나타났다. 이것이 바로 내가 교회가 엄밀하게 하나의 세대가 아니라고 말한 이유다. 그러나 메시아께서 다시 오시면, 이 시대는 문을 닫게 될 것이고 또한 이 시대의 마지막 날이 될 것이다.

다니엘서에 말한 이방인의 때와 교회의 괄호는 전혀 동시 발생적인 것이 아니었다. 이방인의 때는 바벨론에서 시작되었으며, 다니엘서에서 말한 네 이방 짐승들의 시대이기 때문이다. 이방인의 때는 교회와 동시에 끝나는 것이 아니라, 우리가 휴거된 이후에 계속 진행될 것이다. 이스라엘 백성들이 바벨론으로 포로로 사로잡혀 갈 때 지상에 있던 여호와의 성전은 포기되었으며, 그들은 다시는 언약궤를 찾지 못했다. 하지만 그들 가운데 남은 자들이 남아서 메시아의 초림을 볼 수 있었다.

나는 사람이 무슨 뜻으로 "천국의 경륜(the dispensation of the kingdom of heaven)"이란 말을 사용하는지 알고 있지만, 우리는 중간 시기에 하늘에 속해 있으며, 하늘에는 세대들이 없다. 천국은 하나의 세대이고,[l] 복음 세대는 하나의 경륜을 이루고 있다(The kingdom of heaven is a dispensation, the dispensation of the gospel is an administration).[92]

---

k) 율법 아래에서 첫 사람을 시험하는 일은 중단되었다.

l) "나는 사람이 무슨 뜻으로 … 사용하는지 알고 있지만"이라는 표현에서 알 수 있듯이, 그는 전통적인 의미에서 "세대"라는 말을 사용하고 있다. "복음 세대"란 개별적인 경륜이며, 기간의 개념은 없다. 천년왕국은 천국의 세대(사실, 천국의 경륜)을 이루게 될 것이다. 즉 그리스도께서 모든 사람의 머리로서, 하늘의 통치를 시행하실 것이다.

"이 시대"가 여전히 진행 중이란 사실은 우리가 처해있는 시기를 생각하는 방식에 영향을 미칠 수밖에 없다.

그러므로 이 현재 시기를 괄호로 부르는 것이 옳다. (그렇지만 굳이 세대라고 부르는 것을 막고 싶지는 않다.) 왜냐하면 주 예수께서 지상에 계셨을 때 그 세상 뿐만 아니라 심판으로 끝나게 될 세상을 "이 시대(this age)"로 부르셨기 때문이다. 이 기간은 메시아께서 유대인과 연결되어 있는 시간이며, 메시아께서 동일한 예수의 인격으로 다시 오실 때까지는 끝나지 않을 것이다. 반면에 그 사이에 성령께서는 장자들의 교회(the Church of the first-born)를 하늘로 모으고 있다.[93]

율법의 세대 이후에 때가 찬 경륜(엡 1:10), 곧 그리스도께서 통치권을 가지고 다스리시는 천년통치가 이어질 것이다. 율법의 언약은 새 언약으로 대체될 것이다. 성경의 명확한 진술을 믿는다면 새 언약은 교회가 아니라, 이스라엘 집과 유다 집(렘 31:31절, 히 8:7-13)[94]과 맺어지게 된다. 새 언약 아래에서 이스라엘은 복을 받게 될 것이며, 우리는 그 복을 공유한다. 우리는 언약에 의해서가 아니라[95] 그리스도와 우리의 하나 됨을 토대로 해서, 중보자와 보혈의 효능과 죄 사함의 은총을 누리고 있다. 그리하여 우리는 새 언약 아래 있지 않지만, 새 언약의 일꾼이 될 수 있게 된 것이다(고후 3장). 이러한 것들은 하나님의 주권적인 은혜로 주어진 것이다. 율법은 그렇게 할 수 있는 능력은 주지 않고서 그저 요구한다. 새 언약은 은혜로 말미암아 기꺼이 내어준다. 두 언약을 비교하고 대비하기 위해서, 율법과 행위가 함께 가고,

새 언약과 은혜가 함께 가는 것이라고 말할 수 있지 않겠는가?96)

바울이 "너희를 위하여 내게 주신 하나님의 그 은혜의 경륜"(엡 3:2)을 받은 것은 사실이다. 바울에겐 "사람이 시험을 받는 기간"이 주어지지 않았다. 정확히 말하면, 우리는 세대 안에 있지 않고, 심지어 "은혜의 세대(the dispensation of grace)" 안에 있지도 않다. 바울은 분배의 경륜(administration to discharge)을 받았고, 그는 그것을 분배했다. 이것은 비밀을 포함하고 있었고, 이 비밀은 은혜 너머 있었으며, 장차 이스라엘도 천년왕국 기간 동안 이 은혜를 경험하게 될 것이다. 어쨌든 은혜97)는 천년왕국 시대에 이스라엘을 다루시는 하나님의 섭리의 특징이 될 것이다. 이러한 은혜의 복을 받은 (그래서 세례 요한보다 더 큰 지위를 가진) 이스라엘 사람은 "이것은 실로 은혜의 세대로다"라고 찬송하게 될 것이다. 지상 백성을 향한 하나님의 섭리에 관한 한, 이것은 사실이다.

J.N. 다비의 말을 살펴보자.

"내가 보기에, 현재 세상은 어떠한 세대 아래 있지 않다. 다만 세상을 다루시는 하나님의 전체적인 섭리과정은 그리스도께서 심판하러 오셔야 비로소 끝나게 될 것이다."98)

세대는 땅과 관련된 것이지, 하늘의 백성과는 아무 관련이 없다. 바울에게 맡겨진 개인적인 경륜은 이 점을 반박하지 않는다. 이것은 천상의 괄호 기간 동안 하늘의 무리를 구성하는 사람들을 위한 것이었다. 반면 모세의 시대에 시작된 '이 시대(this age)'가 계속되고 있다."

그렇다면 시대에는 아무런 변화가 없다. 이 시대는 하나님이 하늘에 속한 사람들을 다 모을 때까지 계속될 것이다. 메시아의 통치가 시작된 것은 아니지만, 하나님의 섭리에 있어서 그리스도께서 거절당하신 결과로 나타나기로 약속된 왕국이 "연기되었고", 천국은 비밀스러운 형태를 띠게 되었으며, 이 시기 동안, 그리스도께서 승천하신 이래로 비밀의 경륜이 진행되면서 영광 가운데 다시 오실 때까지 하나님은 하늘에 속한 사람들을 모으는 일을 하고 계신다.99) (누가복음 19장 11-27절과 기타 성경 구절들을 보라.)

Chapter 6

십자가에서 이루어진 첫 사람의 시험의 종결과 그리스도인에게 미치는 결과

"기록된 바 첫 사람 아담은 생령이 되었다 함과 같이 마지막 아담은 살려 주는 영이 되었나니 그러나 먼저는 신령한 사람이 아니요 육의 사람이요 그 다음에 신령한 사람이니라 첫 사람은 땅에서 났으니 흙에 속한 자이거니와 둘째 사람은 하늘에서 나셨느니라." (고전 15:45-47)

첫 사람의 종결과 그리스도인의 지위

구약시대에 사람을 시험하는 일은, 즉 아담과 동일한 책임 아래 있는 사람의 속에 있는 것을 드러내주었다. 곧 사람의 타락을 드러내주었다. 이스라엘에서 율법은 인간의 노력으로 축복을 받을 수 있는지 보기 위해 하나님이 특별히 은총의 환경 속에 넣어 주신 한 백성 가운데서 첫 사람(고전 15:47)을 다루려는 것이었다. 하나님의 자녀에게 율법은 그런 목적으로 주어진 것이 아니다. 율법은 그 아래에 있는 사람들이 하나님의 자녀인지 아닌지를 구별하지 않았다. 이스라엘의 경우, 하나님의 자녀가 아닌 사람들이 많이 있었다. 국가적인 이스라엘은 거듭난 사람과 그렇지 않은 사람이 혼합되어 있었다. 그리스도의 죽음을 통해서 맺은 결실 중 하나는 그러한 혼합을 끝내는 것이었다(요 1:12, 11:51,52). 하나님의 자녀들이 구원받은 사람들로서, 하나의 가시적인 공동체를 형성할 수 있게 된 것은 아담의 책임 하에 있는 첫 사람의 지위를 벗는 일에 달려 있었다. 아담은 선악을 아는 지식의 나무(책임)의 열매를 먹었지만, 생명나무의 열매는 먹지 않았다. 율법은 생명나무와 연결되어 있지 않다. 만일 사람이 율법을 완벽하게 지킨다면 그는 자연적인 생명을 계속해서 살아갈 것이지만, 성경은 그런 삶을 영생이라고 부르지는 않는다.

첫 사람은 주 예수님을 십자가에 못 박았으며, 이로써 아담의 책임 아래 있던 사람은 이 십자가에서 시험이 끝나게 되었다. 이렇게 그리스도를 십자가에 못박은 것은 첫 사람이 할 수 있는 최고최상의 행위였지만, 이로써 사람은 완전히 잃어버린바 되었다. 그러므로 바울과 우리는 "내가 그리스도와 함께 십자가에 못 박혔나니"라고 말할 수 있게 되었다. 아담의 자리에 서있던 첫 사람으로서 나는 그리스도와 함께 십자가에 못 박혔다. 내가 첫 사람과 연결되어 있던 모든 것이 이로써 하나님 앞에서 제거되었다. 이제 나의 지위와 책임은 무엇인가? 첫 사람의 실패의 역사를 추적한 후에, JND는 이렇게 썼다.

> 이제 인간의 책임의 토대는 가능한 모든 방법으로 검증해본 결과, 총체적으로 실패했다는 의미에서 완전히 무너졌지만, 사

람은 여전히 도덕적인 존재로서 자신의 책임을 완수해야만 한다. 사람은 도덕적인 존재이기에, 책임과 실패의 과정과 역사를 통과해야 한다. 그러나 사람은 자신이 이미 잃어버린바 된 존재라는 사실을 이끌어내기 위해 그것을 통과해야만 했다. 사람은 자기 속에 선한 것이 없다는 하나님의 평결의 진실을 이렇게 입증할 수 있었다. 이로써 책임 원칙의 결과는 사람으로 하여금 자신이 잃어버린바 된 존재이며, 그 책임이 끝났다는 것을 알게 해준다. 이것이 사실이 아닌 것처럼 보일지라도, 참으로 어리석은 방법으로 자신의 돈을 모두 탕진해버린 탕자처럼, 사람은 잃어버린바 되었고 또 황폐화 상태에 놓이게 되었다. 이제 사람은 도덕적인 존재로서 책임의식을 계속해서 유지하는 것이 중요하긴 하지만, 무엇보다 자신이 딛고 서있을 만한 것이 모두 사라졌다는 인식을 가질 필요가 있다. 사람은 잃어버린바 된 존재다. 우리는 모든 것을 다 허비했고, 오로지 빚만 남게 되었다. 첫 사람은 모든 것이 끝난 사람이기에, 고칠 수 있는 것이 없다. 그는 잃어버린 사람이며, 폐허상태에 있다. 하지만 그리스도께서 잃어버린바 된 사람을 구원하러 오셨다.

이제 둘째 사람이 세워졌다. 이 일은 첫 사람을 고치는 것이 아니라 둘째 사람으로 대체하기 위한 것이었다. 첫 사람의 개선이나 교정은 없지만, (물론 우리가 그리스도에게로 가면 실제적으로 변화가 되긴 하지만) 첫 번째 아담이 지은 죄들은 깨끗하게 씻음을 받았다. 그리고 두 번째로 생각해볼 것은, (우리가 믿어야 할 것은) 나무 자체가 뿌리째 뽑혀졌다는 것이다. 우리는 십자가에서 책임이 완전히 충족된 것을 볼 수 있어야 한다. 그리스도는 사람의 모든 실패와 책임과 관련된 모든 문제를 해결하셨고, 그렇게 함으로써 하나님을 영광스럽게 해드렸다. 사람은 혼란에 빠졌지만, 그리스도께서 오셨고 사건을 해결하셨고, 모든 것을 승리로 장식하셨다. 그리스도께서 오셨을 때, 하나님의 성품에 대한 사람들의 인식은 이미 손상되어 있었고, 피할 길이 없었다. 만일 그리스도께서 아무도 구원하지 않으시고 즉시 죄인들을 쫓아내셨다면, 그것은 의로움이었을 것이지만, 거기에 사랑은 없었을 것이다. 만일 그리스도께서 모든 것을 묵인하셨다면, 그래서 사람이 여전히 죄인 상태에 있고 또 그런 상태에 있는 사람들을 그저 모두 구원하셨다면, (과연 어떤 사람이 그런 것을 사랑이라고 부르겠는가. 그런 것은 신적인 사랑일 순 없다. 이는 하나님은 거룩하시기 때문이다) 의(righteousness)는 어디에 있단 말인가? 하지만 거룩하신 그리스도께서 사랑으로 오셨다. 확실히 십자가에는 다른 곳에선 볼 수 없는, 죄를 쳐서 증거하는 의(義)가 있을 뿐만 아니라 죄인들을 향한 하나님의 무한한 사랑이 있다.

그리스도 안에서 나는 낙원의 나무들이 하나로 합쳐지고, 은혜로 채워지고, 우리의 죄들이 사함을 받고 또 그리스도의 희생으로 죄가 제거되고, 의에 의해서 생명이 되는 것을 본다. 그리스도 안에서 나는 나 자신의 실체를 발견하게 되었고 또한 그리스도께서 십자가 위에서 죽으신 것과 모든 것을 홀로 짊어지신 것을 본다. 나는 하나님의 아들께서 십자가 위에서 죽으신 것을 볼 때, 이것은 죄에 대한 심판이며, 이로써 하나님의 의가 이루어지는 것을 볼 수 있었다. 과연 그리스도는 누구를 위해서 십자가에서 죽으신 것인가? 바로 범죄한 죄인들을 위한 죽음이었다. 만일 이것이 사랑이 아니라면, 그렇다면 무엇이란 말인가? 십자가 위에서 우리는 하나님의 모든 속성이 그대로 유지되는 것을 볼 수 있다. 하나님의 엄위하심과 진실, 하나님의 의와 사랑이 모든 완벽하게 충족될 뿐만 아니라 하나님은 하나님의 어린 양이신 그리스도의 위격 안에서 완전하게 영광을 받으셨다. 그리스도는 십자가에서 죄를 위한 대속(代贖)의 역사를 이루셨으며, 이로써 복음이 온 세상을 향해 뻗어나갈 수 있게 되었다. 대속의 역사가 이루어진 것을 믿은 사람들은 그들의 모든 죄를 사함을 받게 되었다. 모든 것이 십자가에서 충족되었으며, 죄들에 대한 신자들의 책임은 면제되었으며, 하나님의 자녀로서 완전히 새로운 책임의 자리에 들어가게 되었다. 신자는 사람이 선악과를 먹은 모든 책임에 대해서, 그리고 지은 모든 죄들에 대해서 완전히, 철저히, 그리고 절대적으로 면제되었으며 또한 용서받았다. 물론 이것은 그리스도를 믿는 신자로서 또는 하나님의 자녀로서 하나님 앞에서 개인적으로 져야 하는 신자의 책임에 대한 것은 아니다. 이것은 첫 사람에게 속한 사람으로서 책임에 대한 것이다. 신자는 첫 사람의 입장에 더 이상 서있지 않다. 완전히 새로운 질서와 입장에 서 있는 사람이 되었다.

십자가에서 하나님의 성품이 유지되었을 뿐만 아니라 하나님이 완전하게 영광을 받으셨다. 이는 그리스도의 죽음은 죄악을 완전히 제거해버렸을 뿐만 아니라[m] 첫 사람에 속한 모든 것을 소멸시켰기 때문이다. 그러므로 우리는 신자로서, 그리스도와 함께 십자가에 못 박혔다. 우리는 육신에 있지 않고 그리스도 안에 있다. 우리는 아담의 자녀로서, 첫 사람의 상태(condition)에 대하여 죽었고, 완전히 새로운 지위(new position)에 있다. 그리스도 안에서 우리는 하나님의 자녀다. 우리는 전

---

m) 이에 대한 효력, 곧 최대치가 의가 거하는 새 하늘과 새 땅에 나타나게 될 것이다. 하지만 신자는 그 효능과 효력을 지금 경험하고 있다. 나는 여기서 어떤 사람들이 말하는 것처럼, 믿지 않는 사람들의 죄까지 다 사해졌다고 말할 생각이 없다. 믿지 않은 사람들은 이중적인 유죄상태에 있다.

에 처해 있었던 모든 것에 대해서 십자가에서 죽었으며, 이제 우리에게 새로운 생명이 주어졌다. 그 결과 우리는 첫 아담 안에 있지 않고 마지막 아담 안에 있게 되었다. 첫 사람으로서 맺은 열매는 모두 제거되었고, (우리가 믿음으로 받아들여야 할 실제로서) 나무 자체가 뿌리째 뽑혔다. 우리는 그리스도와 함께 죽었으며, 그리스도와 함께 십자가에 못 박혔다. 첫 사람에게 속한 책임은 속죄를 통해서 충족되었고, 생명이신 그리스도께서 곧 나의 생명이 되었다. 이로써 낙원에 있는 두 나무는 완전히 조화를 이루게 되었다. …

이로써 우리는 은혜 안에서 생명의 나무와 책임의 나무를 모두 가질 수 있게 되었다. 율법 아래서 우리는 첫 번째가 책임이고, 그 다음이 생명이란 사실을 보았다. 은혜 안에선 첫 번째가 생명이고, 그 다음이 책임이다. …

내가 지은 죄들이 다 제거되었을 뿐만 아니라, 나와 나에게 속한 모든 것이 그리스도의 죽음 속에 장사되었다. "그런즉 이제는 내가 사는 것이 아니요 오직 내 안에 그리스도께서 사시는 것이라"고 기록된 것처럼, 이제 "나"는 생명이신 그리스도 안으로 합해졌기 때문에(merged into Him), 이제 내가 사는 생명은 부활하신 분 안에서 사는 생명이다. 그리스도는 부활하셨고, 사람으로서 한 일 때문에 지금 영광의 자리에 앉아 계시며, (사람으로서 하늘에 오르셨으며, 이 영광의 자리에 앉아 계신) 머리로서 자신과 자기 몸의 지체로서 신자들을 하나로 연합시키고 또한 창세 전에 우리에 대해서 계획하셨던 은혜의 경륜을 계시하고자 성령님을 보내셨다. 이렇게 그리스도와 하나의 몸을 이루고 있는 것이 교회다. 그리스도인은 그리스도와 연합을 이루고 있으며, 그리스도께서 지금 계신 곳에 우리도 그곳에 앉아 있으며, 그리스도 안에서 천상세계의 모든 신령한 복을 받았다. 머리가 있는 곳에 지체들인 우리도 있으며, 성령에 의해서 그분과 연합을 이루고 있다.

이제 그리스도인의 책임을 살펴보자. 진정한 책임은 우리가 들어간 자리에서 나온다. 들어가야 할 책임이 아니라 이미 들어간 자로서 감당해야 하는 책임이다. 우리가 들어간 자리를 보면 우리는 우리의 책임이 무엇인지 배울 수 있다. 그 자리를 본 일이 없으면 우리는 결코 책임을 알 수 없다. 당신은 나의 자녀나 종이 아니기 때문에, 나에게 아무런 책임을 질 필요가 없다. 만일 나의 종이라면, 의무와 책임은 여러분의 자리에서 나올 것이다. 당신은 아담의 자녀로서 완전히 실패했다. 그리고 이제 신자라면, 하나님은 당신에게 하나님의 자녀로서 말씀하실 것이다. 그렇다면 과연 당신이 하나님의 자녀로서 합당한 행실을 하고 있는지를 살펴보아야 한다. 이런 것이 우리의 책임이다. 우리는 하나님의 상속자이고, 그리스도와 공동 상속자이기 때문에, 이런 특징을 나타내기 위해서 이 세상에 남아 있다. 우리는 그리스도의 편지이므로, 세상은 우리가 좋은 사람이고 또한 모든 사람 앞에서 그렇게 알려졌고 그렇게 나타나는 모습을 볼 수 있어야 한다. 세상 사람들이 그리스도를 알고 읽을 수 있도록 그리스도께서 그렇게 우리에게서 나타나야 한다.

만일 당신이 그리스도 안에 있는 사람이라면 그리스도께서 당신 안에 거하신다. 우리의 자리는 확고히 보장된 자리다. 그리스도는 우리를 위해 하나님 앞에 계시며, 우리는 그리스도를 위해 세상 앞에 있다. 우리 앞에 놓여 있는 것은 아담의 자녀로서 하나님 앞에서의 책임이 아니라, 하나님의 자녀로서의 책임이다. 나는 육신에 있지 않고 성령 안에 있기에, 예수의 생명이 우리 죽을 몸에 나타나도록 해야 한다. 거기에 우리의 책임이 있고, 그것은 개인적인 것이다. 당신은 성경에서 개인을 항상 첫 번째 자리에 두는 것을 보게 될 것이다. 왜냐하면 어떤 교회가 존재하려면 우선적으로 그리스도를 믿는 개인이 있어야 하기 때문이다. 로마서는 개인을 다루고 있으며, 마찬가지로 에베소서도 1장까지는 개인을 다루고 있다. 우리는 항상 개인을 위한 진리가 소개되고 나서, 공동체의 복이 소개되고 있거나 책임의 문제가 다루어지는 것을 볼 수 있다. 우리는 그리스도에 의해서 개인적으로 구원을 받고, 형제로서 인정을 받는다.

이로써 그리스도와의 관계와 신자들 간의 관계로 이어진다. 우리와 하나님과의 관계는 아버지와 자녀로서의 관계다. 우선적으로 우리와 그리스도의 관계가 먼저다. 그리스도는 우리를 형제라고 부르시기를 부끄러워하지 않으셨다. 그 다음에 그리스도의 몸의 지체로서 관계다. 이를 위해서 한 몸 안으로 넣어주는 성령 세례를 받았다. 이것은 하나님의 역사의 결과이며, 하나님이 우리를 위해서 전에 예비하신 선한 일을 위해서 우리는 새로운 피조물이 되었다. 우리가 서 있는 자리(ground)는 우리가 행한 일의 결과가 아니다. 그리스도는 우리를 위해 전에 그 자리에 서 계셨고, 만일 우리가 그 자리에서 행했다면 우리는 잃어버린 자가 되었을 것이다. 우리는 그리스도의 사역의 결과 위에 서있고, 구원을 받았으며, 성령께서 강림하신 결과로 그리스도의 몸의 지체로서 그리스도와 연합을 이루게 되었다. 이제 주와 합하는 사람은 한 영이다.

이것은 (즉 그리스도의 지체로서 그리스도와 연합을 이룬 일은) 하나님의 교회가 무엇인지를 드러낸다. 성령님은 하나님의 모든 역사를 실행하는 대리인이셨지만, 이전에는 결코 이 땅에 강림하신 일이 없었다. 창조 이후의 모든 즉각적인 하나님의 역사는 성령님에 의한 것이었다. 성령님은 대리인이셨지만, 오순절까지 강림하신 적이 없었다. …

우리는 (그리스도의 죽음이 있기도 전에) "너희 민족들(이방인들)아, 주의 백성과 함께 즐거워하라"(신 32:43)는 말씀을 볼 수 있다. 사실 구약성경은 주의 백성들의 이야기다. 민족성은 그대로 유지되었고, 이방인들은 주의 백성들과는 구별되었다. 유대인들은 약속을 받은 백성이었다. 하지만 모든 약속의 중심이신 분이 오셨고, 그들은 거절했으며, 그분을 십자가에 못 박았다. 그래서 그들도 가련한 이방인들과 동일하게 긍휼의 자리에 서있게 되었다. 왜냐하면 그들도 똑같이 죄를 지었기 때문에 차별이 없기 때문이다. 하나님은 자신의 약속을 이루셨지만 약속을 받았던 유대인들은 오히려 약속의 성취를 거절했다. 이로써 중간에 막힌 담이 허물어질 수 있었고, 양쪽 모두 하나님의 자비 아래 놓이게 되었다. 이제 그리스도 안에서 모든 민족성은 허물어졌다. 그리스도는 사람으로서 영광 가운데 앉아 계시며, 그리스도께서 보내신 성령님은 우리를 그리스도와 연결시키는 일을 하고 계신다. 유대인과 이방인의 차별은 폐지되었고, 교회는 성령의 거처가 되었다. 만일 당신이 구약시대에 교회를 찾을 수 있다고 할 것 같으면, 유대교는 진작 사라졌을 것이다. 교회는 천상에 속한 몸이고, 그 머리는 하늘의 영광 중에 있다.

이제 만일 당신이 구약성경의 약속을 교회에 그대로 적용하게 되면, 당신은 교회를 하늘에서 땅으로 끌어내리게 될 것이며 또한 이스라엘을 하나님이 선택하신 백성들에게 주권적인 권세로 들어가게 하신 그 자리에서 완전히 끌어내는 일을 하는 것이 된다. 우리는 하나님이 이스라엘을 섭리하시는 일을 보면서, 개인적으로 우리의 마음에 위로를 받기도 하고 또는 그것을 교훈 삼아 가르침을 받을 수 있다. 왜냐하면 (하나님의 성품에 관한 큰 진리를 배우는 일 외에도) 그들에게 일어난 일이 본보기가 되고 또 세상의 말세를 만난 우리를 깨우치기 위하여 기록되었기 때문이다. 예를 들어, 신명기 8장 2-4절을 보라. 이것은 하나님께서 광야에서 이스라엘 백성들을 다루신 역사였다. 마찬가지로 우리도, 영적인 의미에서 광야를 통과하면서, 하나님이 우리를 친히 돌보시고 또 우리가 믿음의 길을 걷는 동안 우리의 모든 필요를 충족시켜주시는 하나님을 의지하는 법을 배울 수 있기 때문이다. 하나님께서 그들 자신의 실상이 무엇인지 가르치고자 애쓰시는 동안, 하나님은 그들의 의복이 헤어지지 않도록 항상 돌보셨다. 우리는 지금 광야에 있기에, 광야의 하나님을 알아야 한다. 그래서 우리는 우리가 어떤 존재인지 또 하나님은 어떤 분이신지를 알고 또 이스라엘을 광야에서 인도하신 것처럼 동일한 원칙으로 우리를 인도하신다는 것을 배우도록, 이 세상에 남겨졌다.

그럼에도 우리는 하나님의 자녀이기에, 우리의 집은 아버지의 집이고, 그리스도는 우리를 위한 자리를 마련하고자 하늘로 떠나가셨다. 이것은 우리로 하여금 그리스도의 재림을 바라보게 해준다. 구약성경의 예언 때문이 아니라 그리스도께서 말씀하신 대로, "내가 너희를 위하여 거처를 예비하러 가노니 가서 너희를 위하여 거처를 예비하면 내가 다시 와서 너희를 내게로 영접하여 나 있는 곳에 너희도 있게 하리라"(요 14:2,3)라는 우리에게 하신 약속 때문이다. 이것은 이 세상의 통치와 연결되어 있는 예언의 문제가 아니다. 사실 예언은 예언의 중심자리에 있는 유대인들과 관련이 있다. 반면 우리는 그리스도와 동일시되고, 세상이 존재하기도 전에 하나님의 마음 속에 있었던 계획 속에 있던 존재이기에, 세상과는 아무 관련이 없다. 우리는 세상에 속한 존재가 아니기 때문에, 예언과는 아무 관련이 없다. 그리스도께서 오실 것이고, 우리를 먼저 자기 옆의 자리에 있게 하겠노라고 약속하셨다. 예언이 이루어질 때, 우리는 주님과 함께 있게 될 것이다. 우리는 그리스도 안에서 천상세계에(in heavenly places) 있으며, 우리의 싸움도 지금 거기서 일어나고 있다. "우리의 씨름은 … 하늘에 있는[100] 악의 영들을 상대함이라."(엡 6:12)

부르심을 받았지만
세상 통치를 부여받지 않은 그리스도인

아브라함의 부르심이 가지고 있는 두 가지 측면, 하나는 민족적인 측면과 또 하나는 개인적인 측면을 생각해보아야 한다. 하나는 "땅의 자리"에 대한 것이며, 다른 하나는 소위 "하늘의 자리"에 대한 것이다. 그리스도인의 부르심은 전적으로 하늘의 부르심이다.[101] 그리스도인도 교회도 통치적인 권세를 부여받지 않았다. 그리스도인은 이스라엘에 대한 이방인의 심판, 즉 이방인의 때라는 더 넓은 괄호 속에 있는 시간 동안, 그리스도 예수 안에서 하늘에 앉아 있는 천상의 괄호 안에 있음을 볼 수 있어야 한다. 이 시간들은 장차 사람의 손으로 뜨지 않은 돌이 신상의 발에 떨어짐으로써 신상이 파괴되는 그 때까지 지속될 것이다(단 2장). 예루살렘이 느부갓네살에게 함락되었을 때 하나님은 세상 통치를 이방 제국의 손에 넘기셨다. 하나님은 그리스도인들에게 이 세상 권세를 부여잡거나 또는 세상을 향해 권세를 행사하도록 부르지 않으셨다. 서신서들은 그리스도인으로 하여금 세상 권력에 순복하고 또 하나님의 말씀이 교훈하고 있는 대로 선한 양심을 가지라고 가르치고 있다. 오히려 하나님의 부르심과 통치 권력을 합치고 또 교회로 하여금 그것을 추구하도록 하는 것은 교회를 유대주의화 하는 것이다. 오늘날 통치 권력을 추구하는 사람들, 특히 후천년주의자들은 자신들의 본보기와 정당성을 구약시대에 이스라엘에게 주신 여호와의 말씀에서 찾는다.

다음 익명의 발췌문은 JND의 가르침과 일치를 이루고 있으며, 그가 가르친 그리스도인과 이방 권세자들에 대한 관계를 상당히 잘 요약하고 있다. 그가 이 주제에 대해서 설명한 여러 주석들과 일치하고 있다.[102]

세상 밖으로 불러내시는 하나님의 부르심

우리를 둘러싼 온 세상은 부패가 점점 더 증가하고 있으며, 세상 모든 것이 해체될 위협을 받고 있는 중에 있다. 이러한 때에 우리는 우리가 부르심을 받은 부르심의 성격과 특징을 단순하면서도 명확하게 규정하는 것이 필요하다.

하나님이 우리를 세상 밖으로 불러내시는 부르심과 땅에 대한 하나님의 권세를 주장하는 일은 별개의 것이기 때문에, 우리 성도들은 도덕적, 실천적으로 세상과 구별된 삶을 살아야 한다.

하나님의 부르심은 하나님 자신이 세상 밖에 계신다는 원칙 위에서 진행된다. 하나님은 세상을 개혁하거나 수선하려는 것이 아니라 다만 한 백성을 불러내셔서 세상 밖에 있게 하고 또 세상 위에 있는 자신의 자리에 들어가게 하는 일을 하신다. 그러므로 이 부르심 때문에, 땅은 예전 그대로 남아 있게 된다. 왜냐하면 땅은 이러한 하나님의 목적 밖에 있기 때문이다.

세상 밖으로 불러내는 하나님의 이러한 부르심은 홍수가 나기 전 셋의 집안에 나타났다. 가인의 집은 땅을 소유하고 있었고, 셋은 그런 일을 하는 그들을 방해하지 않았다. 전혀 그런 일을 하지 않았다. 가인과 그의 자손들이 땅에서 성을 쌓는 동안(창 4:17) 셋과 그의 자손들은 땅에서 다만 여호와의 이름을 불렀다. 그들은 그저 세상에 자신의 몸을 뉘였을 뿐이었다.

나중에 아브라함에게도 이런 일이 일어났다. 그는 하나님의 부르심을 받았다. 그러나 이런 부르심은 가나안 사람들과 땅을 두고 다투게 하지 않았다. 그는 땅의 지분을 더 얻고자 욕심내지 않았다. 그는 땅의 소유주로서, 그들과 권리를 놓고 다투지 않았다. 그는 땅에서 자신의 장막을 옮겨 다닐 뿐이었으며, 작은 땅덩어리에 자신의 뼈를 장사지낼 뿐이었다.

교회나 이 세대의 하늘 가족도 마찬가지다. 교회의 부르심은 이방인들의 손에 권세를 그대로 둔다. 교회는 "위에 있는 권세들"에게 할 말이 없다. 그러나 권세자들이 요구하는 것이 있다면, 그들이 그리스도에게 복종하든 그렇지 않든 간에, 온전히 복종하거나 인내하면서 고통을 견디거나 둘 중 하나다.

이것이 우리의 의무를 즉시 결정하게 해준다. 우리는 하나님의 권세를 받은 세상 권력들에게 세금을 바치며, 혹시라도 그들이 부당하게 행동하더라도 우리는 그들을 심판하는 일을 하지 않으며, 그들을 방해하는 어떤 일도 하지 않는다.

마찬가지로 우리의 봉사의 성격도 이러한 하나님의 부르심에 따라서 결정된다. 하나님은 지금 땅에 대한 그분의 권리를 다시 주장하지 않으신다는 사실을 확고히 하지 않으면, 하나님을 바르게 섬기는 일에 결핍이 있을 수밖에 없다. 다른 말로 하면, 우리가 그리스도를 바르게 섬기기 위해선 그리스도를 (세상에서) 거절당하신 분으로 인식하는 일이 반드시 필요하다. 주님은 항상 그런 분이셨기에, 지금도 주님은 "(왕위를 받아가지고 오려고) 먼 나라"에 계신다. 현재 세상 사람들은 땅에서 주님을 향해 "우리는 이 사람이 우리의 왕 됨을 원하지 아니하나이다"(눅 19:14)라고 외치고 있다. 주님에게서 달란트를 받은 종들은 주님이 세상에 부재해계신 이 시기 동안 그러한 외침에 응답할 필요가 있는가? 그렇지 않다. 하나님의 종은 항상 우리 주님이 세상에서 거절을 당하셨다는 인식을 가지고 인내하면서 하나님을 섬겨야 하며, 사슬에 매이는 것을 부끄러워해선 안된다.

마찬가지로, 이것은 더욱 더 무엇이 우리의 습관이 되어야 하는지를 결정한다. 우리의 봉사는 땅이 우리 주님의 자리가 아닌 것을 말해주어야 하듯이, 우리의 습관은 땅이 우리의 자리가 아니라는 것을 분명히 말할 수 있어야 한다.

이것은 우리의 영혼에게 거룩하고 진지한 지침을 제시해준다.

우리의 부르심은 우리를 땅과 연결시키지 않는다. 반면 우리가 사는데 필요한 것은 땅에서 얻는다. 이것은 사실이다. 우리는 몸이 필요한 것들을 얻으려면 땅에서 나는 열매와 손의 수고와 마음의 기술이 필요하다. 그렇기 때문에 우리의 생필품은 우리를 땅과 연결시켜 주고, 우리는 그러한 생필품을 얻기 위해선 땅의 일에 참여할 수밖에 없다. 그러나 우리가 받은 부르심은 우리를 땅과 연결시키지 않고, 오히려 우리를 땅에서 분리시킨다.

교회와 땅을 연결시키는 것은 배도의 원칙 위에서 행동하는 것이다. 세상에서 그리스도의 성품과 상태를 바꾸는 것을 목표로 하거나 그리스도를 세상에서 거절당하신 사람으로 보지 않고서 섬기려는 것은 합당한 영적인 분별력을 가지고 섬기는 것이 아니다.

이런 내용들은 우리가 잘 알고 있고, 쉽게 인정할 수 있는 것들이다. 하지만 만일 우리가 교회를 세상과 연결시키는 것을 거부한다면, 우리는 우리 마음이 세상과 연결되고, 세상에 대해서 낙관적인 희망을 품는 일을 거절하는 일을 날마다 해야 할 터인데, 과연 그런 일을 우리가 감당할 수 있겠는가? 만일 세상이 내일이면 종말을 맞이하게 되고, 세상에서 구원을 받는 길이 교회에 있다면, 세상을 잃어버리는 것을 후회할 사람은 없을 것이다. 그렇다면 세상에 대한 관심을 끊고, 세상에서 우리의 이름을 내고 또 세상에서 분리되는 일을 마다할 사람은 한 사람도 없을 것이다. 그런 사람이 있었다. 바로 바울이다. 그는 아직은 왕으로 다스리고자 하지 않았다. 다만 그는 비천에 처할 줄도 알고 풍부에 처할 줄도 알고, 풍부와 궁핍에 처하는 법을 배웠다.

이스라엘에 대한 하나님의 섭리에는 땅에 대한 권리의 주장이 있었다. 여호수아는 "이방들이 소유한 땅"에 들어갔고 또한 "온 땅의 주 여호와의 궤"(수 3:13)와 함께 들어가서 칼로 그 땅을 여호와와 그분의 백성의 소유로 만들었다. 그러나 바울은 유대인들과 이방인들의 땅에 들어갔지만, 그들이 소유하고 있는 곳에 땅의 소유권을 간섭하지 않았고 다만 그들 가운데서 불러낸 사람들을 하나의 백성으로 삼아 하나님께 바쳤고, 영혼들을 세상에서 거절당하신 돌(the disallowed Stone)과 연결시켰으며, 그들의 복은 영적인 것이고 하늘에 있는 것임을 가르쳤다.

이제 주님의 가르침을 살펴보자. 누가복음 19,20장에 나오는 두 개의 비유를 보자. 이스라엘을 땅에 정착시키면서, 주님은 그들에게 땅의 일부로서 포도원을 주셨고, 땅의 주인으로서 자신을 위해 그 포도원을 경작하고 소출을 바치도록 하셨다. 지금 이 시대의 성도들을 교회에 정착시키면서, 주님은 그들에게 달란트를 주셨고, 주님이 세상에서 거절을 당하셨고 또 일정 기간 동안 부재한 상황에 맞게 은사들과 섬김의 기회를 주셨지만, 주님이 돌아올 때까지 아무런 기업이나 왕국의 권세를 주시진 않았다.

실제적으로 그러한 구별을 잊거나 교회가 땅에 대한 하나님의 주권을 주장하기 위한 하나님의 도구라는 원칙에 따라 행동하는 것은 교회가 하나님의 부르심에서 떠나 배도하는 길에 들어서는 것임을 알아야 한다.

주님은 공생애 기간 동안 사탄을 심판하셨지만, 죄인을 심판하는 일은 하지 않으셨다. 이러한 원칙에 따라서, 주님의 공생애 끝부분에서 주님은 베드로에게 칼을 도로 집어 넣으라고 말씀하셨고 또 빌라도에게는 주님의 나라가 이 세상에 속하지 않기 때문에 자신의 종들은 싸울 수 없다고 말씀하셨다.

주님의 성도들은 이 길을 따라 걸어야 한다. 성도들은 도덕적으로 또는 영적으로 판단해야 하지만 세상의 이익을 놓고서 다투지 말아야 한다. 사도 바울은 그들이 영적인 일은 추구하지 않고서, 세속적인 일에 빠진 것에 대해서 정죄하는 말을 했다. 최우선적인 그들의 의무는 절대적인 것이었고(고전 5장), 두 번째는 은혜 안에서 행하는 것이었다(고전 6장). 그리고 이러한 원리에 따르면, 사도는 우리의 무기는 육신에 속한 것이 아니라 영적인 것이며, 우리의 전쟁은 혈육을 상대하는 것이 아니라 영적인 악을 상대하는 것이라고 가르쳤다(고후 10장, 엡 6장). 우리가 육신적으로 싸울 때, 우리는 실제적으로 또는 영적으로 패하게 된다. 왜냐하면 마귀는 우리의 성격과 기질을 자극해서, 육신적인 대응을 하도록 하기 때문이다.103)

이런 것들을 생각해보면, 율법은n) 그리스도인의 삶의 규칙이 아니란 사실을 알 수 있다.104) 율법이 죽은 것이 아니라 그리스도인이 죽었다.105) 또한 주님이 우리를 대신하여 율법을 이행하신 것도 아니다.106) 모세의 율법은 첫 사람이 심판 아래 있음을 전제로 했다.107) 그리스도인의 삶의 규칙은 사실 그리스도다.108) 이러한 삶의 규칙은 새로운 피조물과 연결되어 있다(갈 6:15,16).109) 로마서 7장에 있는 사람에게는 "속 사람"이 있다. 그러므로 이 사람은 하나님 앞에서 은혜의 자리에 들어간 사람이긴 하지만, 그의 양심상 율법의 원칙 아래 있는 사람이다. 그의 양심을 움직이는 것은 율법이며, 때로는 모세의 율법의 형식

---

n) 언약주의 신학은 율법에서 도덕적인 법을 분리해낸 후, 그리스도인은 삶의 규칙으로서 율법의 도덕법 아래 있다고 설명한다. 하지만 신약성경은 율법의 도덕법을 삶의 규칙으로 전혀 말하고 있지 않다.

을 따르는 사람일 수 있다. 자신이 율법 아래서 종노릇하고 있음을 깨닫고 율법을 지킬 수 없는 자신에 대한 절망에 이르게 되면, 그는 비로소 자기 밖에서 절망스러운 자신을 해방시켜줄 수 있는 해방자를 찾으며 해방을 간절히 구하게 된다(롬 7:24). 이후에 영적 해방을 통해서 그는 새로운 법 아래로 들어가게 되고, 그 결과 그는 "그리스도 안에" 있게 된다(롬 8:2). 그리스도인들은 그리스도의 법 아래 있는 사람들이다(갈 6:2).

"(그리스도 안에서) 할례나 무할례가 아무 것도 아니로되 오직 새로 지으심을 받는 것만이 중요하니라 무릇 이 규례를 행하는 자에게와 하나님의 이스라엘에게 평강과 긍휼이 있을지어다."(갈 6:15,16)

여기서 "하나님의 이스라엘"은 믿는 유대인을 가리킨다. 그들만이 겉과 속으로 진정한 유대인이다(롬 2:17-29). 뿐만 아니라 그들은 이제 그리스도의 몸의 지체다. 더욱이 믿는 유대인들은 믿는 이방인들과 더불어 할례를 영적으로 마음에 적용한 사람들이다(빌 3:3).

Chapter 7

 비밀과 휴거

"나는 교회와 예언을 완전히 구분한다. 나는 교회가 예언의 대상이라고는 보지 않는다. 아브라함이 장차 일어날 일을 알았던 것처럼 교회는 예언의 수신자이며 또한 수탁자이긴 하지만, 그럼에도 교회는 예언의 대상이 아니다."110)

유대인들과 이방인들로 구성된, 그리스도 안에서 한 몸이 된 교회는 구약성경에 언급되지 않았다.111) "비밀이란 단어의 성경적인 의미는 오직 계시에 의해서만 알려지는 것이지, 인간의 지식으로 알려지는 것이 아니다."112) 비밀은 구약성경의 예언이나 약속의 일부가 아니었다.113) (W. 트롯터는 비밀이 가지고 있는 특징을 전천년주의적으로 설명했다.)114)

독자는 JND가 비밀을 어떻게 설명하고 있는가를 살펴보려면, 다비성경주석 시리즈를 참고하면 된다. 이제 우리는 비밀과 휴거에 대한 JND의 가르침의 전반적인 부분을 살펴보고자 한다.

우리는 비밀이 구약성경에는 전혀 계시된 일이 없다고 말할 수 있는 매우 확실하고도 완전한 증거를 가지고 있다. 하나님의 교회에서 한 몸 안으로 이방인들을 받아준 비밀에 대해서 말하면서, 바울은 "나의 복음과 예수 그리스도를 전파함은 영세 전부터 감추어졌다가 이제는 나타내신 바 되었으며 영원하신 하나님의 명을 따라 선지자들의 글로 말미암아 모든 민족이 믿어 순종하게 하시려고 알게 하신 바 **그 비밀의 계시**를 따라 (according to the revelation of the mystery) 된 것이니"(롬 16:25,26)라고 말했다. 에베소서 3장 4-6절에서는 "그것을 읽으면 내가 그리스도의 비밀을 깨달은 것을 너희가 알 수 있으리라 이제 그의 거룩한 사도들과 선지자들에게 성령으로 나타내신 것 같이 다른 세대에서는 사람의 아들들에게 알리지 아니하셨으니 이는 이방인들이 복음으로 말미암아 그리스도 예수 안에서 함께 상속자가 되고 함께 지체가 되고 함께 약속에 참여하는 자가 됨이라." 그리고 9-11절은 "영원부터 만물을 창조하신 하나님 속에 감추어졌던 **비밀**의 경륜이 어떠한 것을 드러내게 하려 하심이라 이는 이제 교회로 말미암아 하늘에 있는 통치자들과 권세들에게 하나님의 각종 지혜를 알게 하려 하심이니 곧 영원부터 우리 주 그리스도 예수 안에서 예정하신 뜻대로 하신 것이라"고 말하고 있다. 마찬가지로 골로새서 1장 24-26절은 "나는 이제 너희를 위하여 받는 괴로움을 기뻐하고 그리스도의 남은 고난을 그의 몸된 교회를 위하여 내 육체에 채우노라 내가 교회의 일꾼 된 것은 하나님이 너희를 위하여 내게 주신 직분을 따라 하나님의 말씀을 이루려 함이니라 이 **비밀**은 만세와 만대로부터 감추어졌던 것인데 이제는 그의 성도들에게 나타났고"라고 말하고 있다.

사도 바울이 골로새서에서 진술하고 있듯이, 바울은 이 교리 때문에 복음의 사역자가 되었고 또한 교회의 사역자가 되었다. 이로써 하나님의 말씀을 완결 지으려는 것이었는데, 이러한 교회의 교리는 구약시대 성도들에겐 알려진 일이 없는 것이었다. 사실 많은 말씀들이 모호하긴 했지만, 어쨌든 이 비밀의 경륜은 하나님 안에 숨겨져 있었다. 많은 말씀들이, 즉 성령의 약속과 메시아의 영광과 구속의 역사와 같은 것들은 구약성도들을 위한 것이 아니라 장차 오는 시대를 위한 것이었다. 그들은 이런 것을 전혀 알지 못했다. 하늘에 계신 아버지께서 바요나 시몬에게 "주는 그리스도시요 살아 계신 하나님의 아들"이라는 그리스도의 위격의 진리를 알게 해주셨을 때, 그리스도께서는 그 때에야 비로소 교회를 언급하실 수 있었다. 왜냐하면 교회는 그 신앙고백 위에 설립될 수 있었기 때문이다. 그러나 그리스도께서는 그 사실을 예언적으로만 말씀하셨고, 미래적인 것으로서 "내가 이 반석 위에 내 교회를 **세우리라**"(마 16:18)고 말씀하셨다. 그리스도는 부활로 말미암아 능력으로 하나님의 아들로 선포되셨다. 그 결과 사탄의 힘은 아무 소용이 없게 되었다. 그리고 그리스도의 죽음이 흩어진 하나님의 자녀들을 하나로 모으는데 필요했으며, 이렇게 그리스도께서 떠나가심으로써 보혜사가 오실 수 있었다.

한 알의 밀알이 땅에 떨어져 죽지 아니하면, 한 알 그대로 있을 뿐이다. 그리스도께서 십자가에서 죽으시고 하늘로 올라가심으로써, 모든 축복, 특히 교회를 위한 신령한 복을 주시기 위한 큰 기초가 마련될 수 있었다. 성령, 곧 보혜사께서 약속대로 내려오셨다. 교회가 형성되었고, 주께서 구원 받는 사람들을

(유대인 남은 자들을) 날마다 교회에 더해주셨다(행 2:47). 이스라엘에게 하신 하나님의 약속은 여전히 남아 있었지만, 이런 것이 지금 그들을 섭리하시는 하나님의 경륜이었다. 그럼에도 교회에 관한 교리는 (성경이 우리에게 보여주듯이) 아직 가르쳐지고 있지 않았다. 그리스도인들은 율법에 열심을 내고 있던 유대교에 여전히 밀착되어 있었다. 제사장들이 신앙에 순종했지만, 제사장 직분을 완전히 내려놓은 것 같지는 않다. 베드로는 예수님이 하나님의 아들이심을 가르친 적이 없었고, 그의 교리는 "너희가 십자가에 못 박은 이 예수를 하나님이 주와 그리스도가 되게 하셨느니라"(행 2:36)와 "이스라엘에게 회개함과 죄 사함을 주시려고 그를 오른손으로 높이사 임금과 구주로 삼으셨느니라."(행 5:31)였다. 하나님께서 예수님을 주와 그리스도가 되게 하셨다.

참으로 놀랍지 않은가? 서신서들을 보면 교회는 사도 바울 외에는 결코 언급되고 있지 않다. 사도 요한이 요한계시록에서 특정 교회를 언급하긴 했지만, 그리스도의 몸으로서 교회에 대해서 말한 사람은 바울이 유일하다. 결과적으로 그리스도의 나타나심(appearing of Christ) 이전에 **성도들의 휴거에 대한 것도 바울 외엔 누구도 언급하고 있지 않다.** 우리가 사도행전에서 배우는 것은 하나님께서 열두 사도들의 그룹 밖에서 자유로운 사역을 일으키셨다는 것이다. 이 일은 유대인들의 분노를 불러 일으켰다. 이 사역에서 하나님의 탁월한 도구인 스데반은 돌에 맞아 죽음에 처해졌다. 하늘이 성령의 능력의 첫 열매, 곧 교회의 첫 열매를 얻게 되었다. 하늘이 열리고, 하늘의 영광 중에 계신 그리스도께서 보였다. 영광에 들어간 사람이신 그리스도의 모습이 보였던 것이다. 그리스도를 본받은 스데반의 영혼이 높은 곳에 계신 그리스도와 함께 하게 되었고, 유대교의 마지막 이야기가 피로 물들게 되었다. 그들은 항상 성령을 거스르고 대적하는 일을 했다. 하나님은 사람의 손으로 만든 집에 거하시지 않는다. 이로써 모든 것이 변화되었다. 곧 그리스도께서 재림하시는 날까지 하늘에 속한 사람들을 모으는 일이 시작된 것이다.

이 일은 개인에게 이루어지는 일이었다. 유대인들의 적대감은 더욱 적극적이고 폭력적인 성격을 띠고 있었다. 사울은 예루살렘에 있는 교회를 쑥대밭으로 만드는 것에 만족하지 않고, 다른 도시로 가서 그리스도인들을 박해하고자 했다. 이 일에 자신의 생애를 다 걸었던 사울은 다메섹으로 가는 길에서 영광 중에 계신 주님에게 사로잡혔다. 주님은 그가 박해하는 사람들이 곧 자기 자신이라고 말씀하셨다. "사울아 사울아 네가 어찌하여 **나를 박해하느냐**? … 나는 네가 박해하는 예수라"(행 9:4,5)고 말씀하셨다. 여기에서, 최종적으로 성령을 거슬려 대적하는 자에게 주권적인 은혜가 풍성하게 나타났다. 영광스러운 복음을 위한 토대가 마련되었고, 하늘에서 영화롭게 되신 그들의 머리와 지상에 있는 모든 성도들이 동일시되는 진리가 바울이 그리스도의 교회가 무엇인지에 대해서 증언하는 출발점이 되었다. 사울은 이 진리의 사역자가 되었다. 하늘의 그리스도, 영광스러운 그리스도와 유대인 신자 또는 이방인 신자는 모두 하나였다. 그들은 모두 그리스도 안에서 하나였다.

교회가 지상에 공식적으로 존재하는 것에 대한 또 다른 특징은 우리 곧 유대인과 이방인이 성령 안에서 하나님이 거하실 처소가 되기 위하여 함께 지어져 가고 있다(엡 2장)는 것이다. 이 건축 방식은 중간에 막힌 담을 허물고 또 이 둘을 한 새 사람으로 만드는 것이었다. 이미 인용한 구절에 표현된 것처럼,

비밀은 이방인들이 공동 상속자가 되고 또 한 몸의 지체가 되는 것이다. 이렇게 교회가 형성된 것은 성령 세례에 의한 것이었으며, 이 일은 오순절에 이루어졌다(행 1:8). 이렇게 성령으로 세례를 베푸는 것은 그리스도에게 속한 권리였으며(요 1:33,34), 그리스도는 성령을 아버지께 받아 성도들에게 주시고자 높은 곳으로 올라가셨던 것이다. 사도행전 2장 22절을 읽어보고, 요한복음 16장 7절과 비교해보라.

한 마디로 교회(church) 또는 모임(assembly)은 그리스도의 몸이며, 머리되신 그리스도께서 승격되셨을 때 성도들을 하나로 모으는 일을 하도록 친히 보내신 성령에 의해서 형성되었다. 이스라엘이 하나의 민족으로 세움을 받기 전에, 구약시대의 성도들은 개인적인 믿음으로 행했다. 이스라엘이 하나님의 백성으로 세움을 받았을 때, 그들은 하나님의 백성으로 소유된 하나의 민족에 속한 개인적인 구성원이었지만, 대부분의 사람들은 회심한 사람들이 아니었으며, 그들의 하나됨은 그저 육체적인 연합에 불과했다. 그러한 연합은 성령의 역사와는 아무런 상관이 없는 것이었고, 결과적으로 이방인들은 배제될 수밖에 없었다. 그리스도의 죽음과 승격 이후에 그리스도께서는 이스라엘 민족만을 위해서가 아니라, 세상에 흩어져 있는 하나님의 자녀들을 하나로 모으고자 하셨고, 이런 차원에서 모든 것이 변화되었다. 이제 유대인과 이방인의 차별은 철폐될 필요가 있었다. 둘 다 동일하게 (믿음을 통해서) 하나님과 화해했고, 하늘에서 보내심을 받은 성령에 의해서 하나의 교회로 모이게 되었으며, 곧 하나님의 교회이며, 그리스도의 몸이며, 지상에 있는 성령의 거처로 모이게 된 것이다. 우리는 여기서 교회가 하나님의 집으로서 또는 지상에서 성령님의 거처로서 어디까지 부패하거나 황폐화될 수 있는지에 대해서 말하고 있지 않다.

다만 교회에 대해서 하나님이 본래 마음에 품으셨던, 성경적인 관점에서 교회가 무엇인지에 대해서 말하고 있다. 그런 것이 교회의 본질이다.

이 교회는 에베소서 5장에 따르면, 또한 그리스도의 신부다. 이 교회라는 단어는 여러 지역에서 모이는 그리스도인들의 모임을 가리키면서 사용되었다. 왜냐하면 그들이 그 지역에서 하나님의 교회를 이루고 있었기 때문이다. 만일 성경이 그 단어를 사용하는 것처럼 그 단어를 사용하게 되면 다른 어떤 의미를 부여할 수 없다. 교회는 머리되신 그리스도께서 하늘에서 지극히 높임을 받으셨을 때 하늘에서 보내심을 받아 내려오신 성령님에 의해서 지상에 설립된 하나님의 교회다. 교회는 그리스도의 몸이며 또한 그리스도의 신부다. 그리스어 단어를 자연스럽게 영어 단어로 번역하면, 어느 누구도 교회 또는 하나님의 교회 외에 다르게 번역할 수 없다. 주께서 날마다 구원 받는 사람들을 교회에 더하셨다. 그리고 교회에 몇 명을 세우셨는데, 첫 번째로 사도들이고 두 번째로 선지자들을 세우셨다.

교회는 그리스도의 고난에 참여하도록 부르심을 받았기에, 그리스도께서는 교회를 자기 앞에 자신의 신부로, 아담 앞에 이브처럼, 영광스러운 교회로 세우셔서 티나 주름 잡힌 것이나 이런 것들이 없이 거룩하고 흠이 없게 하실 것이다. 주께서 구원 받는 사람들을 교회에 더하신다고 했기에, 그들이 전에 이미 교회에 속해 있었던 것이 아니었음이 확실하다. 그리고 그들이 교회에 더해졌다는 것은, 그들이 전에 (심지어 경건하지 않은 사람들이었을지라도) 유대민족의 구성원으로서, 이전에 교회에 속한 일이 없었음을 보여주는 행위였다. 교회는 하늘에서 내려오신 성령에 의해서, 구원받은 사람들을 하늘에 계신 머리이신 그리스도와 하나됨을 이루게 해준, 그야말로 전혀 새로이 형성된 몸이었다.

이제 우리는 교회를 하늘에서 그리스도와 연합을 이루게 하신 하나님의 증언이 무엇인지 물어야 한다. 교회가 그리스도와 연합을 이룬 것은 그리스도의 나타나심 또는 땅으로 재림하시는 것과는 아무 관련이 없다. 교회의 자리는 전혀 다른 자리다. 교회는 그리스도 안에서 이미 천상의 세계(in heavenly places)에 앉아 있다. 교회는 장차 신령한 몸으로 그곳으로 가게 될 것이다. 그리스도는 제자들과 함께 여기 이 땅에 남아 있을 수 없으셨기에, 그들에게 "내가 너희를 위하여 거처를 예비하러 가노니 가서 너희를 위하여 거처를 예비하면 내가 다시 와서 너희를 내게로 영접하여 나 있는 곳에 너희도 있게 하리라"(요 14:2,3)고 말씀하셨다. 그렇다면 교회가 자신을 위해 기대해야만 할 것은, 그리스도의 나타나심에 대한 것이 아니라, 교회가 그리스도께서 계신 곳으로 들려 올라가는 것이다. 그래서 사도 바울은 그것에 대해서 자세히 말하면서, "주께서 호령과 천사장의 소리와 하나님의 나팔 소리로 친히 하늘로부터 강림하시리니 그리스도 안에서 죽은 자들이 먼저 일어나고 그 후에 우리 살아 남은 자들도 그들과 함께 구름 속으로 끌어 올려 공중에서 주를 영접하게 하시리니 그리하여 우리가 항상 주와 함께 있으리라"(살전 4:16,17)고 했다.

우리는 그리스도를 만나기 위해 공중으로 올라가게 될 것이다. 우리가 그리스도를 만나기 위해서 하늘로 끌어올려질 것이며, 그리스도께서 땅으로 내려오시는 것을 기다리지 않을 것이란 사실만큼 분명한 것은 없다. 만일 우리가 골로새서 3장 4절을 자세히 읽어보면, 그리스도께서 우리를 자신에게로 영접하러 오시는 것과 그리스도의 나타나심(His appearing)은 같은 것이 아님을 확실히 알 수 있다. 골로새서 3장 4절, "우리 생명이신 그리스도께서 나타나실 그 때에 너희도 그와 함께 영광 중에 나타나리라"는 구절은 그리스도께서 나타나실 때 우리는 이미 그리스도와 함께 하고 있음을 보여준다. 이러한 교회의 소망과 그리스도와 함께 영광을 받게 되는 이러한 동일시의 복은 교회가 받게 된 신령한 복의 본질이다. 그리스도는 우리의 생명이며 또한 우리의 의다. 그리스도는 자신에게 주어진 영광을 우리에게도 주셨다. 우리는 그리스도의 몸의 지체들이며, 우리는 그리스도의 살 중의 살이며, 뼈 중의 뼈다. 그리스도와 함께 고난을 받고 또 그리스도와 함께 다스리는 일을 하게 될 우리는 그리스도의 형상을 본받게 될 것이며, 함께 영광을 누리게 될 것이다. 그리스도께서 하나님 안에 감추어 계시듯, 우리 생명도 그리스도와 함께 영광 안에 감추어져 있다. 이 때문에 우리는 그리스도를 만나기 위해 끌어 올려질 것이며, 그리스도께서 영광 가운데 나타나시기 전에 우리는 이미 그리스도와 함께 하고 있을 것이며, 그리스도와 함께 나타나게 될 것이다. 이러한 설명은 교회의 휴거 사건을 진술하는데 그치는 것이 아니라, 훨씬 더 중요한 것은 하늘의 성도들과 그리스도와의 관계와 그리스도께서 나타나실 때에만 그분을 볼 수 있는 사람들과의 관계의 완전한 차이점을 선명하게 보여주는데 있다. 한 사람은 그리스도의 통치 아래에서 복을 받고 또 땅과 연결되어 있다. 다른 사람은 통치하시는 그리스도와 동일시되고 또 그리스도와 함께 나타나서 그리스도와 함께 통치하는 일을 하게 될 것이다. 이 점을 선명하게 분별하지 못하는 곳에는 항상 사탄이 역사할 수밖에 없다.

신자가 장차 그리스도의 심판대 앞에 서게 된다는 것은 모든 사람들이 인정하는 진리다. 믿음의 특권에 속한 진리들이 있다. 그런 진리는 우리가 그리스도와 연합을 이루고 있기 때문에 주어진 것들이다. 그리스도의 나타나심(Christ's appearing)을 기다리는 사람은 자신이 그리스도와 함께 하기를 기다리는 그 시간을 잘못 이해하고 있을 뿐만 아니라 그리스도와 교회의 적절한 관계와 교회의 복된 소망을 부정하는 일을 하고 있다. 이 점에서 타협은 있을 수 없다. 교회의 특권에 대해서 무지한 것이 하나의 잘못이고, 그것을 부정하는 것이 또 다른 하나의 잘못이다. 일단 우리가 그리스도와 함께 나타나게 될 것을 보았다면, 그 결과 우리를 위해서 오시는 그리스도의 재림의 소망은 결코 그리스도의 나타나심에 있지 않다. 우리의 사고 습관과 우리의 영적인 정서가 변화될 필요가 있다. 우리가 마음에 품어야 하는 적절한 소망은 우리가 그리스도와 함께 나타날 때의 영광도 아니다. 물론 그 자체로 멋진 것이긴 하지만, 우리의 소망은 "내가 다시 와서 너희를 내게로 영접하여 나 있는 곳에 너희도 있게 하리라", 그리고 "그리하여 우리가 항상 주와 함께 있으리라"는 것에 두어야 한다.

이런 것이 교회의 휴거에 관한 일반적인 성경의 교리다. 교회와 관련해서 마지막으로 중요한 진리라고 할 수 있다. 왜냐하면 이것은 교회와 그리스도의 관계에 기초한 것이기 때문이고, 이로써 교회는 세상과 또는 세상의 운명과 총체적으로 분리되어 있음을 알아야 한다. 이런 것이야말로 교회가 의롭게 된 일에 대해서 최종적인 관을 씌우는 행위다. 우리가 골로새서 3장 4절에서 보았듯이 그리스도의 나타나심 이전에 일어나게 될 휴거는 명백한 계시의 문제다.

휴거가 일어나는 때와 시간은 아무도 모른다. 이 사실을 염두에 두고서, 휴거와 그리스도의 나타나심 사이의 차이점을 인식하는 것이 매우 중요하다. 그리스도께서 나타나실 때에는 이 세상에 대한 심판이 있을 것이다. 그렇다면 그리스도의 나타나심은 세상과 연결되어 있고, 세상의 심판이 이루어지면 세상 역사는 끝나게 된다. 그 때까지 세상 역사는 계시된 결과에 이르기까지 진행되어 갈 것이고, 계시된 사건들이 일어나게 될 것이며, 심판의 대상들이 역사의 현장 속에 나타나게 되고, 예언된 일이 성취될 것이다.

그리스도와 연합을 이룬 교회는 세상에서 사라지게 될 것인데, 이는 그리스도께서 세상에 속한 분이 아니듯이 교회 또한 세상에 속하지 않기 때문이며, 교회는 그리스도와 함께 부활했으며, 그 생명이 그리스도와 함께 하나님 안에 감추어진 존재이기 때문이다. 그러므로 교회는 지상에서 일어나게 될 사건과는 아무 상관이 없다. 그리스도께서 교회를 영접하고자 아버지의 보좌에서 일어나실 때 교회는 하늘에 모이게 될 것이다. 이런 것이 교회와 관련된 전부다. 교회는 교회의 부르심과 그리스도와의 관계 속에서 하늘에 속한 존재이기에, 땅에서 일어나는 사건들 가운데 어느 부분에도 해당되지 않는다. 이 사실을 염두에 두면, 교회의 휴거는 너무도 단순하고 명확해진다. 다른 한편, 교회의 휴거를 부인하게 되면 어떻게 교회를 땅의 자리로 끌어내리게 되고 또한 교회의 영적인 성격과 지위를 파괴하는지를 보게 될 것이다. 우리의 부르심은 "하나님이 위에서 부르신 부르심"(빌 3:14)이다. 사건들은 땅과 연결되어 있다. 예언은 하늘의 부르심과는 전혀 관련이 없다. 그리스도인의 소망은 예언의 주제가 아니다. 그리스도께서 오실 것이고 그리스도인들을 영접해주실 것이며, 그리스도께서 계신 곳에 그리스도인들도 있게 되리라는 것은 약속이다.

비록 이 질문은 이미 원칙적으로 대답이 되어 있지만, 그리스도인은 주님이 언제 오실지를 준비해야 하는가? 라는 질문을 해볼 수 있다. 나는 항상 준비하고 있어야 한다고 대답하고 싶다. 그런 것이 그리스도인의 올바른 영적인 특징이다. 그리스도인이 항상 그렇게 하는 것은, 그의 올바른 영적 상태와 특징으로 나타나게 될 것이다. "너희는 마치 그 주인이 혼인 집에서 돌아와 문을 두드리면 곧 열어 주려고 기다리는 사람과 같이 되라 주인이 와서 깨어 있는 것을 보면 그 종들은 복이 있으리로다 내가 진실로 너희에게 이르노니 주인이 띠를 띠고 그 종들을 자리에 앉히고 나아와 수종들리라 … 그러므로 너희도 준비하고 있으라 생각하지 않은 때에 인자가 오리라 하시니라." (눅 12:36-40)

이렇게 성도들에게 섬김에 대해서 말씀하신 후에, 주님은 "주인이 이를 때에 그 종이 그렇게 하는 것을 보면 그 종은 복이 있으리로다 내가 참으로 너희에게 이르노니 주인이 그 모든 소유를 그에게 맡기리라 만일 그 종이 마음에 생각하기를 주인이 더디 오리라 하여 남녀 종들을 때리며 먹고 마시고 취하게 되면 생각하지 않은 날 알지 못하는 시각에 그 종의 주인이 이르러 엄히 때리고 신실하지 아니한 자의 받는 벌에 처하리니"(눅 12:43-47)라는 말씀을 추가하셨다. 여기서 일반적인 원칙으로서, 항상 깨어 주님을 기다리는 태도는 주님이 오실 때 복을 받게 될 사람들과 모든 것을 다스리게 될 사람들의 특징으로 소개되어 있다는 것이다. 악한 종이 그렇게 악하게 처신했던 이유는 주님의 오심 자체를 부인했던 것이 아니라, 영적인 감각과 분별력을 잃고서 주님의 오심을 현재적인 기대감으로 소망하지 않았기 때문이다.

이런 것은 교회가 본질적인 단순함에서 벗어났고, 교회가 성직자의 권위주의와 세상의 세속성에 함몰되었을 때 나타나는 모습이다. 성도들은 세상을 떠나고 또 세상 종교 밖으로 나가서 신랑을 맞이해야 한다. 그렇지 않으면 세상적인 모습을 띠게 되고, 세상 종교에 물들게 된다. 교회는 즉각적으로 이루어지는 그리스도의 재림에 대한 기대로 새롭게 됨으로써만 교회의 본래 위치와 생동감으로 돌아갈 수 있다. 사실 그리스도는 재림을 지체하고 있다. 그래서 교회는 그리스도께서 금새 오신다는 감각을 잃어버렸다. "보라 신랑이로다"(마 25:6)라는 소리는 교회를 일깨우고 준비시키는 음성이다. 이러한 음성이 외쳐지기 전에 무슨 사건도, 어떤 세상적인 상황도 개입되지 않는다. 교회는 신랑을 만나러 나갈 뿐이다. 여기엔 다른 개념도 없고, 이 세상의 통치와 섞이는 일도 없고, (유대인과 그리스도와의 연합을 뜻하는) 어린 양의 혼인 잔치와 연결되어 있는 어떤 일도 없다. 교회는 그리스도와 함께 하늘로 돌아가게 될 것이다.

사도 바울이, 성령께서 처음에 계시하신 교리대로, 이러한 즉각적인 그리스도의 재림을 소망하는 가운데 살면서 가르쳤던 것은 분명하다. 우리 또한 이에 대한 상세한 교리적인 내용을 얼마나 아느냐에 관계없이 즉각적인 그리스도의 재림의 소망으로 살아야 한다. 데살로니가 교회 성도들은 회심하자마자 하늘에서 오시는 하나님의 아들을 기다렸다. 그들은 이 진리를 아는 빛의 정도가 상당히 희미했던 것 같다. 하지만 그들은 그렇게 배웠고, 바울은 세상을 향한 성령의 증언으로서 그들이 가진 그러한 기대감을 인정해주었다. 그것이 바울이 그들 가운데로 들어갔던 복음의 방식이었고, 그 결과 그들은 하늘로서 오시는 그리스도를 기다리고 있었다. 이처럼 그들이 가지고 있었던 것은 장차 세상에 일어날 사건들에 대한 예언적인 설명이 아니었다. 다시 말하지만, 휴거와 우리 사이엔 아무런 사건이 없다. 하나님의 아들께서 하늘로서 오실 것이고, 그들은 바울이 그들 가운데 들어간 일의 열매로서 그리스도를 기다리고 있었으며, 그것이 바울의 기쁨이었다. 그들은 그들이 혼돈을 일으킨 일로 인해서, 사도 바울이 그것을 바로 잡고자 두 번째 서신을 써 보내었기 때문에, 이로써 확실한 결론을 얻게 되었다. 어쨌든 그들이 그리스도의 재림을 즉각적인 일로 여기고, 항상 깨어 기다리는 일은 옳았다. 바울은 자신의 생애 동안 주님이 오실 것을 기대하며, 더욱 힘써 기다렸다. 그래서 바울은 그들에게 "우리 살아 남아 있는 자"(살전 4:15)를 언급했다. 이 말은 한 무리의 사람들을 가리킨다. 그렇다. 바울 자신도 이 그룹의 사람들 가운데 있다고 생각했으며, 이 사람들과 함께 주님의 오심을 기다리고 있었다.[115]

Chapter 8

 교회의 황폐화

    J.N. 다비는 그리스도의 몸은, 이 몸이 형성되었던 오순절 때와 마찬가지로 매 순간 지상에서 온전하다는 사실을 이해했다. 이렇게 항상 온전하다는 사실을 보여주는 성경의 구절 중 하나가 바로 한 지체가 고통을 받으면 모든 지체가 함께 고통을 받는다는 구절이다(고전 12:26). 주님과 함께 있는 성도들은 고통을 받지 않는다. 이 고통은 땅에 있는 몸이 하늘에 있는 머리의 뜻을 수행할 때 받는 것이다. 그렇다고 해서 전에 땅에서 몸 안에 있던 성도들이 더 이상 몸에 속한 지체가 아니라는 뜻은 아니다. 그들은 다만 여기 땅에 있는 몸의 활동에 참여하거나 고통을 더 이상 받지 않을 뿐이다. 그리스도께서 장차 영광 가운데 나타나실 때, 그 때는 모두가 하나의 몸으로서 그리스도와 하나 되어 그리스도와 함께 나타나게 될 것이다.

    하나님의 뜻은 몸이 여기 이 땅에서 하나됨을 나타내는 것이다. 그리스도의 능력이 언젠가 그 하나됨을 드러내겠지만, 몸은 여기서 그리스도의 거룩한 뜻을 표현하기 위해 여기에 있는 것이다. 성령의 하나 되게 하신 것을 지키는 일은 망가진 상태에 있다(엡 4:3). 성령의 하나 되게 하신 것을 지킨다는 것은 성령께서 하나 되게 하신 그 하나됨을 실제적으로 표현한다는 뜻이다. 물론 이러한 하나됨의 실제가 망가진 상태에 있다고 해서 그리스도인이 성령께서 그리스도와 한 몸의 다른 지체들을 하나 되게 하신 그 실제적인 하나됨에서 단절되어 있는 것은 아니다.

더욱이 성령께서 이 하나 되게 하신 것, 즉 한 몸에 속한 지체됨의 실제적인 나타남은 악에서 분리되어 주님에게로 모일 때에만 바르게 표현될 수 있다. 교회의 하나됨은 사도 시대 끝에, 사도들이 모두 떠나가기 전에 파괴되었다. (이에 대한 사례는 디모데후서와 베드로후서를 보라.) 요한계시록을 기록한 것은 이러한 교회의 황폐화를 전제로 해서 기록되었다. 왜냐하면 예언의 말씀은 항상 실패를 전제로 하기 때문이다. 하나님이 처음 교회를 설립하셨을 때, 하나님의 목적 속에 있는 교회가 황폐화될 순 없다. 하늘에 있는 머리와 땅에 있는 성도들이 하나의 몸을 이루고 또 서로 지체가 되었다는 교회에 대한 성령의 증거가 인간의 손에 들어갔고, 그 결과로 황폐화된 것이다.

JND는 초기에 보았던 다른 진리들과 더불어, 교회가 회복될 수 없을 정도로 폐허상태가 되었다는 것을 깨달았지만, 하나님은 그의 영혼 앞에 모든 것을 다 아시는 하나님의 예지로서 교회가 몰락하기 이전에 예비하셨던 것을 보여주셨다. B.W. 뉴턴은 교회의 몰락에 대해서 JND가 1827년에 썼던 글에 대해서 언급했다. JND는 다음과 같이 썼다.

> 나를 둘러싼 모든 것이 폐허상태에 있음을 발견했을 때, 내 마음에 위로가 되었던 것이 있었는데, 그것은 두 세 사람이 그리스도의 이름으로 함께 모이는 곳에,[116) 그리스도께서 그곳에 계신다는 것이었다(마 18:20).[117)

이 때가 1827년이었다. 교회의 황폐화를 의식하게 된 일은 그의 영혼에 큰 짐이 되었고, 그 이후에 교회의 황폐화란 교리가 더 명확해지게 되었다.[118)

교회의 황폐화는 사도 시대의 끝에 일어났다.[119)

물론 많은 그리스도인들은 교회의 몰락, 혹은 교회의 황폐화란 개념을 반대한다.[120) 어쩌면 우리는 교회의 황폐화가 사실이라면, 특히 사도들이 여전히 살아있는 동안에 발생한 것이라면, 그로 인해서 발생하는 결과들을 직면하고 싶지 않다고 느낄 수가 있다.

교회의 황폐화를 주제로 한 JND의 중요한 글에는 다음과 같은 것들이 있다. "교회의 폐허상태에서 그리스도인은 어떻게 해야 하는가"[121), 교회들의 형성이란 주제 아래 다룬 "현재 세대의 황폐화에 대해서"[122), 교회 원리들에 대한 소고(小考)라는 주제 아래 다룬 "교회 황폐화에 대해서"[123) 등이 있다. 또 다른 중요한 글은 "교회는 무엇이며 또한 어떤 의미에서 지금 황폐화 상태에 있는 것인가?"이다.* 그리고 그가 에베소서를 다루면서 동일한 주제의 글을 다음과 같이 설명하고 있는 것을 볼 수 있다.[124]

> 사랑하는 많은 형제들은 "교회의 황폐화"란 표현에 대해서 우려를 표했다. 이제 나는 이 점을 상당히 많이 이해하게 되었고, 혹 교회가 실패할 수 있는 것인가에 대한 그들의 경계심에 대해서 불평하고픈 마음이 없다. 왜냐하면 하나님의 측면에선 교회가 황폐화되는 것은 불가능하기 때문이다. 그러나 어떤 사람의 마음 속엔 하나님의 목적과 사람의 책임 아래 있는 현재 세대 사이의 관계를 혼동하기 때문에 이런 혼돈을 겪고 있다. 교회의 황폐화에 대해서 말할 때, 우리는 여기 세상에서 교회의 책임 즉 땅에서 하나됨 가운데 거하면서 그리스도의 영광을 교회가 나타내야 하는 책임의 실패를 말할 뿐이다. 우리는 우리가 책임의 자리에 있다는 사실을 상기해야 하며, 그 자리에 머물면서 최선을 다해야 한다. 만일 그 점에 있어서 영적으로 실패한다면 그것은 정말로 재앙이 아닐 수 없다! 황폐화 상태에 있는 교회에 대해서 생각해볼 수 있는 두 가지 생각이 있다. 어떤 형제들의 마음 속에 있는 생각은, 우리가 이런 개념을 소개함으로써 하나님의 목적을 방해하려는 의도를 가지고 있다는 것인데, 하나님의 목적을 방해하는 일은 결코 있을 수 없다. 황폐화 상태에 있는 교회의 개념을 받아들인다면 혹시라도 교회를 세우신 하나님의 목적에 무슨 나쁜 영향을 끼칠지도 모른다는 경계심이 있는데, 나는 이런 우려를 존중하긴 하지만, 그렇다고 해서 이것을 철회할 생각은 없다.

---

* 이 주제에 대해서 자세히 알고 싶다면, 형제들의집에서 발행된 존 넬슨 다비의 교회의 황폐화란 무엇인가를 참고하라.

하나님의 최종적인 목적과 연결된 교회는 황폐화될 수 없지만, 실제적인 현재 상태와 지상에서 하나님을 위한 간증과 연결된 교회는 현재 황폐화 상태에 있다. 이에 대한 다른 사람의 생각을 소개하자면 이렇다. "글쎄요. 현재 교회가 황폐화 상태에 있다면 그렇겠지요. 우리는 그 상태에 있고, 그 상태에 머물러 있을 수밖에 없겠지요. 그래도 우리는 최종적으로 구원을 받았습니다. 그렇다면 그게 무슨 상관이죠. 우리는 교회의 현재 상태에 대해서 생각할 필요도 없고, 장차 올 진노로부터 구원받았다는 확신을 가진 것으로 충분히 만족합니다." 이처럼 무기력하고 손을 늘어뜨리게 하는 말, 곧 모든 영적 에너지를 고갈시키는 말투는 교회가 하나님의 목전에서 무엇인지에 대한 바른 이해의 결핍에서 나오는 것이다. 실제적으로 많은 성도들은 자신들이 폐허 상태에 있는 것을 알고도 거기에 남아있어야 한다고 생각한다. 그러한 생각을 하는 것은 매우 위험하다. 왜냐하면 그것은 하나님의 능력을 부정하는 것이 되기 때문이다. 불신의 마음이 가득한 사람들은 교회 황폐화란 생각이 오히려 우리를 낙심시킨다고 말한다. 하지만 나는 그 때문에 낙심에 빠진다고 보지는 않는다. 왜냐하면 나는 주님의 은혜와 능력이 교회의 필요를 충족시키기에 충분하며, 언제나 변함없이 그러하다고 믿기 때문이다. "교회의 황폐화"란 표현이, 교회에 복을 주시는 성령의 역사에 대한 것임에도 영혼을 낙심시킨다는 것은 매우 슬픈 일이 아닐 수 없다. 내가 언급해온 내용들은 충분히 입증할 수 있다. 왜냐하면 교회에 대한 하나님의 목적을 전도시킬 정도로 교회가 전적으로 황폐화되는 일은 가능하지 않을뿐더러, 실제적으로 황폐화가 일어난 곳일지라도 주님의 능력을 무력화시키는 일은 불가능하기 때문이다. 그럼에도 하나님의 역사는 교회의 상태와 별도로 작용하는 것이 아니라, 교회가 처한 상태에 비례해서 작용하는 법이다. 우리는 다 연약함을 가지고 있고, 거기로부터 영향을 받는다. 심지어 진리를 가지고 있다고 말하는 곳에서 조차도, 많고 적음의 차이만 있을 뿐 연약은 다 있기 마련이다. 사람은 슬픈 상태에 처해 있으며, 그 상태를 치유하는 그리스도의 능력을 체험하지 못한다면 낙심 상태에서 벗어날 도리가 없다. 물론 하나님의 목적은 실패하지 않을 것이다. 그러므로 교회가 하나님의 목적 가운데 서있는 한, 교회가 실패할 수 있다는 것은 사실일 수 없다.

따라서 우리에게 필요한 것은 교회가 구원받을 것이란 추상적인 개념이 아니라, 현재 상황을 극복하게 해줄 수 있는 하나님의 자원들을 어떻게 끌어올 수 있는가에 대한 매우 실제적이고 현실적인 믿음인 것이다. 만일 그리스도인이 나쁜 상태에 있다면, 나는 그저 그 상태를 무시하고 그리스도를 바라보는 일은 하지 않을 것이다. 왜냐하면 그렇게 한다 해도 나는 여전히 고통스러운 상태에 있을 것이기 때문이다. 하지만 만일 나에게 바른 믿음과 확신이 있다면, 나의 영혼은 안식을 누릴 수 있다. 왜냐하면 나는 주님이 거룩의 능력으로 일하실 것이며 또한 모든 것을 바로잡으실 것을 알기 때문이다. 실패를 보기 때문에 낙심에 빠지는 것은 주님이 교회를 돌보신다는 믿음이 없는 것이며, 이런 상태는 매우 위험한 상태에 빠진 것이다. 그럼에도 나는 주님이 교회의 현재 상태에 따라서 복을 가져오실 것이라고 말하고 싶다. 하지만 그저 막연히 우리가 믿음의 길에서 복을 구하기만 한다면, 교회는 확실히 하나님의 은혜의 목적을 따라서 전진해갈 것이라고 말해서는 안된다. 그런 말은 사람들의 무관심을 방조하는 것일 뿐이다. 오히려 우리는 그리스도를 영화롭게 하는 복이 교회에 임하도록 하나님의 현재적인 능력을 갈구해야 한다. 하나님은 항상 교회의 상태에 관심을 가지고 계신다. 따라서 만일 우리가 복을 간절히 열망한다면, 오늘날 엄청난 영적 하락과 실패의 시대에서도 하늘의 신령한 복을 얼마든지 누릴 수 있다. 왜냐하면 하나님은 진정 자신의 교회가 영광스럽게 되길 바라시며, 또한 살아있는 믿음 또는 생생한 믿음을 가진 사람은 그 필요를 볼 뿐만 아니라 그 필요에 대한 주님의 생각과 마음까지 보고 또 주님의 현재적인 사랑을 의지하기 때문이다. 그리스도의 영을 소유한 자로서 나는 그리스도인이 그리스도 안에서 안전하다는 생각만으로는 만족할 수 없을뿐더러, 그저 영혼의 쉼을 누릴 순 없다고 본다. 물론 교회는 구원받을 것이며, 교회에 속한 모든 지체들도 마찬가지다. 하지만, 만일 진정으로 나 자신이 그리스도의 마음을 가지고 있다면, 성령의 능력으로 인해서 성도 개인에게서 그리스도와의 생생한 관계가 나타나고 있는 것을 보지 못한다면 나는 만족할 수가 없을 것이다. 이것은 하나님의 교회도 마찬가지이다. 만일 나의 믿음이 작동하고 있고, 성도 개인이건 교회이건 간에, 그리스도와의 관계가 현재적인 것으로 나타나고 있는 것을 볼 수 없다면, 나의 영혼은 결코 만족한 상태에 있을 수가 없다.

이러한 황폐화의 한 가운데서, JND가 말한 것처럼, 그리스도의 이름으로 함께 모인 사람들만 하나님의 교회인 것인가? 물론 그렇지 않다. 그런 사람들은 교회의 일부로서 함께 모일 뿐이다. 그렇게 모인 일단의 사람들은 성경적으로 유일한 하나님의 교회(the church of God)라고 부를 순 없다.

우선적으로 한 가지 말할 수 있는 것은, 소위 "플리머스 형제단" 교회들은 특정 지역에 있는 교회를 "하나님의 교회(the church of God)" 또는 "모임(assembly)"으로 부르기는커녕, 오히려 그런 이름을 사용하는 것을 공식적으로 반대해왔다. 이런 식으로 자신들만이 하나님의 교회라는 주장은 전혀 진리적인 요소가 없기 때문에, 우리 형제들은 로챗 무리(Rochat flock)에 가담하지 않았다. 나는 그들이 자신들만 하나님의 교회의 참된 원칙 위에 서있다고 믿고 있었음을 의심하지 않는다. 그들이 교회가 황폐화 상태에 있다고 믿으면서도 어느 한 지역에서 자신들만 하나님의 교회인척 하는 것은 완전한 거짓에 불과할 뿐이다. 만일 어떤 지역에 있는 모든 그리스도인들이 (명령에 따라) 한 곳에 모여 하나의 지역 교회를 형성한다 해도, 나는 거기에 하나님의 교회란 이름을 부여하지 않을 것이다. 왜냐하면 총체적인 교회(universal church)가 모인 것이 아니기 때문이다. 그리고 나는 독립 교회(independent churches)란 개념도 믿지 않는다. 나는 그 지역 전체를 대표한다는 의미에서 지역 교회들의 존재를 믿고 있지만, 지금 우리는 성경 시대와는 너무 멀리 떨어져 있다. 그렇다면 초기 형제단의 형제들이 교회의 총체적인 황폐화 상태를 깨달았을 때 교회로 모이는 원칙이 무엇이었느냐를 묻거나 또는 묻고 싶은 사람들에게 하고 싶은 말은, 하나님께서 마태복음 18장 20절을 주셨다고 말해주고 싶다. 하나님의 교회인척 하는 것은, 형제단에 속한 형제들에 의해서 항상 거절을 당했다. 하나님의 뜻을 받들어 예수님 인격이나 예수님의 이름으로 모이는 모든 모임은 하나님의 교회다. 그러나 어느 한 지역에서 그렇게 모인 교회가 하나님의 교회가 되느냐의 문제일 때는 말씀을 바르게 분별하게 되면 그렇지 않을 뿐만 아니라 총체적인 교회의 상태를 고려해볼 때에도 그럴 수 없다. 어쩌면o) 신약성경의 교회의 원리에 따라서 함께 모일 수

---

o. 여기서 주어는 it이다. JND는 지상에서 몸의 하나됨을 토대로, 그리스도의 이름만으로 모이는 사람들로 이루어진 교회의 경우를 설명하고 있다.

있고, 약속된 복을 누릴 수도 있으며, 그 지역의 교회 원리에 따라서 모이는 유일한 교회일 수 있으며, 또한 마태복음 18장 20절의 원칙을 따라서 그리스도의 이름으로만 모이는 교회로서, 거기에 엄청난 의미를 부여할 수도 있을 것이다. (그리고 진정 순종하고 충성스럽기를 바란다면, 사실 그 점을 매우 중요하게 여겨야 한다.) 하지만 이런 것은 다만 교회가 성별된 길을 걸어가면서, 하나님의 신실하심과 교회의 행보를 위해서 하나님이 정하신 원칙과 교회가 마땅히 유지해야 하는 참된 상태에 대해서 증언하는 일을 하는, 하나님의 증인일 뿐이다. 이 경우라면 교회는 하나님의 증인이 될 것이다. 교회는 확실히 증인이 되어야 한다.[125]

한편 땅에서 사람의 책임에 맡겨진 교회는 단순히 입술만의 신앙고백자들을 모두 받아들였다. 그러한 입술만의 신앙고백자들은 그리스도와 하나됨을 이루고 있지 않음에도 불구하고, 그들은 세례(또는 침례)를 받고 또 입술의 신앙고백을 통해서 기독교의 특권과 책임의 영역으로 들어오게 되었다(로마서 11장과 비교해보라).

나는 이방인들이 그리스도와의 하나됨 속으로 들어가진 않을지라도 그들이 교회 안에 들어옴으로써 누릴 수 있는 특권이 있었다고 분별한다. 마치 생명이 없는 유대인들이 이스라엘 안에 있음으로써 나름 이스라엘의 특권을 누렸던 것과 같다. 고린도전서 10장을 보라. 이러한 특권을 누렸던 사람들은 아무래도 이러한 특권을 많이 누리지 못한 사람들보다 많이 맞게 될 것이다. 반면 이러한 특권을 소유한 일이 없었던 사람들은 적게 맞을 것이다(눅 12:47,48을 보라). 집의 모든 소유를 맡은 종이 되는 것과 달란트를 받은 것은 분명 하나의 특권이었지만, 그러한 사람들 또는 그러한 계급의 사람들이 생명 안에서 그리스도와 하나가 된 것은 아닐 수 있다. 돌밭에 씨를 뿌리는 일은 하나의 특권이긴 했지만, 뿌리가 없기에 말라 버렸고, 생명의 연합도 일어나지 않았다. …

하나님의 말씀은 현재의 세대에 대하여 세 가지를 말한다.p) 첫째, 이 세대의 존재와 원리에 의해서 세상은 하나님과의 새로운 관계에 들어가게 되었다. 이방인들은 더 이상 "자녀들(the children)"과는 대조적인 개념의 "개들(dogs)"로 취급받지 않게 되었다. 지금은 우선적으로는 유대인들과 이방인들에게 구원의 때다. 구원이 이방인들에게 주어졌다. 유대인들의 넘어짐 덕분에 세상과 하나님 사이의 화해가 가능해질 수 있었다. 만일 교회가 이 은혜를 가련한 세상을 위해 사용하는 데 충성스럽지 않는다면, 교회는 더욱 더 나쁜 것이다.

둘째, 부르심을 받고 침례를 받은 모든 사람은 주님과의 직접적인 관계 속으로 들어가게 되고, 일반적으로 기독교의 특권에 대한 책임 속에 놓이게 된다(로마서 11장을 읽어보라). 이런 기독교적 특권을 실제적으로 누렸던 사람들이 사탄에게 자유를 내어 주어 타락하게 되거나, 또는 이미 타락의 길을 걷고 있기 때문에 다른 것들이 들어올 수 있게 되었다면, 그들에게 훨씬 더 나쁜 것들이 그들 속에 자리를 잡게 되었을 것이다. 그런 것이 기독교계의 모습이다.

셋째, 그리스도의 몸이 있다. 그리스도의 몸이란 그리스도와

---

p) 그는 여기서 세대라는 단어를, 전통적인 방식으로 자주 사용하고 있다.

연합을 이룬 사람들의 모임이며, 그리스도의 생명에 참여하고 있고 또한 그들이 이 세상의 광야 길을 걷는 동안 마주하게 될 모든 장애에도 불구하고 구원받게 될 사람들이다.[126]

유다서, 베드로후서, 디모데후서, 그리고 요한계시록 2장과 3장은 교회의 황폐화가 얼마나 일찍 들어오게 되었는지를 보여준다. 요한일서는 이렇게 변화된 시기를 "마지막 때(the last hour)"라고 언급했다(요일 2:18). 그러나 여기서 이렇게 표현한 목적은 단지 이러한 변화가 시작되었음을 나타내기 위한 것일 뿐, 이 주제를 다루려는 것은 아니었다. 주님께서 장차 자신의 시간에 자기 사람들을 자신에게로 영접하신 후에, 적그리스도가 나타나게 될 것이고 또한 유대인들의 배교와 기독교계의 배도를 일으킬 것이다. 불법의 비밀이 사도 바울의 시대에 이미 활동하기 시작했기에(살후 2장), 사도 바울은 기독교계 안에서 이렇게 악이 조직화되는 것을 교회가 큰 집 상태가 되는 것으로 비유했다(딤후 2장). 이것은 배교로 발전되어갈 것이고, 이런 전개는 교회의 타락과 황폐화의 결과인 것이다. 예언이 필요한 이유는 실패 때문이다. 그러므로 신약성경 가운데 위대한 예언서인 요한계시록이 주어진 것은 신적인 증거의 그릇으로서 교회의 실패와 몰락에 대한 증거인 것이다. 이러한 것들이 JND가 가르쳤던 진리들과 원칙들이었다.

Chapter 9

천년왕국

주님의 오심과 그에 따른 경륜의 변화

JND가 1826년 12월부터 1827년 1월까지 사역을 내려놓고 요양하던 시간 동안 그는 하나님의 말씀으로부터 그리스도의 재림이 언제든지 즉각적으로 이루어질 수 있음과 이후에 세대의 변화가 일어나게 될 것을 볼 수 있었다.

주님의 오심은 말씀을 통해서 나의 마음에 새롭게 들어오게 된 또 다른 진리였다. 만일 내가 그리스도 안에서 지금 천상 세계에 앉아 있다면, 주님의 오심을 기다리는 일은 즐거운 일이며, 주님이 오시면 나는 그리스도와 함께 천상세계에 앉게 될 것이다. 이사야서 32장은 동일한 진리를 지상적인 측면에서 볼 수 있게 해주었다. 지금은 다른 구절들이 더 충격적인 방식으로 주의 오심의 두 가지 측면을 열어주었지만, 어쨌든 초기에 이사야서 32장은 나에겐 매우 중요한 말씀이었다. 나는 이사야서 32장에서 세대의 분명한 전환을 보았다. 장차 성령께서 유대 민족에게 쏟아 부어질 것이고, 새로운 세대에서 한 왕이 공의로 통치하게 될 것이다.[127]

때가 찬 경륜

천년왕국은 현재 땅에 대한 하나님의 섭리의 마지막 단계다. 에베소서 1장 9-10절에서 말하는 **때가 찬 경륜**이란 이 **천년왕국**을 가리킨다.[128] 이와 대조적으로 새 하늘과 새 땅이 창조될 때에는 "더 이상 남은 시대가 없을 것"이다. 이러한 그리스도에 의한 경륜에 의해서 사탄이 잡힐 것이고[129] 또한 심판이 즉시 집행될 것이다.[130] 의와 심판이 그 시기의 특징을 이루게 될 것이다.[131] 이는 약속의 성취다.[132]

천년왕국 기간 땅에서 부르심을 받는 성도들

JND는 지금 성도들의 부르심과 천년왕국 기간 동안 성도들의 부르심에는 엄청난 차이점이 있음을 설명했다. JND는 모든 세대의 구원 방법은 단 한 가지밖에 없다고 가르쳤음을 마음에 새겨야 한다. 즉 은혜가 모든 *세대에서 사람들을 구원하는 하나님의 방법이다.*[133]

그렇지만 천년왕국 기간 동안 성도들의 부르심과 지금 이 땅에서 성도들의 부르심은 상당한 차이점이 있다. 왜냐하면 천년왕국의 세대에서 땅에 있는 성도들은 심판의 세대를 살아갈 것이기 때문이다. 어떤 의미에선 유대인들에게 은혜의 세대가 될 것인데, 에덴동산에서도 마찬가지였다. 죄인들에 대한 섭리에 있어서 은혜 아니면 방법이 없었다. 하지만 유대인들에 대한 경륜은 은혜가 아니라, 율법이었다. 율법은 행위의 법이지만, 은혜는 그렇지 않다.

영혼이 하나님과 함께 설 수 있는 원리를 떠날 수는 없지만 특별한 시대의 경륜은 또 다른 문제다. 교회의 경륜은 그 자체로 심판의 특징이 있다. 즉 교회는 내적인 거룩성에 의해서(by internal sanctity) 세상으로부터 분리되어 나온 사람들로 구성된다. 교회의 외형적인 형태 속으로 사람이 들어갈 순 있지만, 교회는 본질적으로 세상에서 성별된 사람들의 모임이다. 그렇지 않은 순간 교회는 더 이상 교회가 아닌 것이 된다. 교회는 하나님이 세상 밖으로 불러내신 사람들로 구성되어 있다. 천년왕국 시대엔 그렇지 않을 것이다. 왜냐하면 주 예수님께서는 그 시대엔 또 다른 원칙으로 세상을 다스리실 것이기 때문이다. 사탄이 다시 풀려날 때까지 누가 세상에 속한 사람인지 아닌지를 구분할 필요가 없을 것이지만, 교회의 성격은 전혀 다르다.

사람들이 보이지 않는 교회, 즉 비가시적인 교회에 대해 말할 때, 그것은 단지 배도의 현장일 뿐이다. 왜냐하면 주님은 교회에 대해 "너희는 세상의 빛이라"(마 5:14)고 말씀하셨기 때문이다. 그럴진대 보이지 않는 빛이 무슨 소용이 있겠는가? "누구든지 등불을 켜서 움 속에나 말 아래에 두지 아니하고 등경 위에 두는"(눅 11:33) 법이다. 내가 개인들로서 보이지 않는 성도들이 없다고 말하는 것은 아니지만, "비가시적인 교회"라는 용어는 나에겐 배도 외에 다른 개념이 있다고 생각되지 않는다. 만일 교회가 주님이 정하신 자리, 즉 세상의 빛이란 자리에 있지 않다면 더 이상 교회일 수 없기 때문이다. 세상이 사탄의 지배 아래 있는 동안, 교회는 성별되고, 하나된 몸으로 나타나야 한다. … 주님은 지상에 흩어져 있는 하나님의 자녀들을 하나로 모으고자 자신을 내어주셨다. 이러한 하나됨은 오직 성령의 능력과 에너지를 통해서만 유지될 수 있다. 성령께서 근심하시는 곳이라면 그곳이 어디든 교회는 보내심을 받은 세상에서 (물론 교회를 향한 하나님의 목적은 변경될 수 없지만) 하나님의 목적을 이룰 수 없다. 그러면 교회는 하나가 아니고 또한 세상은 아버지께서 예수님을 보내신 것을 믿지 않게 된다. 교회는 장차 교회에 주신 영광 가운데서 나타나게 될 것이며, 그들의 하나됨에 의해서 세상은 아버지께서 예수님을 사랑하신 것처럼 그들도 사랑하셨다는 것을 알게 될 것이다. 이 일은 천년왕국 시대에 온 세상에 알려지게 될 것이다. 그 때에는 지금처럼 성령께서 은밀히 일하시는 것이 아니라, 그리스도께서 공의로 세상을 통치하시는 영광스러운 시대에서 광명한 가운데 공개적으로 일하시게 될 것이다.

지금 성도들의 시대적인 의무는 비밀스러운 그리스도와의 연합을 통해서 악에 굳게 맞서고, 이로써 그리스도와 함께 고난을 당하고 또 은혜를 맛보는 것이다. 그리스도와의 사귐 속에 거하면서, 곧 "너희 믿음의 시련"을 통과하게 될 때 모든 훌륭한 성품과 자질들이 나오게 된다. 흙으로 만든 그릇이 용광로 속에 들어가고, 거기서 나올 때, 그 그릇은 주인의 용도에 쓰임새 있는 그릇이 되어 빛을 발하게 된다. 천년왕국 시대에 우리는 아버지의 나라에서 해처럼 빛나게 될 것이며, 인자께서 다스리실 것이다. 하나님과의 사귐을 누리려면 항상 새로운 본성이 필요하다. 하나님에게서 제대로 가르침을 받은 사람은 자신의 옛 본성이 나쁘다는 것을 알고 있으며, "내 속 곧 내 육신에

선한 것이 거하지 아니하는 줄을" 경험을 통해서 배우게 된다. 내가 믿기론, 이 원리에 대한 지식을 유대인 신자들은 가지고 있었으며, 신자들은 세대와는 상관없이 새 본성을 가지고 있었다. 만일 "내 속사람으로는 하나님의 법을 즐거워하되"라고 말할 수 있는 사람이라면, 그는 새 본성을 가지고 있고 또한 사도 바울이 말한 대로 그리스도의 영을 가지고 있다. 물론 이 현재 세대를 벗어나게 되면 그리스도의 영을 받는 일은 가능하지 않다. 천년왕국 시대에는 거듭난 사람이 되면 새로운 피조물이 되는 것이 아니라, 사실 창조세계 자체가 새롭게 될 것이다. 그 때에는 사탄이 우리의 정욕을 부추겨 타락시키는 일을 하지 못하게 될 것이다. 지금은 전체 피조세계가 허무한데 굴복하고 있지만, 그 때에는 그렇지 않을 것이다. 사람은 여전히 자기 속에 본성을 가지고 있을 것이지만, 전체 피조세계는 실제로 허무한데 굴복하지는 않을 것이다. 우리는 사실 자기 속에 자기 의가 있고 또 그에 따라 말하고 행동하기 때문에 허무한데 굴복하게 되며 또한 그로 인해서 사탄의 지배를 받고 있다. 하나님의 허락을 받은 후에, 사탄은 욥의 집에 큰 태풍을 일으켰다. 주님이 마지막 아담으로 오셨기에, 성도는 현재 허무한데 굴복하는 모든 것에서 벗어날 수 있게 되었다. 사탄은 사로잡히게 될 것이기에, 그런 상황은 종결되었다.

우리의 타락한 본성과 정욕을 통해 피조물은 전적으로 사탄의 능력 아래 놓이게 되었다. 사탄은 사람이 허락한 이상의 일을 할 수는 없다. 사람은 더 많은 복을 받을수록, 더 많은 복을 점차적으로 소유하게 되고, 더 많이 하나님을 기뻐할 수 있다. 내가 믿기론, 그 때에 사람들은 지금 우리가 거의 생각지도 못한 자연적인 행복을 누리게 될 것이다. 하나님은 해 아래에 있는 모든 것을 헛된 것으로 말씀하셨는데, 이는 그런 것들이 우리를 지금 하나님에게서 멀어지게 하는 일을 하기 때문이다. 그러므로 세상적인 것을 기뻐하는 마음은 지금은 억제되어야 한다. 비록 우리는 다른 희망들을 통해서 자유를 누리고 있긴 하지만, 마치 사람을 살인한 사람의 안전이 도피성 안에 있을 때 보장되는 것과 같이 여겨야 한다. 이 점에서 땅 위의 성도들과 우리의 지위 사이에는 큰 차이가 있게 될 것이다. 그들의 마음의 정서는 그들을 둘러싼 모든 것에 흐르게 될 것이다. 땅 위의 성도들의 행복은 그리스도를 통해서 기쁨과 축복의 충만함을 다른 사람들에게 나누어 주는 것에 있게 될 것이다. 그들의 기쁨은 단지 복을 받는 수령자로서 복을 받는데 그치는 것이 아니라 복을 나누어 주는 자의 마음과 기쁨을 가지는 것에 있게 될 것이다. 통치의 참여자로서 그들은 축복을 나누어주는 사역자가 될 것이다. 그 때 "그들이 건축한 데에 타인이 살지 아니할 것이며 그들이 심은 것을 타인이 먹지 아니하리니 이는 내 백성의 수한이 나무의 수한과 같겠고 내가 택한 자가 그 손으로 일한 것을 길이 누릴 것이라"(사 65:22)는 약속이 이루어지게 될 것이다.

지금처럼 "한 사람이 심고 다른 사람이 거둔다"(요 4:37)라는 말이 그 때에는 통하지 않게 될 것이다. 사람들은 장차 육신에 대한 경계심을 갖고 유혹에 저항하는 일이 없을 뿐만 아니라, 그리스도께서 온 세상을 다스리실 것이기에 사람들은 세상에 있는 모든 것을 합법적으로 누리게 될 것이다. 유혹이 오게 되면, 그 때에도 믿음이 없는 사람들은 넘어지게 될 것이다. 위선자는 하나님이 주시는 복을 누릴 수 없으며, 유혹은 그 속에 있는 악을 끌어내기 위해 있으며, 사람들은 대개 자기 속에 악이 있는지 잘 모른 채 지낼 수 있다. "말씀을 듣고 즉시 기쁨으로 받는" 사람은 위선자는 아니지만, 시련이 오게 되면 "그 속에

뿌리가 없기" 때문에 곧 넘어지게 된다.[134]

통치와 부르심

우리는 앞서 노아와 이스라엘의 경우를 통해서, 하나님의 통치를 보여주는 것만이 엄격하게 말해서 세대 또는 경륜의 본질이라는 점을 살펴보았다. 아브라함과 함께 부르심의 원리가 도입되었다. 이스라엘을 통해서 통치와 부르심이 결합되었다. 그래서 노아의 경우와 모세의 경우엔 경륜의 도입이 있었다. 교회는 부르심을 가지고 있지만, 땅에서 하나님의 통치를 보여주거나 또는 진행시키는 것은 아니다. 그러나 장차 천년왕국이 권능과 심판에 의해서 설립될 것이다. 그리고 그 때에,

…그리스도께서 왕으로서 귀환하실 것이며, 그의 아버지 다윗의 보좌에 앉으실 것이다. 그리스도는 왕의 자리에 앉은 제사장이 되실 것이며(슥 6:13절), "이스라엘 자손들이 많은 날 동안 왕도 없고 지도자도 없고 제사도 없고 주상도 없고 에봇도 없고 드라빔도 없이 지내다가 그 후에 이스라엘 자손이 돌아와서 그들의 하나님 여호와와 그들의 왕 다윗을 찾고 마지막 날에는 여호와를 경외하므로 여호와와 그의 은총으로 나아가리라"(호 3:4,5)는 약속을 이루실 것이다. 그 때에 통치와 부르심의 원칙은 그리스도의 통치 하에 결합될 것이며, 또한 "여호와께서 천하의 왕이 되시리니 그 날에는 여호와께서 홀로 한 분이실 것이요 그의 이름이 홀로 하나이실 것이라."(슥 14:9) 어쨌든 예루살렘은 다시 건설될 것이며 안전하게 거주할 수 있는 도시가 될 것이다. 하나님은 말씀하시기를 "이는 내 백성이라 할 것이요 그들은 말하기를 여호와는 내 하나님이시라 하리

라."(슥 13,14장을 보라)¹³⁵⁾

한편 그리스도인은 전혀 다른 입장에 있다. 베드로전서 주석에서 JND는 다음과 같이 말했다.

> 여기서 살펴볼 것은, 의를 인하여 고난을 받는 것은 하나님의 통치와 심판과 연결되어 있다는 점이다(벧전 2:19, 3:17). 원칙은 이렇다. 그들은 세상과 이스라엘 민족이 거절한 구주를 영접했고 또 그분의 길을 따르고 있다. 그들은 세상에 만연되어 있는 썩어짐의 종노릇하는데서 떠나 순례자와 나그네로서, 그분이 의를 행하시면서 걸어가신 거룩한 발자취를 따르고 있다. 평안을 누리면서 선을 행하며 걸어가는 그들은 다른 사람들의 공격을 감내하고 있다. 높은 곳에서 모든 것을 지켜보시는 하나님의 눈은 의인들을 향하고 있다. 그럼에도 불구하고 일상적인 삶의 관계 속에서(벧전 2:18) 또는 여러 종류의 사람들과의 얽히고설킨 인간관계 속에서 고통을 겪을 수도 있고 아니면 노골적인 불의를 감수해야 할 수도 있다. 아직 하나님의 심판의 시간은 오지 않았다. 그리스도는 하늘에 계신다. 그분은 땅에서 거절당하셨고, 그리스도인의 몫은 그런 그분을 따르는 것이다. 하나님의 통치가 발현되는 시기는 그리스도께서 심판을 시행하시는 때가 될 것이다. 그리스도께서 땅에서 행하셨던 행실은 심판의 하나님이 인정하시는 삶의 패턴이 되었다(벧전 2:21-23, 4:1 이하).

신자들은 선을 행하고, 그것을 위해 고통을 당하면서 인내해야 한다. 이런 것이 하나님을 기쁘시게 하는 것이다. 이런 것이 그리스도께서 하신 일이다. 선을 행함으로 고난 받는 것을 하나님이 좋게 보실진대, 이는 악을 행함으로 고난 받는 것보다 더 좋은 일이다. 그리스도는 우리가 지은 죄들을 대신 지셨고, 우리 죄들 때문에 고난을 받으셨으며, 의인으로서 불의한 자를 대신하셨다. 이는 우리로 죄들에 대하여 죽고 의를 위하여 살게 하려는 것이었으며(벧전 2:24), 우리를 하나님 앞으로 인도하려는 것이었다. 그리스도는 지금 높은 곳에 계신다. 그리스도는 심판하실 준비가 되어 있다. 심판이 올 때에, 하나님의 통치 원리가 나타나게 될 것이며, 온 세상을 의로 가득하게 하실 것이다.136)

때가 찬 경륜과 관련된 하나님의 섭리 방식의 스케치

십자가에서 하나님을 영광스럽게 해드린 결과, 주 예수님은 몸의 머리가 되고자 높은 곳에 있는 하나님 보좌 우편 자리에 앉으셨다. 그 뿐만 아니라, 그리스도는 만물의 머리로 정해지신 분이시다.

천년왕국은 "영광의 세대"가 될 것이다.137) 하나님의 목적은 그리스도 안에서 자신을 영광스럽게 하는 것이며, 두 가지 영역 곧 땅의 영역과 하늘의 영역에서 하나님 자신의 영광이 나타나는 것이다(엡 1:10). 따라서 그 때에는 모든 것이 그리스도의 통치 아래 놓이게 될 것이다. 다음의 내용은 JND가 천년왕국에 대한 그의 생각을 설명한 것인데, 천년왕국의 시작과 영원한 상태에 대한 스케치가 소개되어 있다.

사람이신 그리스도께서 하나님의 계획에 따라서, 현존하는 모든 것의 머리이시며 또한 영광의 자리에 들어가셨다(시 8:3-7, 고전 15:25-27, 엡 1:20-23, 히 2:5-9). 골로새서 1장 15절과 비교해 보라. 완전하고도 충만함 가운데 들어가게 해주는 진리가 있다. 그리스도는 사람으로서, 하늘과 땅의 모든 것의 머리가 되셨다. 이 점에서 첫 아담은 마지막 아담의 모형에 불과했다. 동시에 첫 아담에게도 자신과 같은 돕는 배필이 있었다. 그리스도도 마찬가지다. 하와는 만물의 주인이었던 아담보다 열등한 피조물에 속한 존재가 아니었다. 하와는 만물의 주인은 아니었다. 그녀는 아담과 동일한 본성과 같은 영광 안에 있는 아담의 배우자이자 동반자였다. 그리스도께서 만물에 대한 지배권을 그의 손에 쥐실 때는 교회가 함께 하게 될 것이다. 에베소서 5장 25-27절과 이미 인용된 구절을 비교해 보라. 그러나 지금 그리스도는 하나님의 우편에 앉아 계시지만, 그분의 원수들은 아직 그에게 복종하지 않고 있다. 그리스도께서 장차 통치권을 행사하실 영역이 남아 있다. 천사들은 지금 그리스도에게 복종하고 있다(벧전 3:22). 에베소서 1장 10절과 비교해보라. 하지만 그리스도의 통치권은 땅에게까지 확장되어야만 한다.

이제 땅에 대한 통치권은 인간과 관련하여 세분되어 있다. 유대인들은 그리스도에게 복종하게 될 것이며, 이방인들도 마찬가지다. 유대인의 왕은 그리스도의 포기할 수 없는 직분이다. 그리스도는 또한 이방나라들을 다스리실 것이며, 이방인들도 그리스도를 믿게 될 것이다. 호흡이 있는 자마다 그리스도에게 복종하게 될 것이다. 모든 피조물도 그리스도의 통치를 열망하고 있다. 로마서 8장 20-22절을 읽어보라.

그렇다면 사람이신 그리스도께서는 만물을 자신에게 복종하게 하신 후에 왕국을 아버지께 바치실 것이며(고전 15:24-28), 그 때에 하나님은 만유 안에서 만유가 되실 것이다(God shall be all in all). 왕국을 바친다고 해서, 그리스도의 신성에 무슨 변화가 있는 것은 아니다. 그 때까지 사람은 인자이신 주님과 더불어 하나님의 경륜에 따라서 왕국을 소유하게 될 것이다. 이러한 중보자를 통한 통치 형태의 왕국도 끝이 있다. 그리스도는 하나님이시다. 그리스도는 공생애 당시에도 하나님이셨고, 온전히 겸비하신 하나님이셨다. 그리스도는 왕국의 영광 가운데서 통치하실 것이며, 사람으로서 왕국을 통치하실 것이다. 장차 사람으로서 하나님께 순종하게 될 때, 영원한 축복을 받은 사람들의 가족의 기쁨 속에서 또한 많은 형제들 가운데 장자로서 하나님께 온전히 복종하실 것이다.

이러한 복된 결과를 가져오고 또 그리스도의 중보자적인 영광을 밝히 드러내기로 정해진 하나님의 섭리와 관련하여 몇 가지 살펴볼 것이 있다.

구주께서 하나님의 우편에 앉아 계시는 동안, 하나님은 지상에서 성령의 역사와 사역을 통해서 교회를 모으는 일을 하신다. …

이렇게 교회를 모으고 또 그들을 하늘로 옮기는 일은 지상에 왕국을 세우는 일이 아니라, 그리스도와 함께 다스리는 일을 하게 될 공동 후사들(공동 상속자들)을 모으고 또 그들에게 그리스도와 함께 하는 영광의 자리를 줌으로써, 장차 지극히 높은 곳에서 땅을 다스리게 하려는 것이다. 이것은 지상에 왕국을 세우는 일보다 더욱 필요한 일이고, 복된 일이고, 영광스러운 일이긴 하지만, 후자는 전자가 이루어진 결과다. 사탄은 하늘에서 쫓겨나게 될 것이며, 다시는 하늘에 들어가지 못하게 될 것이다. 요한계시록 12장 12절, 16장 13,14절, 18장 13,14절, 19장 18절 등을 읽어보라. 그 후에 성도들은 그리스도와 함께 땅으로 돌아오게 될 것이며(계 19장, 골 3:4, 유 14, 슥 14:5), 원수의 힘은 이렇게 악에서 자유로워진 땅에서 파괴될 것이다. 사탄은 결박을 당하여 천년동안 무저갱에 던져질 것이며, 아직 지옥 불 못에 들어간 것은 아니지만, 어쨌든 천년동안 이 세상의 임금 노릇을 할 수 없을 것이다. 심지어 천사들조차도 더 이상 하나님을 대신하여 다스리는 일을 하지 않을 것이다. 그리스도와 그리스도의 사람들이 그 천년왕국 시대에 하나님을 대신하여 통치자로서 다스리는 일을 하게 될 것이며, 인간이 하나님의 계획에 따라서, 하나님의 손으로 만드신 모든 것을 다스리게 될 것이며 또한 만물이 인간의 발 아래 있게 될 것이다(시 8편, 고전 15장, 엡 1장, 히 2장). 골로새서 1장 16-20절과 비교해보라. 그리스도께서 영광 중에 나타나실 것이고, 성도들도 그리스도와 함께 나타나게 될 것이다(요한복음 17장 22,23절과 비교해보라). 하나님의 나라가 권능 가운데 세워질 것이다. (마태복음 16장 28절과 17장, 마가복음 9장, 누가복음 9장과 비교해보라.) 의(義)가 다스릴 것이며, 사람과 세상은 평화의 시대를 누리게 될 것이다. 에베소서 1장 10절이 그대로 성취될 것이다. 선지자들이 예언했던 세상에 평화와 축복이 넘치는 시대가 도래하게 될 것이며, 그리스도의 직접적인 통치의 열매로 이런 상태가 지속될 것이다. 전쟁과 억압이 완전히 종식된 복된 시대를 맞이하게 될 것이며, 모든 사람들이 하나님의 선하심의 열매를 누리게 될 것이고, 원수가 사람들의 욕망을 자극해서 서로 싸우고 또 빼앗는 일이 사라진 시대를 누리게 될 것이다. 그리스도께서 모든 풍성한 복의 근원이 되실 것이다. 혹시라도 악이 나타나게 되면, 즉시 심판을 받게 되고 지상에서 추방될 것이다. …

어떤 부수적인 사실들은 여기에서 그 자리를 찾아야 한다. 다윗의 아들의 나라가 세워질 것이다. 이스라엘과 관련하여 하나님이 하신 모든 약속은 이스라엘 백성들을 아끼는 은총 속에서 이루어질 것이다. 율법이 그들의 마음에 기록될 것이며, 하나님의 은혜와 권능이 백성들에게 복을 가져다 줄 것이며, 그들의 신실성에 근거를 두고 또 그들의 책임의 원칙 아래 있었을 때 결코 얻을 수 없었던 복을 누리게 될 것이다. 그와 동시에 이방 민족들에 대한 지배권은 주님의 손에 있을 것이며, 그들은 이 땅에서 최고의 통치권을 부여받은 백성인 이스라엘에게 종속될 것이다. 그리하여 모든 것들이, 즉 천사들과 주권들과 천상 세계의 교회와 이스라엘과 이방 민족들이 최고의 머리이신 그리스도 아래 통일을 이룰 것이며, 사탄은 결박을 당해 무저갱에 갇히게 될 것이다.

이러한 범세계적인 축복이 있기 전에, 악한 자는 하나님을 공개적으로 대적하고 반역을 일으키게 될 것이다. 유대인들은 그와 합류할 것이며, 적어도 대다수 이스라엘 백성들과 이방인들은 하나님을 대적하는 일에 가담하게 될 것이다. 이 반란의 결과로 유다 땅에 엄청난 환난이 일어나게 될 것이며, 일반적으로 모든 이방인들이 시험을 받게 될 것이다. 그러나 하나님의 증언이 온 세상에 전파될 것이며, 배도한 기독교인들과 반역적인 유대인들과 하나님의 증언을 거부한 모든 이방나라들에게 심판이 임하게 될 것이다. 이 때에는 첫째 부활이 일어난 이후이기 때문에, 살아 있는 사람들의 심판이 있게 될 것이다. 때가 찬 경륜이 이후에 전개될 것이다.

전체적인 스케치는 거의 완료되어 가고 있다. 땅에 사는 사람들이 오랜 동안 그리스도 통치의 안식과 축복을 누리며, 그리스도의 영광을 본 후에, 사탄은 잠시 동안 풀려나게 될 것이다. 시험이 오게 될 것이며, 그리스도와 근본적으로 연합을 이루고 있지 않은 사람들은 또 다시 타락하게 될 것이다. 사탄은 지상에서 하나님 영광의 보좌가 있는 자리 곧 예루살렘과 주님께 충성하는 모든 사람들을 상대로 세상 사람들을 모아 전쟁을 일으키게 될 것이다. 하지만 사탄을 따르는 사람들은 멸망을 당하게 될 것이다.

이어서 죽은 자들의 심판이 오게 되고, 영원한 상태에 들어가게 될 것이다.[138]

이로써 의가 거하는 새 하늘과 새 땅이 펼쳐지게 된다. 왕국을 아버지 하나님께 바치시고, 만물을 자신에게 복종하게 하신 그리스도는 사람으로서 아버지께 복종하실 것이다. 이것은 우리에게 너무나 소중한 진리다. 왜냐하면 그리스도는 많은 형제들 가운데서 영원히 장자(the Firstborn among many brethren)로 남으시는 것이기 때문이다. 뿐만 아니라 나는 교회가 그리스도의 신부와 하나님의 거처로서 본래의 자리를 잃지 않을 것이라고 생각한다(엡 3장, 계 21장을 보라). 악이 정복되어야 하는 왕국은 더 이상 존재하지 않게 될 것이다.

만물이 새롭게 될 것이고 또한 하나님께서 만유 가운데 만유가 되실 것이다. 우리는 하나님을 완전한 복됨 속에서 기뻐하며 즐거워할 것이고, 이미 전개되어 온 인류 역사 속에 나타난 하나님의 섭리의 완전성을 따라서 하나님을 알게 될 것이다. 하나님의 아들께서 하나님의 생각의 영원한 표현으로 나타나실 것이고, 그리스도를 수단으로 해서, 즉 그리스도의 보혈의 가치에 터 잡고 있는 영원한 축복을 받은 사람들 중 으뜸(the First)

이 되실 것이다. 그리스도의 보혈은 이러한 복을 받은 사람들의 기억 속에서 영원토록 그 가치를 잃지 않을 것이다.[139]

사탄의 매임과 풀려남

무천년주의자들과 후천년주의자들은 그리스도께서 십자가에 달리셨을 때 사탄이 매여 있었다고 믿는다. 현재적인 현상들을 설명하고자 그들은 사탄이 아주 긴 사슬에 묶여 있다는 "해법"을 생각해 냈다! JND는 요한계시록 주석(1842)에서 사탄의 매임과 풀려남을 다루었는데, 이 부분을 살펴보자.

예수님의 죽음은 그 때 사탄을 추방하지 않았다. 그럼에도 제자들은 예수님의 이름으로 귀신들을 쫓아내는 일을 했고, 예수님은 "사탄이 하늘로부터 번개 같이 떨어지는 것을 내가 보았노라"(눅 10:18)고 말씀하셨다. 예수님은 사탄의 추락을 예견하셨다. 우리가 욥기에서 볼 수 있듯이, 사탄은 피조세계에서 자유롭게 활보하고 있다. 예수님은 지금 이 세상에 부재한 상태로 계신다. 즉 하늘에 계신다. 사탄은 묶여 있지 않고, 사람들을 시험하는 일을 하며 또한 유혹하는 일을 하고 있고, 사람은 이에 넘어진다. 사탄은 교회에서 매우 바쁘게 일하고 있다. 즉 거기에 가라지를 심고 또 땅에서 진행되는 하나님의 일을 망치고 있다. 하지만 하늘에서 망치는 일을 할 수는 없다.

우리는 사탄이 땅 위에서 성취한 일을 보게 되면, 그가 사로잡혀 묶일 때까지 어떻게 모든 일을 망쳤는지를 알 수 있을 것이다. 하나님은 신실한 자를 보호하신다. 그럼에도 사탄은 세상에 있고, 세상에서 하나님의 일을 망치는 일을 하고 있다. 만일 우리의 구원이 사람의 책임에 의존되어 있다면, 우리에겐 구원이 있을 수 없다. 세상의 사람들은 사탄이 사람의 마음을 어떻게 어둡게 하는지, 그 방법을 전혀 알지 못한다. 하나님이 일종의 징계로 그들을 사탄에게 내어주기도 전에, 사탄은 이미 자신의 능력을 이용하여 사람들의 마음을 어둡게 만들고 또 그들을 오류에 빠지게 하는 일을 한다.

처음부터 요한계시록의 이 장에 이르기까지, 하나님이 이 땅과 세상과 교회에서 하신 모든 일을 사탄이 망쳐왔다. 사탄은 세상에 영향력을 행사한다. 그는 이교도들과 기독교화된 세상의 눈을 멀게 한다. 아이! 그는 또한 하나님의 자녀들의 눈을 멀게 해서, 그들이 장차 얻게 될 기업과 주 예수님의 재림이 가져올 영광에 대해서 보지 못하게 한다. 사탄은 교회로부터 이 진리를 빼앗고, 교회로 하여금 "나의 주인이 더디 오시는구나"(마 24:48)라는 말을 하게끔 만든다. 사람은 본래 세상을 다스리도록 하나님에게서 통치권을 받았지만, 사탄은 계략을 사용해서 사람으로 하여금 자신의 통치권을 빼앗겼다는 사실을 믿지 못하게 하는 일을 하고 있다. 동시에 회심하지 않은 사람들로 하여금 진리를 입술로 고백하도록 해서 진심으로 믿는 것처럼 보이게끔 하며, 하나님을 믿는 사람들인 것처럼 가식적으로 행동하게 하신다. 하지만 심판의 시간이 되면, 더 이상 그런 일을 할 수 없을 것이다. 하나님은 미혹의 역사를 보내심으로써 사람들로 하여금 거짓 것을 믿게 하시며, 이로써 진리를 믿지 않고 불의를 좋아하는 모든 자들로 하여금 심판을 받게 하신다.

우리는 요한계시록 12장에서 사탄이 하늘에서 쫓겨나는 것을 볼 수 있다. 그는 다시는 하늘에 들어갈 수 없을 것이다. 그는 땅으로 떨어지게 될 것이고, 적그리스도를 일으켜 그리스도를 대적하는 반란을 일으키도록 할 것이다. 그러면 그리스도께서 하늘에서 내려오실 것이고, 짐승과 거짓 선지자를 멸하실 것이며, 사탄을 사로잡으실 것이다. 사탄이 첫째 아담에게 한 모든 일이 사라지게 될 것이다. 피조물은 사탄의 지배 아래에서 벗어나게 될 것이며, 사탄의 권세 아래 있던 사람들은 예수의 권세 아래에 들어가게 될 것이다. 악은 여전히 사람의 마음에 남아있을 것이지만, 사탄은 이 세상의 현장에서 사라지게 될 것이다. 심판자이신 마지막 아담께서 부활을 통해서 이미 얻은 승리의 권능으로 하늘에서 내려오실 것이다. 그럴지라도 아직 영원한 상태는 아니다. 이러한 일들이 땅 위에 펼쳐지게 될 것이며, 예수님은 사탄을 결박하고 또 피조물을 썩어짐의 종노릇한데서 해방시키신 후에 이 땅을 통치하실 것이다.

어째서 사탄을 당장 사로잡지 않는 것일까? 왜냐하면 피조물이 간절히 기대하는 것은 하나님의 아들들이 나타나는 것이기 때문이다(롬 8:19). 그리스도께서는 교회를 부활의 영광 속으로 영접하기 전에는 피조물을 해방시킬 수 없고, 심판하는 권세가 그리스도에게 뿐만 아니라 교회에게 주어지기 전에는 영광 가운데서 그리고 심판을 집행하고자 나타나실 수가 없다. "성도가 세상을 판단할 것을 너희가 알지 못하느냐?(고전 6:2) "옛적부터 항상 계신 이가 와서 지극히 높으신 이의 성도들을 위하여 원한을 풀어 주셨고 때가 이르매 성도들이 나라를 얻었더라."(단 7:22) 그런 이유 때문에 피조물은 아직 썩어짐의 종노릇한데서 해방되지 않고 기다리고 있다. 장차 부활한 교회는 그리스도와 함께 세상을 심판하는 일을 하게 될 것이다. 장차 오는 세상도 동일한 시험을 통과하게 될 것이다. 이 시험은 그리스도의 천년 통치가 계속되는 동안에는 일어나지 않을 것이다. 다만 천년왕국의 끝 무렵, 사탄이 무저갱에서 올라오게 될 때, 또 다시 만국을 미혹하는 일을 하게 될 것이다. 그 때 항상 그랬듯이 사람은 즉시 실패하게 될 것이며, 그 결과 많은 사람들이 그리스도를 대적하는 전쟁에 참여하게 될 것이다.

사탄이 결박되어 있는 동안에는 유혹도 없고, 결과적으로 전쟁도 없고, 고통도 없고, 승리도 없게 될 것이다. 반면 하나님께서는 우리로 하여금 영광을 얻을 수 있도록, 지금 이런 일들이 일어나는 것을 허락하신다. 복음의 가장 평범한 원리들조차도 이 세상에 대해서 원수가 가지고 있는 권세를 전제로 하고 있으며, 심지어 "악한 자를 대적하지 말라"(마 5:39)고 명령하고 있다. 그러므로 복음을 믿는 사람들은 고통을 겪을 각오를 해야 한다. 만일 세상이 정말로 복음화되었다면, 이러한 명령들은 더 이상 필요치 않을 것이다. 왜냐하면 고통 받을 것이 없기 때문이다. …

요한계시록 20장 7,8절은 매우 중요하고도 또한 우리로 겸손케 하는 원리를 담고 있다. 사람이 어떠한 지위에 있든지 간에, 만일 사람이 홀로 남겨진다면, 만일 사람이 하나님의 은혜가 힘이 되는 삶에서 차단되어 하나님과 소통이 이루어지지 않는다면 인간이 타락하지 않는 일은 불가능하다. 예수께서 영광 가운데 나타난 일조차도 사람의 마음을 바꾸지 못한다. 이러한 변화는 오직 은혜의 역사다.

영광을 본 사람들조차 하나님의 능력에 의해서 시험을 받지 못하도록 보호를 받지 못하게 되면, 시험을 다시 받는 순간, 그들은 넘어지게 되고 또한 사탄은 그들을 즉시 자신의 노예로 만들어버린다. 사탄은 무저갱에서 풀려나자마자 하늘에 올라가

가는 것이 아니라 땅으로 올라와 반란을 일으켰는데, 그는 다시는 하늘에 올라갈 수 없을 것이다. 마침내 반란이 진압되고 땅에서 쫓겨나게 되었을 때, 사탄은 불과 유황으로 불타는 불못에 던져지게 될 것이다. 거기에는 천년왕국이 시작되던 때부터 짐승과 거짓 선지자가 있었던 곳인데, 다시는 나오지 못할 것이다. 이것은 그리스도의 재림 때 악한 (죽은) 자들의 심판이 일어나지 않는다는 증거다. 천년왕국이 끝나고 크고 흰 보좌가 놓이게 되면(계 20:11), 땅은 그 앞에서 떠나가게 될 것이다. 백보좌 심판은 예수께서 세상에 다시 오실 때 일어나는 일이 아니다.

현 세대에서 하나님은 자기 이름을 위할 백성을 취하시고자 이방인들을 찾아가는 일을 하신다(행 15:14). 사탄은 성령께서 거하시는 이 백성들을 대적하는 일을 하고 있지만, 이 거룩한 백성들은 하나님의 백성에게 속한 영광과 기쁨을 성령의 역사를 통해서 미리 맛본다. 결과적으로 그들은 성별된 백성이기에, 만일 그들이 세상의 길로 들어가게 되면 하나님의 증언에 실패할 수밖에 없다. 이미 아브라함을 통해서, 하나님은 세상에서 사람들을 빼내어 한 백성을 자신에게로 구별시키시고, 그들을 세상에 남겨두실 것을 밝히셨다. 이스라엘은 하나의 민족으로서 세상과 분리되었다. 이스라엘 사람은 이방인과 결혼할 수 없었다. 이러한 분리는 육체에 따른 것이지 믿음에 따른 것은 아니었다.

교회도 마찬가지로, 세상과 분리하는 것은 개인의 믿음에 달려 있다. 복음의 모든 원리는 핍박과 박해를 전제로 하고 있다. 마태복음 5장 38-48절, 그리고 20장 16절을 읽어보라. 모든 것은 박해를 가정하고 있다. 누가복음 14장 25-32절을 읽어보라. 만일 세상이 복음화 되었다면, 이러한 복음의 원리는 적용될 수 없게 될 것이다.

천년 동안 예수님은 이 세상의 군주가 되실 것이다. 현재 이 세상의 군주는 사탄이다. 이제 그리스도 예수 안에서 경건하게 살고자 하는 사람은 모두 박해를 받을 것이다(딤후 3:12). 우리는 고통을 받도록 부르심을 받았다. 정말로 이 세상이 복음화 되었다면, 우리는 세상과 싸우는 것이 아니라 함께 협력하는 것이 옳다.

장차 사탄이 결박을 당하게 되면, 모든 것이 바뀌게 될 것이고, 이 세상의 반발도 멈추게 될 것이다. 주 예수께서 공의로 다스리실 것이다. 더 이상 시험이 없을 것이고, 허다한 사람들이 주 예수님에 의해서 통치를 받게 될 것이다. 만일 이런 일이 현 세대에 일어나고 있다면, 복음의 모든 명령은 소용없을 뿐만 아니라 어울리지도 않을 것이다. 그리스도의 통치 아래에서, 전에 충분히 고난을 당했던 교회는 영광스럽게 될 것이며, 세상은 복을 받고 또 사탄의 시험이 없는 상태에서, 인자의 통치 아래에서 평안을 누리게 될 것이다. 그럴지라도 지상에 있는 모든 사람들이 회심하지는 않을 것이다.

만일 천년의 통치가 그저 영적인 천년왕국이었다면, 사탄이 그 안에 그리스도의 생명을 가지고 있게 될 모든 사람들을 유혹하기 위해 풀려나는 일은 있을 수가 없다. 천년왕국은 그리스도의 가시적인 통치 아래서 더 이상 유혹과 시험이 없는 시대다. 사탄이 풀려나게 될 때, 사탄은 예수님의 영광을 본 사람들조차도 미혹하여 자신을 따르게 할 것이다. 이것이 마지막 시험이 될 것이다. 이로써 하나님이 피조물인 인간을 믿는 것이 어떻게 불가능한지를 여실히 보여주게 될 것이다(요 2:24). 우리는 하나님의 신실성을 신뢰하도록 부르심을 받았다. 왜냐하면 우리는 하나님이 우리를 신뢰하실 수 없는 존재라는 사실을 충분히 배웠기 때문이다.

사람이 하나님의 섭리 가운데서 시험과 유혹을 받지 않는 세대에 들어간다면, 그것은 참으로 특별한 일일 것이다. 하지만 천년왕국 시대의 사람들도 다른 세대의 사람들처럼 유혹을 받게 될 것이다. 그 결과는 여전히 동일하다. 곧 사람은 타락하게 될 것이다. 그리스도의 임재가 그것을 막을 순 없을 것이다. 사람의 마음은 너무도 악하고 또 치료 불가능할 정도로 사악하기 때문에 예수님의 임재 가운데서도 육신의 정욕과 의지에 굴복하게 될 것이고, 예수님을 기쁘시게 하기 보다는 자신을 더욱 기쁘게 할 것이다. 무죄한 상태에 있던 아담도 넘어졌다. 더 이상 무죄하지 않은 사람은 말해 무엇 하겠는가.

그리스도의 영광이 나타나는 동안에는 반란을 숨길 수 없다. 사람은 그리스도의 영광을 보고 또 그것을 확신할 수 있지만, 거기에 반대할 수도 있다! 나사로가 다시 살아나자, 유대인들은 그것이 그리스도의 능력을 증거하고 있는 것이기 때문에, 나사로를 예수와 함께 죽이려고 모의했다. 사람의 마음이 회심하고, 새롭게 되고, 하나님의 지키시는 은혜를 받지 않으면, 무슨 일이든지 할 수 있다(요 12:9-11). 그들은 성도들과 하나님이 사랑하시는 성을 공격함으로써 전쟁을 벌일 것이다(계 20:9).

그 때에 온 세상은 예언의 심판의 영역이 될 것이다. 유대인들에 대한 하나님의 약속과 섭리는 가나안 땅으로 제한되어 있으며, 이 가나안 땅은 그저 땅으로 불렸다. 나중에 이 영역이 확장되었으며, 네 명의 이방 군주, 그 다음에 기독교계가 예언의 대상이 되는 땅이 되었다. 예수께서는 사람이 거처하는 온 세상을 다스리실 것이며, 예언은 온 땅으로 확장될 것이다. 그리스도께서 영광 가운데 나타나실 때, 온 세상은 하나님의 백성을 대적할 것인데, 이것은 그리 놀랄 일이 아니다. 그리스도께서 보이지 않는 지금도 이런 일이 일어나고 있다. 핍박과 박해가 없다고 생각하는 것은 환상일 뿐이다.

   교회 속에 빛나는 그리스도의 영광을 보려면 교회는 세상으로부터 분리되어야 한다. 교회가 세상과 섞이게 되면, 이 일은 참 그리스도인과 교회를 갈라놓게 된다. 세상은 결코 그리스도인들에게 우호적이지 않으며, 그렇게 할 수도 없다. 왜냐하면 세상 본성이 그런 것을 허락할 수 없기 때문이다. 그럼에도 그리스도인들은 그들 스스로 손해를 보면서 세상을 가까이 하고 싶어 한다. 왜냐하면 옛 사람이 여전히 그들 속에 있기 때문이다.[140]

미주

1. See Collected Writings 13:153-156 concerning the difference.

2. Collected Writings 11:41.

3. Collected Writings 11:228, 229. See Letters 3:401.

4. Collected Writings 11:125.

5. See his "Grace and Government" in Collected Writings 28:198 ff; Letters of J. N. Darby 2:274; Synopsis 5:393.

6. Collected Writings 11:46,47.

7. Collected Writings 5:169.

8. Collected Writings 5:198. See also 5:28; 11:303; 27:142.

9. Collected Writings 1:332,333.

10. Collected Writings 19:319; see also 26:115.

11. Notes and Jottings p. 210. See also Letters of J. N. Darby 1:48.

12. Collected Writings 19:319.

13. Synopsis 4:15n.

14. Collected Writings 2:132; 5:384; 13:153; 26:248. Synopsis 1:24 (p. 30 in Heijkoop ed.); 4:15 (p. 19 in Heijkoop ed.).

15. Collected Writings 34:8; 22:337. See also 1:125; 10:177; 22:338; 32:233; For what innocence is, see Notes and Comments 1:107-109.

16. "Thus up to Christ we have conscience, promise and law " Collected Writings 22:370. See also 22:337-340,366; 10:177; 34:9. For "conscience" in general, see the index in the Collected Writings; also Notes and Comments 1:104-106.

17. See Collected Writings 10:150,172,173; 7:319.

18. Collected Writings 2:132. See also 26:115.

19. Collected Writings 28:115.

20. Collected Writings 10:177.

21. Collected Writings 22:340.

22. Collected Writings 1:169.

23. "The Dispensations and the Remnants," Collectania, p. 41 (1839).

24. "The Dispensations and the Remnants," Collectania, p. 42.

25. Collected Writings 7:41.

26. Collected Writings 33:339,340.

27. Letters of J. N. Darby 3:442.

28. Collected Writings 13:169.

29. Synopsis 5:224; See Collected Writings 10:275; 27:393.

30. Collected Writings 34:295; see also 32:235; 29:194.

31. Notes and Jottings p. 35.

32. Synopsis 4:172.

33. Collected Writings 26:248.

34. Collected Writings 13:155.

35. Collected Writings 13:161.

36. Collected Writings 13:153,154.

37. Collected Writings 13:155,156.

38. Collected Writings 1:289,290.

39. Collected Writings 1:125.

40. "The Dispensations and the Remnants," Collectania... p. 42.

41. Collected Writings 2:374,375.

42. See Collected Writings 34:12,13; 22:340,341; 2:134.

43. Collected Writings 5:384.

44. Collected Writings 22:340.

45. 위에서 인용한 JND의 글을 보면, JND는 올리버 씨가 "세대(dispensation)"라는 단어에 대해서 혼란을 일으켰다고 진술했으며, 그 단어는 오이코노미아(oikonomia)라는 단어에서 파생된 것으로 설명했다. 이 부분은 그의 견해를 설명하고자 "행정 또는 경륜(administration)"이라는 단어를 사용하자는 나의 제안과는 다른 부분이라고 할 수 있다. 그러니까 나의 제안은 내가 처음 두 개의 경륜이라고 부른 것의 독특한 성격을 설명하기 위해서 약간 다른 단어를 사용하자는 것이었다. 그가 차별화시키고 싶어 했고 또 그렇게 강조했던 것을, 그래서 내가 설명하고자 애썼던 것을, 반대하는 것은 물론 다른 문제다. "세대"라는 단어는 그렇게 하는 것을 정당화시킬 수 없을 것인데, 왜냐하면 그가 차트 (1)과 (2)로 표시된 항목들을 초월해서, 하나님이 인간과 맺으시는 관계 속에 나타난 여러 가지 하나님의 섭리를 염두에 두고서 그 단어를 사용했다는 것이 분명하기 때문이다. 따라서 "세대"라는 단어는 만족할 만큼 차별화시키는 단어는 아니다. 동시에, 처음 두 개의 경륜을 세대들로 (통치의 세대와 또한 통치와 부르심을 하나로 결합된 세대로) 부르는 것은 그리 큰 문제가 되지 않는다. 어쨌든, 나는 온전한 의미를 드러내기 위해서, 여기서 그 부분을 인용하고자 한다.

경륜 또는 행정(administration)은 집의 관리를 의미한다. 의미를 확장해서 보자면, 이 단어는 하나님이 정하신 사물의 질서를 뜻한다. "법(law)"을 나타내는 그리스어 단어가 같은 어근에서 유래된 것이 사실이긴 하지만, 의미상 상당히 거리감이 있는 파생어라고 할 수 있다. 이 "법(law)"을 뜻하는 그리스어 네모(Nemo)는 분배하다, 나누다, 먹이다 등의 의미를 가지고 있다. 한 집에는 그 집의 관리인과 경제와 경영방침이 있는 법이다. 그러므로 하나님께서 이 땅 위에 어떤 사물의 질서를 세우셨을 때, 사람들은 이를 경륜(economy)이라고 부른다. 하나님의 말씀은 심지어 에베소서 1장 9,10절에서도 이 단어를 사용하고 있다. 이 단어를 전통적인 의미로 사용하는 것과 성경적인 의미로 사용하는 것은 약간의 차이가 있다. 일반적으로 이 단어를 하나님의 말씀에서 사용하는 방식은 본래의 의미 보다 더 엄격하게 사용하고 있으며, 오히려 적극적인 행정의 개념을 담고 있다. 세대라는 단어는 종종 이렇게 사용되고 있으며, 어원적인 의미를 여전히 가지고 있다. 하나님은 자신의 은혜를 분배하신다. 전통적인 의미에서 경륜(economy)은 하나님이 세우신 사물의 질서를 의미한다. 유대인의 경륜, 현재의 경륜 등등.

그러나 이러한 경륜들은 비록 하나님이 은밀히 일하시긴 하지만, 그리스도의 재림 때까지는 사람이 관여되어 있기 때문에, 사람의 책임에 맡겨져 있다. 예를 들자면, 주님은 현재의 경륜에 대해서 이렇게 말씀하고 있다. "하나님의 나라는 사람이 씨를 땅에 뿌림과 같으니 그가 밤낮 자고 깨고 하는 중에 씨가 나서 자라되 어떻게 그리 되는지를 알지 못하느니라 땅이 스스로 열매를 맺되 처음에는 싹이요 다음에는 이삭이요 그 다음에는 이삭에 충실한 곡식이라 열매가 익으면 곧 낫을 대나니 이는 추수 때가 이르렀음이라."(막 4:26-29) 겉으로는 모든 것이 그리스도의 개입 없이 진행되어 간다. 씨앗을 뿌릴 때부터 수확할 때까지, 그러니까 씨앗을 처음 뿌릴 때부터 시간이 흐르고 마침내 추수의 때가 도래하게 되는데, 일반적으로 이 기간을 현재 세대라고 부른다. *나는 이 현재 세대를 "교회 세대"라고 부르는데, 왜냐하면 이 시간은 유대인과 율법 시스템이 여전히 존재함에도, 교회가 부르심을 받고 또 여기 이 땅에서 존재하는 시간이기 때문이다.* 사람들은 외형적으로는 모든 것이 저절로 흘러가는 듯이 보이지만, 그럼에도 알곡을 익게 하시는 분은 하나님이시다. 따라서 사탄이 이 모든 것 가운데서 바삐 움직이고, 사람들은 잠을 자고 있고, 전체 사물의 상태는 부패하고 있다. 사실 이스라엘이 타락했던 것처럼 이 세대도 부패하게 될 것이다. 현재 세대의 상태는 그야말로 모든 것이 황폐화된 상태에 있다.

46. Collected Writings 2:149,150 (1838).

47. See Collected Writings 2:134; 19:124.

48. Collected Writings 22:340,341. See also 34:12,13, 49. Collected Writings 22:341. 50. Collected Writings 5:384,385. See also 2:133-137,348, 19:304; 22:341-343,368; 29:83; 34:13; Synopsis, in loco, as always.

51. Collected Writings 22:341.

52. See Collected Writings 2:136; 21:304; 22:368; 26:115; 29:83; 34:13.

53. Collected Writings 34:4,5. See also 2:356; 3:123; 26:305,312.

54. Collected Writings 26:306, 307. See also 26:116; 34:4,5,13,14.

55. Collected Writings 22:368,369.

56. Collected Writings 19:122-133.

57. Collected Writings 10:177.

58. Collected Writings 2:375,377,378.

59. Collected Writings 34:3,4. See also 5:136, 386; 22: 342-344. See also "law" in the index of the Collected Writings.

60. See "Responsibility" in the index of the Collected Writings.

61. 생명나무에 대한 더 많은 내용을 보기 원하면, JND의 다음 책들을 참고하라. Collected Writings 5:102; 7:127; 9:61; 10:150,273; 16:330; 21:26,206; 22:345; 32:233,237; 34:148,151,294,450.

62. See Collected Writings 9:19,34; Letters of J. N. Darby 1:360; 3:350; Notes and Jottings, pp. 17,108.

63. See Collected Writings 26:296.

64. See Synopsis 5:195; Letters of J. N. Darby 2:173; The Bible

Treasury 12:366; W. Trotter, Plain Papers on Prophetic Subjects, p. 150; W. Kelly, The Second Coming and Kingdom, p. 153.

65. See "Promise" in the index of the Collected Writings.

66. See "Righteousness" in the index of the Collected Writings.

67. See "Mediation" in index to the Collected Writings. See particularly 2:141-143.

68. See Collected Writings 1:126; 2:138; 7:269; 11:48; 22:346.

69. See Collected Writings 22:345-350; 22:369,370. See "law" in the index to the Collected Writings.

70. Collected Writings 2:145,146.

71. Collected Writings 2:377,378. See also 11:50, 304.

72. See Collected Writings 2:46, 356; 4:254; 32:400.

73. Collected Writings 11:47-51. See also 5:138; Synopsis 3:336; 5:396.

74. Collected Writings 1:126.

75. As can be seen in the chart, there is a parenthesis within a parenthesis.

76. W. Kelly, An Exposition of Isaiah, London: Hammond, 1947 reprint, p. 155. In Lectures Introductory to. the Minor Prophets, London: Broom, 1874, he called it "the parenthesis of Gentile empire." See also Collected Writings of J. N. Darby 2:53 (1830); The Prospect 1:148; The Bible Treasury 11:180,181; 12:8; 9:344.

77. 회막(성막)이 있던 실로는 하나님이 선택하신 예루살렘이 나타나기 전까지(대상 21:18-22:1, 시편 78:65-72) 이 점에 대한 일종의 유비(類比)라고 할 수 있다. 실로는 이스라엘 백성들의 상태를 드러내기 위한 일시적인 것이었다. 시온이 하나님의 택하신 곳이다.

78. The Bible Treasury 11:182.

79. An Exposition of Isaiah, London: Hammond, p. 155, 1947 reprint.

80. The Bible Treasury, New Series 3:28.

81. Present Truth Publishers에서 구할 수 있다.

82. 누군가 나에게 Baltimore Evening Sun(1989년 5월 8일자)에 실린 "이스라엘 랍비들이 성전 재건을 준비하고 있다"라는 기사를 보도록 권했다. 그 기사를 보면, 성전 연구소의 랍비 나흐만 카한은 "우리가 관심을 쏟고 있는 부분은 성전 건축이 재개될 때까지 유대인의 역사는 현재 하나의 커다란 괄호를 이루고 있다는 것이다"라고 말하고 있다.

83. "이 시대"와 관련하여 J.N. 다비는 이런 언급을 했다. "유대인들은 올람-하지 즉 이 세상 또는 이 시대, 올람-하보 즉 장차 올 시대라는 말을 완전하게 이해하고 있다. 후자는 곧 메시아가 통치하는 시기를 가리킨다." (Collected Writings 10:360). See also Collected Writings 24:12,19,45,78; 25:244; 8:13,14,22; 13:155,156.

84. See Letters of J. N. Darby 3:400,401.

85. 성령을 훼방하는 죄는 그리스도 안에 역사하는 능력을 바알세불의 것으로 돌렸던 유대인들이 저지른 죄였다.

86. Synopsis 3:59.

87. 마태복음 5-7장에는 지금 비밀스러운 형태로 임해 있는 천국(kingdom)에 들어가기에 합당한 사람들의 도덕적인 특징들이 소개되어 있다. 하지만 이 모든 자질들은 그리스도인들에게 요구되는 것은 아니다.

88. "Kavov(kanon), rule, standard, norm," The New International Dictionary of New Testament Theology 3:339.

89. "하나님의 이스라엘(the Israel of God)"이라는 표현은 믿는 유대인을 가리킨다. 오늘날 대부분의 신학은 하나님의 이스라엘을 교회로 보고 있다.

90. Collected Writings 5:15 (1842).

91. Collected Writings 4:328.

92. Collected Writings 25:244.

93. Collected Writings 13:155 (1850).

94. 로마서 9장 1-5절은 언약들이 이스라엘에게 속한 것임을 선언하고 있다. 이것은 이방인들이 "약속의 언약들에 대하여는 외인이요"(엡 2:11-12)라는 선언에 의해서 보완된다. 사가랴가 성령으로 충만한 상태에서 예언했는데, 그의 예언은 곧 아브라함 언약(조상들에게 한 약속)은 아직 성취되지 않았고, 또 그 약속은 문자적으로 이스라엘에게 적용될 것을 보여준다(눅 1:67 이하). 에스겔 20:33 이하, 이사야 66:8, 롬 11:26, 15:8 등을 보라. 모든 구절이 같은 것을 가리키고 있다.

95. 세대들이 땅에서 펼쳐지는 하나님의 통치적인 섭리와 연결되어 있는 것처럼, 언약도 마찬가지로 땅과 관련이 있다. 하지만 세대와 언약은 지금 하늘에 속한 사람들을 형성하는 일과는 아무런 관련이 없다. 실제로 노아의 언약은 땅에서 통치가 도입되는 것을 포함하고 있었으며, 그렇게 통치를 도입한 일이 첫 번째 세대를 이루었다.

96. 선행은 오직 은혜에 의해서만 가능하며, 은혜를 통해서 흘러나간다. 그러므로 선행은 죽은 행실이 아니라 생명이 역사한 결과다.

97. 지금 경험하고 있는 은혜는 하나님의 얼굴에서 빛나는 영광 가운데 계신 인자에게서 나오는 것이다(행 7:56). 그런 것이 "그리스도의 영광의 복음의 광채"(고후 4:4)다. 장차 천년왕국 시대에 이스라엘이 경험하게 되는 은혜는 그보다는 훨씬 못하겠지만, 그럼에도 구약시대의 이스라엘이 경험했던 은혜보다는 훨씬 클 것이다. 장래 하나님의 나라에서는 극히 작은 자라도 세례 요한보다는 클 것이다(눅 7:28). 이는 위치 또는 지위적으로 크다는 의미지, 도덕적으로 크다는 의미는 아니다. 땅에서 진행되는 하나님의 섭리의 발전을 생각해볼 때, 이것은 엄청난 도약이 아

닐 수 없다.

98. 그리스도께서는 "이제 이 세상에 대한 심판이 이르렀으니"(요 12:31)라고 말씀하셨다. 이것은 비록 "이 시대"가 계속 진행되긴 하지만, 변화가 있음을 나타낸다. 심판은 아직 현재의 이 악한 세대를 이루고 있는 이 세상에 임하지 않았으며(갈 1:4), 하늘에 속한 사람들의 무리가 형성되는 동안에는 심판이 임하지 않을 것이다. 이 세상은 그리스도인들에겐 "이 악한 세대"(갈 1:4)일 뿐이고 사탄이 세상 신이다(고후 2:4). 주 예수님이 거절 당한 이후로 사탄은 그 자리를 차지하게 되었다. 우리가 구주를 기다리는 동안, 그렇다면 우리는 어떠한 사람이 되어야 하겠는가? 교리는 우리의 지성을 즐겁게 하기 위한 것이 아니라 우리의 행실을 바르게 하기 위해 주어진 것임을 잊어선 안된다.

99. 비밀스러운 천국 형태는 하늘에 속한 사람들이 휴거된 이후에도, 그리스도께서 영광 가운데 나타나실 때까지 지속될 것이다.

100. Collected Writings 32:236-244.

101. See The Bible Treasury 17:209n.

102. See Letters of J. N. Darby 1:129,130; 2:110,111; Collected Writings 5:64,124,135; 11:46,47; 19:213; 32:239.

103. Cited in The Bible Treasury 5:229,230.

104. See Collected Writings 7:137; 10:10,27,75; 16:157; 31:308; Letters of J. N. Darby 2:108.

105. Collected Writings 10:270. See his papers on Romans.

106. Collected Writings 7:330,370,379; 10:58,66,72.

107. Notes and Jottings pp. 33,295,321.

108. Letters of J. N. Darby 2:108. See also Collected Writings 4:370; 7:137; 10:89; 17:315.

109. Collected Writings 24:247; 31:230; See 15:263,268-270,273,297; 26:296; Notes and Jottings pp. 50,51; Synopsis in

loco.

110. Letters of J. N. Darby 1:131.

111. See Collected Writings 10:15,83,244; 11:148; 3:

112. Collected Writings 9:248. See also p. 266; 15:357.

113. Collected Writings 10:248; see also 31:351; 3:386.

114. The Bible Treasury 1:23.

115. Collected Writings 11:149-157.

116. See Collected Writings 1:149,273.

117. Letters of J. N. Darby 1:113; and so in Collected Writings 20:189.

118. Letters of J. N. Darby 1:42.

119. Collected Writings 1:144-147. JND는 교회의 황폐화가 사도들 가운데 마지막 사도가 세상을 떠나기 전에 이미 일어났다고 가르쳤다. 디모데후서 2장은 이미 황폐화 상태를 내다보면서 기록되었으며, 사실 디모데후서 2장 19-22절은 교회가 이미 큰 집 상태에 들어간 것을 비유로 설명하고 있다. 예언은 타락을 예견하는 것이며, 요한계시록은 교회의 몰락을 증거하는 입장에서 기록되었다. 이렇게 교회의 몰락을 바라보는 견해는 종교 개혁가들의 입장과 재침례파들(Anabaptists)의 입장은 상당히 다르다. W.R. 에스텝(Estep)은 이렇게 쓰고 있다.

교회의 몰락

재침례파들은 사도들의 초대 교회는 그 순수함을 잃었고 또한 더 이상 하나님의 교회의 지위를 상실했다고 생각했다. 이러한 재앙을 가리켜, "교회의 몰락(the fall of the church)"이라고 불렀다. 이런 것이 일반적인 종교 개혁의 개념이긴 하지만, 과연 언제 이러한 몰락이 일어났는지에 대한 합의는 이루어진 적이 없었다. 종교 개혁가들에게, 교회의 몰락은 교황제도를 시작했을 때 일어났다. 루터는 교회의 몰락이 사비아노와 보니파티우스 3세에 의해서 시작되었다고 보았지만, 츠빙글리는 힐데브란트와 "계급적 권력의 주장"에 의해서 시작된 것으로 보았다. 칼뱅은 그레고리 대왕에 의해서 시작되었을 것이라고 생각했다. 그러나 재침례파들은 일반적으로 콘스탄티누스 황제 아래에서 교회와 국가가 연합함으로써 교회가 몰락하게 되었다고 보고 있다. 1530년경 아우크스부르크에서 익명의 한 재침례교파 사람이 소책자를 발간했는데, 거기서 "옛날 사도들의 시대엔 그리스도인들에게 세상 권력이나 검이 주어진 적이 없었으며, 콘스탄티누스 황제 이후에 모든 것이 변화되었다"라고 주장했다.

교회의 몰락에 대한 재침례파의 해석은 종교개혁자들의 해석과는 크게 달랐다. 종교개혁자들은 콘스탄티누스 시대를 교회 승리의 시기로 해석한 로마 가톨릭의 해석을 무비판적으로 받아들였다. 그렇게 함으로써 그들은 자신도 모르는 사이에 기독교 이전의 세속적인 사회를 포용하였고 또한 이교도를 못 본 척 넘어가거나 아니면 그들에게 세례를 주어 기독교로 개종시키는 일을 함으로써 콘스탄티누스 황제의 통합정책의 희생물이 되었다. 종교개혁자들에게 종교개혁은 교황제도에 반하는 반란이었지만 교회를 하나의 제도로 보는 로마의 교회개념에 반하는 것은 아니었다. 그들은 옛 교회가 여러 가지 남용과 오류로부터 정화할 필요가 있다고 믿었지만, 그렇다고 해서 공교회로부터 단절되기를 원하지는 않았다. 로마 가톨릭과의 조직적인 단절이 이루어진 후에도, 그들은 여전히 종교개혁 이전 시대의 로마 교회와의 연속성을 느꼈다.

종교 개혁가들이 보기에, 종교 개혁 이전의 로마 가톨릭의 조직은 교회이길 멈추었다는 의미에서 교회의 몰락은 결코 완결된 것은 아니었다. 이것이 재침례파들이 종교개혁자들을 절반의 개혁자들로 본 이유다. 그들에게 종교 개혁자들은, 란데스키르헨(Landeskirchen)의 말을 인용하자면, 여전히 몰락한 교회 안에 남아 있는 사람들이었다.

재침례파들에게 로마 가톨릭의 몰락은 절대적인 것이었다. 콘스탄티누스 치하에서 시작된 교회와 국가의 연합은 온갖 종류의 끔찍한 결과를 초래했다. 유아 세례가 그 중 하나였다. 메노 시몬스(Menno Simons)는 "유아 세례를 의무화한 서기 407년 이노센스 1세 칙령을 교회 몰락"의 정점으로 보았다.

이것은 휘브마이어가 자신의 책, "침례를 받기 전에 모든 그리스도인이 알아야 할 것"에서 침례 서약과 관련하여 다음과 같은 말을 한스의 입에 넣어주었을 때 언급한 것이기도 하다. 즉 "그런 것이 침례 서약의 전반적인 내용이다. 지난 천년의 세월은 그야말로 잃어버린 시간에 불과하다. 왜냐하면 사탄은 수도원 서약과 사제의 맹세만으로 거룩한 교회에 회심한 일도 없는 사람들을 밀어 넣었기 때문이다."

유아 세례가 일반적인 관행이 되었을 때, 중생한 사람들의 사귐과 교제로서 교회의 성격은 심각하게 훼손되었다. 그리고 교회와 국가의 연합과 더불어 국가 교회에 순응하도록 무력을 사용함으로써, 교회의 몰락은 완성되었다. 베르두인의 말을 인용해서 말하자면, "교회의 '몰락'은 그리스도의 신부의 얼굴을 너무도 다르게 바꾸어버렸기 때문에, 그녀를 알아볼 수 없게 되었다. 치유와 도움을 주라는 사명을 받아 보내심을 받은 교회는 오히려 현대 경찰국가의 모습을 띠게 되었다."

(The Anabaptist Story, Grand Rapids: Eerdmans,
1975, sec. ed., pp. 182, 183)

JND의 생각과는 다르지만 "교회 황폐화"에 대한 생각을 가지고 있는 사람들이 있었다. 예를 들어, 영국 국교회의 성직자 로버트 고벳(R. Govett)은 이렇게 썼다.

다비는 그리스도의 몸으로서 교회의 영광스러운 지위를 처음으로 소개함으로써 주님을 영광스럽게 해드렸다. 그는 또한 많은 연구와 집필을 통해서, 사도 시대 이후 교회에 관한 참 진리가 어떻게 사라졌는지를 보여주었다.
(Govett on Colossians, Miami Springs: Schoettle).

그가 자신의 입장을 유지하면서 JND와 자신을 동일시하지 않은 방법 중 하나는 다음과 같다.

그리고 교회는 내가 상상했던 것보다 더 큰 폐허 상태에 있다. … 심지어 나는 지금 성령의 은사를 받은 신자도 없다고 확신한다.
(Have We the Gifts of the Spirit? Two Letters to Indoctus, Norwich: Fletcher, p. 1, sec. ed., 1893).

JND는 초자연적인 은사와 그렇지 않은 은사를 구분했다. 오늘날 초자연적인 은사를 제외한 나머지 은사들은 존재한다. 로버트 고벳의 개념은 교회의 황폐화를 더 부추기는 경향이 있다.

교회 황폐화의 진실을 왜곡하는 또 다른 유형은 E.W. 불링거(Bullinger)의 장래 일(Things to Come, June 1902, vol. 8, p. 134:) 이란 책에서도 볼 수 있다.

…디모데전서에서 유지되었던 것이 디모데후서에선 폐허 상태가 되었다. 교회 공동체의 지위는 사라졌다. 모든 것이 지극히 개

인화되었고, 개인적인 사안이 되어 버렸다. 모든 내용이 "내가" 와 "나를", 그리고 "너는"과 "너를"로 가득하다.

처음 두 개의 문장은 JND의 생각과 정확하게 일치한다. 나중 두 개의 문장은 E.W. 불링거의 "극단적인 세대주의"와 일치한다. 이것은 황폐화 시대를 위해 주님이 앞서 예비하신 조항, 즉 마태복음 18장 20절을 무용지물로 만든다. 이 두 가지는 황폐화의 진정한 성격과 폐허 상태에 처한 그리스도인이 붙들 수 있는 자원을 부정하는 사례라고 할 수 있다.

120. Collected Writings 3:272-281. JND에 대해 적대적인 정신을 가지고 있는 the Quarterly Journal of Prophecy (1872, pp. 87,88)의 편집자는 리뷰에서 다음과 같이 썼다.

교회의 폐허 상태에서 그리스도인은 어떻게 해야 하는가
By J.N.D.

어떤 친구가 우리에게 J.N.D.가 쓴 이 소책자를 보내왔다. 그 중 많은 부분은 매우 비성경적이고 또한 우리가 이해할 수 없는 것이었으며, 전체적으로 영적인 교만의 냄새로 가득했을 뿐만 아니라 대단히 유치했다. 저자는 성령의 영감에 의해서 글을 쓰는 것처럼 보이고자 애를 쓰고 있었는데, 그러한 영감이란 것은 고작 교회의 사도적인 새로운 틀을 세우고 또한 자신만의 새로운 교회를 조직하려는 뉘앙스를 풍기고 있었다. 그런 것은 사회주의를 매우 닮았고, 상당 부분 불법의 사람, 곧 적그리스도요 또한 죄의 사람의 불법에 가담하도록 사람들을 부추기는 일을 할 뿐이었다. "교회는 황폐화 상태에 있다"(9p)는 것이 그 책의 핵심이었고, 이를 통해서 추론해볼 수 있는 것은 J.N.D.가 이 기독교의 잿더미 위에 새로운 구조물을 건설할 유일한 사람임을 피력하고 있다는 것이다. "고린도전후서와 디모데전후서는 전혀 쓸모없는 서신이 되어버렸는데, 이는 교회가 황폐화 상태에 있기 때문이다." 교회에서 이 서신서들이 가지고 있는 영구적인 권위를 부인하는 것은 그에게는 작은 일로 보일 수 있지만, "말씀 앞에서 떠는"(사 66:2) 사람에게 그것은 독일 합리주의만큼이 끔찍스러운 불경한 언사다.…

이 저자의 기질이나 그의 판단력도 상당히 이상해 보인다. 이 점에 대해서 더 알아보고 싶은 사람은 1855년에 발간된 정기 간행물(22-29쪽)을 살펴보면 된다.

121. Collected Writings 14:272-300.

122. Collected Writings 1:169-186.

123. Collected Writings 4:10-14.

124. Miscellaneous Writings 4:149-177.

125. Collected Writings 20:296,297.

126. Collected Writings 1:293,294 (1843).

127. Letters of J. N. Darby 1:516.

128. See Synopsis, in loco, and JND's writings on Eph. 1. See "The Dispensation of the Fulness of Times," Collected Writings 13:152-166.

129. Collected Writings 5:83.

130. Collected Writings 22:363.

131. Collected Writings 5:72; 2:141,163,290.

132. Collected Writings 2:28,162.

133. Collected Writings 1:245.

134. Collected Writings 32:276-278. 135.

Collected Writings 2:141.

136. Synopsis 5:294,295.

137. Collected Writings 1:189; cp. 2:96.

138. [The eternal state is not a dispensation: Collected Writings

8:222; Synopsis 5:420].
   139. Collected Writings 22:359-364.
   140. Collected Writings 5:85,86,92-94.

부록1:

세대주의 신학은 과연 *J.N.* 다비의 세대적인 진리를 체계화한 것인가?

앞으로 인용할 두 저자의 진술을 토대로, JND가 세대적인 진리를 체계화했다는 것이 다양한 세대주의자들의 주장인 것을 알 수 있다. 찰스 C. 라이리(Ryrie)의 다음과 같은 진술을 보면, 그런 생각이 함축되어 있는 듯 보인다.

> 세대주의가 전혀 체계화되지 않은 형태로 다비 이전에 존재하긴 했지만, 제대로 모습을 갖춘 형태로 발전한 적은 없었다.[1]

이 생각은 찰스 C. 라이리의 "대표적인 세대주의 계획 차트"에서 볼 수 있는 것처럼, JND의 가르침은 올바르게 이해되고 있지 않았다는 사실을 반영하고 있다.[2] 그는 JND의 선구자로 피에르 포이레(Pierre Poiret, 1646-1719), 존 에드워즈(John Edwards, 1639-1716), 아이작 왓츠(Isaac Watts, 1674-1748) 등을 제시했다. 나는 이런 개념은 일부 세대주의자들이 가지고 있는 환난전휴거 개념이 (소위) 사도 교부들의 글에서도 찾아볼 수 있다고 주장하는 것 이상의 의미는 없다고 생각한다. JND가 세대적인 진리를 체계화했다는 생각을 했던 또 다른 저자는 A.D. 엘러트(Ehlert)이 있는데, 그는 다음과 같이 썼다.

소위 이 "현대 세대주의"는 보통 존 넬슨 다비(1800-1882)와 영국의 플리머스 형제단, 또는 자신의 설교, 가르침 및 관주 성경 노트를 통해서 이 교리를 대중화한 사이러스 잉거슨 스코필드(C.I. Scofield, 1843-1921)에게서 유래되었다.[3]

1825년에 이르기까지 진행되어 온 종교개혁은 시대들과 세대들에 대한 광범위한 교리가 시작되고 전개되던 시기였다. 1825년경에는 이 주제를 다룬 상당히 많은 책들이 발간되었고, 세대적인 교리는 신학적으로 잘 확립되어 가고 있었다. 그러나 그 날짜 이후로 세대적인 진리를 저술하는 저자들이 거의 예외 없이 이 신학의 본체를 무시하는 이상한 현상이 일어났다.[4]

이 저자들은 여러 시대를 구분했다. 만일 우리가 진정 세대가 무엇인지를 알고 싶다면, 그렇게 구분한 그 시대들을 세대라고 부르는 것은 전혀 도움이 되지 않는다는 사실을 알아야 한다. 우리가 이 책에서 살펴본 JND의 가르침의 관점에 따르면, 그가 제시한 진리들은 명백하게 성경에서 찾아볼 수 있다는 사실을 제외하면, 다비 이전에 "체계화되지 않은 세대주의(unsystematized dispensationalism)"는 존재하지 않았다는 사실이 분명해진다. 다음을 살펴보자.

1. A.D. 엘러트(Ehlert)는 JND에게서 시작된 "현대 세대주의"가 C.I. 스코필드에 의해서 대중화되었다고 말했다. 이것은 C.I. 스코필드의 세대주의 신학과 JND의 가르침을 비교하면 알 수 있듯이, 정확하지 않은 견해다. JND 이전의 일부 저자들이 몇 개의 시대들을 구분했고 (심지어 이전 세대들이라고 부르기도 했)

또 JND도 몇 개의 시대들을 구별했다는 사실은 JND 이전의 저자들이 세대적인 진리를 가지고 있었고 또 JND가 그것을 체계화했다는 점을 전혀 보여주지 않는다. 나는 의미론적 논쟁에는 관심이 없다. 사실이 중요한데, 세대적인 진리의 일부를 체계화시킨 세대주의 신학은 JND가 가르친 것이 아니라는 것이다.

2. 더욱이, C.I 스코필드가 JND로부터 이스라엘과 교회의 구별, 환난전 휴거, 그리고 이스라엘에게 왕국의 제안과 연기(the offer and postponement of the kingdom) 등의 진리를 빌려오지 않았다면 스코필드의 세대주의 신학은 존재할 수도 없었을 것이다. 누군가 이러한 진리가 빠진 스코필드의 세대주의 신학을 묘사하게 해보라! 과연 이러한 진리들이 JND 이전에 체계화되었는가?

3. 이러한 것들 외에도 스코필드의 세대주의 신학에서 다음과 같은 매우 중요한 누락 사항이 있는데, JND의 가르침을 특징짓는 진리들은 다음과 같다.

1) 첫 사람을 시험하는 일은 그리스도께서 십자가에서 거절 당하심으로 끝났다. 이후로는 사람을 시험하는 일이 없다.

2) 땅에서 하나님의 통치 방식은 (땅에 속한 백성으로서) 이스라엘과 (하늘에 속한 백성으로서) 교회를 바르게 구분하는 일과 연결되어 있다. JND의 지상에서 하나님의 통치 방식에 대한 이해를 보여주는 차트는 다비 이전의 것뿐만 아니라 스코필드의 세대주의 신학과도 근본적인 차이점을 보여준다.

4. L. 크러치필드(Crutchfield) 박사 논문의 자료는 그의 논문[5], The Origins of Dispendationalism(Lanham: University Press of America, 1992)에 소개되었으며, R. L. L. 라이트너(Lightner)에 의해서 Bibliotheca Sacra[a], 1992년 10월/12월, 497,498쪽에서 간략하게 소개되었다. 부분적인 내용을 소개하면 다음과 같다.

크러치필드는 말하자면, "기록을 정확하게 남기려는" 노력의 일환으로 이 연구를 추진했다. 그는 세대주의와 관련하여 수정해야 할 두 가지 오류를 지적했다. 첫 번째는 세대주의자들이 다비에게 빚을 지고 있다는 사실을 일부 사람들이 부인하고 있다는 것이었다. 두 번째는 다비가 세대주의 신학의 유일한 근원이자 원천이라는 사실을 부인하고 있다는 것이었다.

이 책에 소개된 연구는 스코필드와 그를 따르는 사람들이 JND의 가르침을 전반적으로 가져오지는 않았음을 보여준다. 다비는 문자적인 해석을 강조했는데, 이는 이스라엘에 대한 하나님의 계획과 교회에 대한 하나님의 계획의 뚜렷하고도 지속적인 구분을 하도록 이끌어주기 때문이다. 하지만 그것 외에도, 다비의 "세대적인 진리 체계는 스코필드의 세대주의와 드문드문 유사할 뿐이다."(p. 206). 스코필드를 다비와 직접 연결시킬 만한 증거는 거의 없다. 둘 사이의 간접적인 연결고리는 아르노 개벨레인(Arno C. Gaeblein)과 아마도 제임스 브룩스(James Brooks)를 통해서 연결된 고리일 것이다.

JND에게서 빌린 것이 없다면 스코필드의 세대주의 신학은 실제론 존재할 수 없었을 것이란 사실은 이미 언급했다. 여기서 나는 "간접적인 연결고리"와 관련해서 한 사람의 이름이 누락되었음을 지적하고 싶다. 스코필드 관주 성경의 서론을 보면, 이런 내용이 있다.

> 편집자는 유럽과 미국에서 매우 학식 있고 영적인, 플리머스 형제단에 속한 저자들에게 많은 빚을 지고 있으며, 그들의 수고는 값을 매길 수 없는 가치를 가지고 있음을 고백하지 않을 수 없다. 그들 가운데 특별히 탁월한 성경 교사인 월터 스콧(Walter Scott)의 이름을 거론하는 것이 누가 되지 않기를 바랄 뿐이다.…

월터 스콧은 많은 책을 쓴 저자이며, JND가 소천했을 때 그의 나이는 44세였다. 그는 JND와 같은 교제권에 있었다.

"간접적인 연결고리"에 관해서 생각해보자. 나의 경우엔 JND와 그런 간접적인 연결고리, 즉 함께 교제를 나눌 수 있는 영예는 없었다. 다만 나는 JND의 성경주석 시리즈와 다비 전집을 오랫동안 탐독해왔다. 1883년에야 비로소 JND의 7권으로 되어 있는 Notes and Comments는 인쇄되기 시작했다. 윌리암 켈리가 편집한 The Bible Treasury도 그 때 쯤 출간되었다.

어쨌든 나의 경우엔, 나와 다비가 직접적으로 연결된 것은 전혀 없다. 단지 JND와 나 사이의 간접적인 연결고리는 그저 JND의 책이었을 뿐이다. 그렇다면 C.I. 스코필드의 경우엔, 위에 언급된 JND의 책을 전혀 읽지 않았을까? 그래서 그렇게 표현한 것일까? 아무튼, 그는 "탁월한 성경 교사인 월터 스콧에게 많은 빚을 진 것"은 확실해 보인다.

미주

1. Dispensationalism Today(세대주의의 바른 이해, 전도출판사 간), pp. 82, 83. Cp. p. 180.
2. Ibid., p. 84.
3. A Bibliographic History of Dispensationalism, p. 5. The material in this book first appeared in the Dallas Theological Seminary journal, Bibliotheca Sacra, Jan. 1944 - Jan. 1946.
4. Ibid, p. 33.
5. 래리 크러치필드(Larry Crutchfield)는 1985년 "존 넬슨 다비(1800-1882)의 저서에서 발견하는 시대와 세대의 교리"라는 제목으로 박사학위를 받았다. 나는 이 논문이 어느 한 쪽으로 치우치지 않고 또 많은 정보를 제공하고 있으며, 그의 결론에 동의하지 않는 부분들이 있긴 하지만 그럼에도 JND를 이해하고자 심혈을 기울였다고 생각한다. 그는 C.I. 스코필드의 신학체계와 비교하면서, C.I. 스코필드의 신학에는 JND가 강조했던 첫 사람의 시험이 끝난 것(p. 99)과 땅에서 통치하시는 하나님의 섭리(p. 94)에 대한 부분이 생략되었다는 사실을 지적했다.

부록2

고독한 시간을 보내는 중에, 하나님에게서 진리를 배운 J. N. 다비

J. N. 다비의 사고와 회복(1826년 12월 - 1827년 1월)

다비는 1826년 12월과 1827년 1월(또는 2월), 대략 2개월 동안 공적인 사역에서 물러나 홀로 거하면서 영적으로 각성되는 경험을 하였고, 또 하나님 말씀을 깊이 연구한 결과로 엄청난 영적인 유익을 얻을 수 있었다. 이 시기 동안 다비는 교회 이후에 세대의 변화가 일어난 것을 깨닫게 되었고, 자신이 그리스도 안에 있는 하나님의 천상 백성으로서 그리스도의 자리가 자신의 자리가 되었음을 배울 수 있었다. 이것과 더불어 그는 언제라도 일어날 수 있는 그리스도의 즉각적인 재림을 기대할 수 있다는 것을 보았다. 그리스도는 언제라도 오실 수 있기 때문이다.

거듭났지만 아직 영적 해방을 경험하지 못했던 다비의 영적인 상태

다비가 거듭난 시기, 곧 허물과 죄로 죽었던 영혼이 살리심을 받은 시기는 1820년 중반으로 보인다. 다비가 하늘에 속한 진리를 깨닫기 전까지 영국 국교회의 정통 교리를 붙들고 있었다.

"복음에 대한 신조(dogma)를 받아들이는 것에 대해서 나는 아무런 문제가 없었다. 삼위일체 하나님, 예수님의 신성, 십자가에서 이루신 그리스도의 속죄 사역, 그리스도의 부활, 하나님의 우편에 앉으신 일 등은 오랫 동안 내 영혼 속에 살아있는 실제였으며, 늘 정통 교리로서 이해하고 있었다."[1]

그럴지라도, 다비는 자기 양심 속에 역사하는 죄(또는 죄성)와 사망의 법으로부터 해방을 받지는 못했고, 다만 금욕주의적인 방법으로 해결하고자 했다. 은혜의 통로로서, 영국 국교회가 사도적 계승을 하고 있다고 굳게 믿고 있었다.[2]

사고를 당해 회복하는 기간 동안 다비는 자신이 본 것들을 진술했는데, 그 가운데에는 그리스도와의 연합의 진리와 아무런 예비적인 사건이나 징조 없이 주님이 다시 오실 수 있다는 재림의 진리와 세대적인 진리 등이 포함되어 있었다. 다비가 금욕주의를 고수하고 또 영국 국교회가 은혜의 통로로서 사도적인 계승을 하고 있다고 믿었을 때에는, 그러한 것들을 보지 못했다. 즉 교회와 이스라엘을 구분하는 참된 토대가 무엇인지를 몰랐던 것이다. 1820-1826, 이 시기 동안 다비가 처한 하나님과의 실제적인 관계는 사실 로마서 7장 7-24절에서 설명하고 있는 대로 그의 양심이 율법 아래서 고군분투하는 상태였다. 한 사람이 하나님과 맺고 있는 관계에 따라 양심의 상태는, 죄와 사망의 법 아래 있거나(롬 7:23, 8:2), 아니면 율법으로부터 해방되어 자유 가운데 있거나(롬 8:2), 둘 중 하나라는 사실을 유념해야 한다. 로마서 7장의 상태는 고린도후서 3장 17절에서 말하고 있는 자유함 속에 들어가지 못한 사람이 처한 상태인 것이다. 돌아온 탕자의 이야기는 이에 대한 명확한 설명을 보여준다. 즉 탕자가 일어나서 자기 아버지께로 갔지만, 그의 아버지가 그의 목을 안고 또 입을 맞추며, 그를 집으로 맞아들일 때까지 탕자가 아버지께로 가는 동안, 그 마음 속에서 느꼈던 상태가 바로 로마서 7장의 상태인 것이다. 그가 아들이지만 아버지께로 가는 동안, 그는 자신을 그저 품꾼의 하나로 밖에 여기지 않았다. 이는 그가 종의 영을 가지고 있었고, 양자의 영을 가지고 있지 못했기 때문에 자유함을 맛보지 못했음을 보여준다. 바로 이러한 상태가 다비가 금욕주의적인 상태에 있었을 때 느꼈던 것이었다. 이것은 "그리스도 중심"의 신앙이 아니라 여전히 "나 중심"의 신앙을 가리킨다. 다비의 말을 들어보자.

> 내가 하늘에서 그리스도와 연합을 이루고 있음을 깨닫는 순간, 결과적으로 하나님 앞에서 나의 자리는 그분 자신에 의해서 대표되고 있었고, 그렇다면 율법의 요구 앞에서 지난 6년 혹은 7년 동안 나를 심히 압박하며 괴롭혔던 이 곤고한 "나"는 하나님 앞에서 더 이상 문제가 되지 않는다는 결론을 내리게 되었다.[3]

로마서 7장 7-24절을 읽어보라. 그리고 얼마나 많이 "나(I)"라는 단어가 나오는지 세어보라! 금욕주의(나는 여기서 율법 아래 있는 사람의 양심 속에서 작동하는 영혼의 작용에 대해서 말하고 있다. 이러한 사람은 "내"가 어떻게 하면 하나님의 마음에 합할 수 있는가를 부지런히 추구하게 된다)와 은혜는 상호 양립할 수가 없다.

이러한 금욕주의 시기 이후 다비의 삶의 스타일은, 어떤 반대자들이 보기엔, 여전히 금욕주의적인 것으로 보였다. 하지만 다비는 매우 단순하면서도, 자신을 부인하고 주님을 기쁘시게 해 드리는 일에 전적으로 헌신된 삶을 살았으며, 기꺼이 '낮은 계층의' 사람들에게 다가갔다. 다비는 단순한 삶을 살았다. 그를 비판하는 사람들이 이 점에서 무슨 흠을 찾기 보다는 그와 같은 삶을 추구하는 것이 오히려 좋을 듯하다.

하나님 말씀의 우월성

두 달 전, 1826년 10월 10일 매기 박사는 칙령을 내렸고, 하나님은 다비에게 사고가 일어나는 일을 허락하심으로써 성경을 읽을 수 있는 시간을 갖도록 마음에 감동을 주셨다. 다비는 그 기간 동안 사도행전과 이사야 32장, 그리고 여러 성경을 읽었다.

> 나는 성직을 받자마자, 가난한 아일랜드 사람들이 사는 산골에 가서…2년 3개월을 머물렀다…사고가 나서 잠시 동안 공적인 사역에서 물러날 수밖에 없었기 때문이었다. 내가 탄 말이 놀라 나를 떨어뜨렸고, 나는 문지방에 부딪혔다. 홀로 거하는 동안, 여러 가지 생각이 봇물처럼 쏟아졌다. 많은 영적 고뇌를 통해서 결국은 성경이 가지고 있는 우월성이 나를 완전히 사로잡았으며 나를 굴복시켰다. 그 후로 나는 항상 성경을 하나님의 말씀으로 인정하고 믿었다.[4]

"잠시 동안 공적인 사역에서 물러났다"는 다비의 말은 성직을 받은 후 2년 3개월 정도의 기간을 의미한다. 그리고 사고가 난

후 회복하기까지의 기간은 1826년 12월부터 1827년 1월(또는 2월)까지이다. 위의 편지에서 생략된 부분을 분명히 할 필요가 있어 보인다. 이렇게 공직에서 물러나 있는, 대략 27개월 정도의 기간에 사고가 일어난 것이다. 그렇다면 다비는 대략 27개월 동안 공적인 사역에서 물러나 있었던 것이 된다.

오래 전에, F. 길(Gill)은 이 사건이 1826년 12월에 일어났다고 지적한 적이 있었다. 그는 J.G. 벨렛(Bellett)이 1827년 1월 31일에 동생에게 쓴 편지를 증거로 제시했다. 그 편지에서 말하길,

나는 금요일에 J.N 다비를 만나기를 소망하고 있다. 그가 거의 2개월 동안 무릎 부상 때문에 누어있다는 소식 때문에 네가 근심하고 있을 줄로 안다. 캘러리에 있는 가련한 주의 백성들도 그가 빨리 회복되기를 간절히 바라고 있단다.[5]

"캘러리에 있는 가련한 주의 백성들"이란 말은 다비가 가난한 아일랜드 산간 지방에서 가서 사역하던 2년 3개월의 기간에 사고가 일어났다는 사실을 의미한다. 그렇지 않으면 그가 사역을 떠난 이후에 일어난 일로 보아야 한다.[6]

회복의 시기(1826년 12월-1827년 1월)는 엄청난 진리가 다비의 영혼 속에 임하는 시기였다.

1. 다비는 영적 해방과 그리스도와의 연합의 진리를 보았다.

회복의 시기 동안 다비는 비로소 영적인 해방을 경험할 수 있

었다(롬 7:24). 그는 이미 거듭난 상태에 있었지만, (그래서 롬 7:22에서 "속 사람"을 언급하고 있는 것이다) 하나님 앞에서 당당히 서서 양심상 다시 죄를 깨닫는 일이 없다(히 10:2)고 말할 수는 없었다. 다비는 믿음 안에서 모든 기쁨과 평강을 누리지 못했고(롬 15:13), 또한 그리스도인에게 주시는 자유함도 없었다(고후 3:17,18). 그는 죄의 법 아래로 사로잡혀 있었다(롬 7:23). 오랜 동안 로마서 7장 7-24절에서 설명하고 있는 상태에 갇혀 있었지만, 이제야 비로소 그리스도를 해방자로서(롬 7:24) 믿게 되었다. 그 결과 그리스도 예수 안에 있는 생명의 성령의 법에 의해서 이러한 육신 안에 있는 위치와 상태에서 해방될 수 있었다(롬 8:2).[7] 따라서 다비는 자기 속에 치유가 불가능한 육신이 여전히 있지만, 그럼에도 로마서 8장에서 말하는 신분과 상태(standing and state of Rom. 8)가 일치하는 영적인 실제 속으로 들어갈 수 있었다. 이러한 해방의 경험은 그에게 깊은 영향을 미쳤다. 50년이 지난 후 그는 이렇게 썼다.

> 당신은 로마서 7장이 그리스도인의 상태가 아니라는 것을 알 필요가 있다. 나는 전심으로 로마서 8장이야말로 그리스도인의 합당한 상태라는 것을 지난 50년 동안 가르쳐왔다. 나의 생애를 통해서 이 사실은 더욱 분명해졌다고 말할 수 있다.[8]

결과적으로 다비의 가르침의 성격은 변화되었다.

> 내가 하늘에서 그리스도와 연합을 이루고 있음을 깨닫는 순간, 결과적으로 하나님 앞에서 나의 자리는 그분 자신에 의해서 대표되고 있었고, 그렇다면 율법의 요구 앞에서 지난 6년 혹

은 7년 동안 나를 심히 압박하며 괴롭혔던 이 곤고한 "나"는 하나님 앞에서 더 이상 문제가 되지 않는다고 결론을 내릴 수밖에 없었다. 그렇다면 하나님이 생각하시는 하나님의 교회는 그렇게 그리스도와 연합된 사람들로만 이루어진다는 것이 명확해졌다. 반면 외형적으로만 기독교의 형태를 갖추고 있는 기독교계는 실제로는 세상이며, 자신들이 차지하고 있다고 고백하고 있는 위치에 부여된 책임의 문제를 제외하면 - 그 자리가 가지고 있는 책임은 매우 중요한 문제이다 - "교회"로 인정될 수 없었다. 동시에 나는 하늘에서 그리스도 안에 자신의 자리를 가지고 있는 그리스도인들은 구주의 재림을 기다리는 것 외에는 달리 기다릴 것이 없다.[9] 왜냐하면 그리스도인은 "그리스도 안에서" 이미 자신의 신분에 합당한 영광 속에 들어가 있기 때문이다....

　내가 다시 설교하기 시작했을 때, 나의 설교에 나타난 실제적인 차이점은 다음과 같다. 교구 목사로서, 나는 죄가 하나님과 우리 사이에 커다란 구렁을 만들었고, 그리스도만이 그 사이를 건널 수 있는 다리가 될 수 있다고 설교했다. 이제 나는 그리스도께서 이미 자신의 사역을 완성하셨다고 설교한다. 나의 가르침의 중심이었던 중생의 필요성은 더욱 마지막 아담이신 그리스도와 연결되었고, 그럴 때만이 중생의 결과가 성령의 능력에 의해서 주어지는 전적으로 새로운 생명, 실제적인 생명임을 더욱 분명하게 이해하게 되었다. 이미 언급했듯이, 그리스도의 위격과 그리스도 부활의 능력에 더욱 집중했을 때, 하나님 앞에서 사람이 얻게 된 새로운 지위와 사망을 이긴 승리에 찬 생명의 능력이 회중들에게서 분명히 나타나는 것을 보았다. 이것은 내가 '영적 해방'을 경험함으로써 얻게 된 교훈이었다.[10]

우리는 1827-28년에 아일랜드 더블린에서 모이기 시작했다. 이렇게 모이게 된 것은 영국 국가 감독교회가 사도적 계승을 하고 있지 않다는 이유 때문은 아니었다. 내가 그리스도와 하나 되었고, 이제는 내가 더 이상 하나님 앞에서 육신 안에 있는 자가 아니라, 오직 그리스도 안에 있으며, 사랑하시는 자 안에서 열납되었고 또한 그리스도 안에서 하늘에 앉아 있는 자가 되었다는 것을 발견하였기 때문에 나의 영혼은 평안을 맛보고 있었다. 이것은 나에게 참된 하나님의 교회는 하늘에서 그리스도와 연합된 사람들로만 이루어진다는 이해를 갖게 했다. 나는 즉시 영국 국교회는 하나님의 교회가 아님을 깨달았다. 그때 출간했던 소책자는 어느 누구를 공격하려는 것이 아니라 다만 그리스도 교회의 일치성에 대해서 다루었다. 내가 이러한 일치성과 연합을 이루고 있는 교회가 있는가 둘러보았을 때, 그 어디에서도 찾을 수 없었다. 만일 내가 그리스도인들의 어느 부류에 가입을 하면, 다른 부류에는 속할 수 없었다. 하나님의 교회는 깨어져 황폐화 상태에 있었고, 그 지체들은 다양한 교파 속으로 흩어져 있었다. 내가 성경에서 발견한 한 몸의 지체가 되는 길은 지상에 있는 어느 기독교 단체에 가입하는 것이 아니라, 다만 그리스도의 지체로서 그리스도의 손과 발이 되는 것이었다....[11]

다비는 또 이렇게 말했다.

1827년에 나로 하여금 영적인 자유를 누리게 해준 영적 해방의 진리는 줄곧 나의 영혼이 묵상하는 주제였다. 나는 더욱 분명히 이 진리가 가지고 있는 중요성을 깊이 자각하게 되었다....[12]

다른 곳에서 다비는 해방의 체험(롬 7장) 때문에, 주님은 특별히 자신의 사역을 축복하셨다고 말했다.

2. 다비는 하늘의 그리스도의 자리가 자신의 자리임을 보았다.

그 중요성 때문에, 서두에서 언급한 회복 기간 동안 다비가 보았던 그리스도의 자리가 자신의 자리라는 진리를 다시 살펴보고자 한다.

> 내가 하늘에서 그리스도와 연합을 이루고 있음을 깨닫는 순간, 결과적으로 하나님 앞에서 나의 자리는 그분 자신에 의해서 대표되고 있었고....[13]

> 나는 그리스도 안에 있으며, 사랑하시는 자 안에서 열납되었고 또한 그리스도 안에서 하늘에 앉아 있는 자가 되었다는 것을 발견하였기 때문에 나의 영혼은 평안을 맛보고 있었다. 이것은 나에게 참된 하나님의 교회는 하늘에서 그리스도와 연합을 이룬 사람들로만 이루어진다는 이해를 갖게 했다....[14]

이렇게 마음에서 그리스도 예수 안에서 하늘에서 펼쳐진 하나님의 은혜의 진리가 자리를 잡게 되자, 이것은 다비의 영혼에 새로운 비전처럼 임했다. 하늘에서 그리스도와 연합을 이루었다는 것은 우리 하나님 아버지 앞에서 그리스도의 자리가 곧 우리 하나님 아버지 앞에서 우리의 자리라는 것을 의미했다. 이것이 바로 "그리스도 안에" 있다는 의미였다. 아버지 앞에서 그리스도의 자리가 곧 나의 자리의 기준인 것이다. 에베소서 1장 6절에

보면,

> …하나님은 우리를 그 사랑하시는 자 안에서 은혜 속으로 받아(열납해) 주셨다.

그렇다. 그리스도의 자리가 우리 주 예수 그리스도의 아버지 하나님 앞에서 나의 자리다. 우리는 사랑하시는 자 안에서 이러한 은혜 속으로 들어왔다. 사랑하시는 자, 그리스도는 아버지께서 하라고 하신 일을 완성하셨고, 또 아버지의 영광으로 말미암아 죽은 자 가운데서 살아나신(롬 6:4) 결과로, 우리 하나님 아버지 앞에서 사람으로서 아버지께서 정하신 자리에 들어가셨다. 아버지께서 살리시는 모든 역사는 ("아버지의 영광으로") 그리스도를 죽은 자 가운데서 살리신 역사를 통해서 되는 일이다. 그리스도께서 사람으로서 아버지 앞에 들어가신 자리는 이제 "그 사랑하시는 자" 안에서 우리의 자리이다. 사랑하시는 자, 그리스도는 우리 하나님 아버지 앞에서 우리의 자리의 기준이다. 같은 것이며 동일한 자리이다. 이것은 "그리스도 안에서 하늘에 속한 모든 신령한 복"(엡 1:3)이다. 여기서 하늘(the heavenlies)이 의미하는 바는 그리스도 안에서 성도들이 지금 하늘에서 소유하고 있는 특별하면서도 절대적인 특권의 영역을 의미하며, 우리 하나님 아버지 앞에서 영구적인 자리를 의미한다. 그래서 성경은 "[우리를] 또 함께 일으키사 그리스도 예수 안에서 함께 하늘에 앉히시니"(엡 2:6)라고 말하고 있다. 이것은 그리스도인만이 소유하고 있는 특별하면서도 독특한 복의 영역이며, 에베소서 1장 3절에서는 이것을 "그리스도 안에서 하늘에 속한 모든 신령한 복"으로 부르고 있다. 다른 신령한 복들이 있지만 그럼에도 이러한 복들은 "그리스도 안에서 하늘에 속한" 특별한 부류의 사람들, 즉 그리스도와 연합을 이루고 있는 사람들이15) 받는 복과는 차원이 다르다. 따라서 다비는 이 진리가 자신의 영혼에게 열렸을 때, 신앙의 엄청난 전환점(터닝 포인트)을 맞이하게 되었던 것이다. 이것이 자신에 참된 것일진대, 이것은 모든 신자들에게 참된 것임을 알았다. 그는 이것이야말로 참된 교회를 이루고 있는 사람들이 들어가 하나님 앞에서 서있는 위치(position, 지위)라는 것을 보았다.

따라서 이러한 성령의 가르침을 통해서, 다비는 그리스도인의 합당한 소망이 무엇인지를 볼 수 있었다. 그는 자신을 하늘로 데려가기 위해서 오시는 그리스도의 재림에는 아무런 전조(前兆)의 사건이 없다는 것을 보았다.

물론, 아버지 앞에서 그리스도의 자리가 자신의 자리임을 보는 것은 이미 죄 사함을 받았다는 사실을 전제로 하고 있어야 한다. 즉 법적으로 말해서 그는 하나님 앞에서 죄 용서를 받은 신분에 들어간 사람이어야 한다. 게다가 여기에는 그리스도와 함께 죽었다는 진리와 몇 가지 진리들도 포함되어 있다. 이 사실이 다비가 쏠럭 교수에게 쓴 편지에 나타나 있다.

내가 강조하고 싶은 것은, 이 하늘에 속한 진리가 지금 성도들에게 해당된다는 것이다. 그리스도 안에서 하늘에 앉아 있는 사람이 되는 것은, 구약성도들은 해당되지 않는다. (만일 당신이 다르게 믿는다면, 본인의 생각을 지지하고 있는 성경구절을 직접 찾아보라.) 성경은 결코 이스라엘이 그리스도 예수 안에서 하늘에 앉을 것이라고 언급하고 있지 않다. (만일 당신이 다르게 믿는다면, 본인의 생각을 지지하고 있는 성경구절을 직접 찾아보라.) 여기서 우리는 하늘에 속한/ 땅에 속한 백성을 가르고 있는 중차대한 차이점에 대한 근거를 볼 수 있다. 하나님은 한 가지 목적을 가지고 계신다. 즉 그리스도를 영화롭게 하는 것인데, 하늘과 땅, 이 두 영역에서 영광을 나타내심으로써 그리하실 것이다. 이렇게 그리스도께서 가지고 있는 이중적인 영광은, 선지자들조차도 볼 수 없었던 비밀이었으나,[16] 천년왕국 시대에 나타나게 될 것이다.

> "그 뜻의 비밀을 우리에게 알리셨으니 곧 그 기쁘심을 따라 그리스도 안에서 때가 찬 경륜을 위하여 예정하신 것이니 하늘에 있는 것이나 땅에 있는 것이 다 그리스도 안에서 통일되게 하려 하심이라." (엡 1:9-10)

다비에게 처음으로 열린 것은 하늘의 영역이며, 그 다음으로 열린 것이 땅의 영역이었다. 우리는 이제 다비가 땅의 영역에 대해서 본 것을 살펴볼 것이다.

3. 다비는 교회가 하늘에 속한 존재임을 보았다.

이러한 중요성 때문에, 서두에서 언급한 회복 기간 동안 다비가 보았던, 참된 교회의 본질이 무엇인가 하는 점을 다시 살펴보고자 한다.

...나는 그리스도 안에 있으며, 사랑하시는 자 안에서 열납되었고 또한 그리스도 안에서 하늘에 앉아 있는 자가 되었다는 것을 발견하였기 때문에 나의 영혼은 평안을 맛보고 있었다. 이것은 나에게 참된 하나님의 교회는 하늘에서 그리스도와 연합된 사람들로만 이루어진다는 이해를 갖게 했다....17)

다비가 이해하게 된 순서에 주목하라. 다비는 그리스도의 자리가 자신의 자리이며, 이것은 교회가 교회되도록 하는 것이 무엇인가에 대한 이해를 갖도록 했다. 다비는 교회가 하늘에 속한 존재이며, 마찬가지로 각 그리스도인도 하늘에 속한 존재임을 보았다. 이것은 필연적으로 이스라엘이 땅에 속한 존재라는 것과는 대조적인 것이었다. 그렇다면 그리스도의 자리가 곧 자신의 자리라는 사실은, 다비로 하여금 하늘에 속한 교회/ 땅에 속한 이스라엘이라는 구분을 갖게 했다는 것을 우리는 확실히 볼 수 있게 해준다. 우리는 하나님 앞에서 하늘에 속한 존재이다.

"무릇 하늘에 속한 자는 저 하늘에 속한 자들과 같으니."(고전 15:48)

우리는 이미 요한계시록 4장 이전에 휴거가 일어나게 될 것에 대해서 살펴보았다. 다비는 이것을 우리가 이미 살펴본 내용과 연결해서 보았다. 하지만 우리는 이것을 몇 가지 요소들을 살펴본 이후에 다룰 것이다.

4. 다비는 세대적인 진리를 보았다.

아버지 앞에서 그리스도의 자리가 자신의 자리이며, 또한 참 교회는 하늘에 속한 존재임을 본 후, 다비는 이스라엘이 하나님의 목적 가운데서 땅에 속한 자리에 있음을 보았다. 따라서 하늘에 속한 진리들과 연관해서, 그는 이사야서 32장을 통해서 장차 다른 세대가 오고 있다는 것을 볼 수 있었다. 다비는 교회의 본질과 장차 오는 세대의 엄청난 변화에 대해서 감지한 후, 이스라엘과 교회는 다른 운명 공동체라는 결론을 내렸다. 그는 이렇게 썼다.

내가 휴식을 갖는 동안, 이사야서 32장이 나에게 선명하게 다가왔다. 하나님이 미리 정하신 새로운 경륜이 다가오고 있다는 사실을 볼 수 있었다. 물론 지금까지는 결코 세워질 수 없는 특징을 띠고 있는 시대인 것이다. 내가 그리스도와의 연합되었다는 인식은 나에게 하늘에 속한 영광에 현재적으로 참여하고 있다는 확신을 주었다면, 이사야서 32장은 거기에 해당하는 땅에 속한 영광이 있음을 분명하게 보여주었다. 이 두 가지를 각자의 자리에 두거나, 혹은 질서를 따라서 배치하는 것은 지금은 넉넉히 할 수 있지만 처음엔 나에게 어려운 일이었다. 하지만 하나님의 말씀을 읽을 때 성령의 역사에 의해서, 각각의 진리들을 하나님께서 계시해주셨고, 열어주셨다.[18)]

나는 다른 사람의 도움도 없이, 이사야서 32장을 홀로 연구해야만 했다. 왜냐하면 다른 사람의 가르침이나 도움이 없이, 이렇게 하는 것을 주님이 기뻐하셨기 때문이다. 우선 이 주제에 대해서 나의 눈을 열어주셨기에, 나는 전체적인 하나님의 뜻을 알 수 있었다. 이사야서 32장에 기록되어 있는 앞의 복된 사실들에 의해서나 아니라 나중 부분, 즉 광야가 하나님의 열매를 맺고 영광이 나타나는 아름다운 밭이 되고, 그렇게 됨으로써 숲으로 여기게 되지만, 그 후에 주님의 심판이 임하고 또 엄청난 우박이 이 숲에 쏟아짐으로써 도시 또는 그 도시의 교만이 전적으로 무너지게 됨으로써 완전한 세대의 변화가 있게 될 것을 볼 수 있었다. 오순절 날 유대인들에게 성령이 부어지고, 그리고 나서 이방인 교회를 위하여 그들이 대체된 것은 숲을 이루는 것이었다. 여기서 주목해야 하는 것은, 이것이 앞에 있는 구절들과 연속선상에서 볼 때 분명해진다는 점이다.[19]

다비는 세대의 변화가 있게 될 것을, 처음으로 생생하게 볼 수 있었다. 이것은 그가 이전에는 소위 무천년주의 혹은 어거스틴적 무천년주의 사상을 가지고 있었음을 짐작하게 해준다.

5. 다비는 현재 시대를 위한 하나님의 섭리를 보았다.

하나님의 말씀 속에 있는 진리는 지성인들의 지적인 만족을 위해서 주어진 것이 아니다. 진리는, 요한복음 4장에서 주님이 사마리아 여자를 다루신 것처럼, 양심을 통해서 (진리가 거하는 장소인) 영혼 속으로 들어가도록 하기 위한 것이다. 만일 진리가 단순히 이성 속에만 머문다면, 우리는 진정으로 진리가 주는 유익을 얻을 수 없을 것이다. (따라서 기독교의 신앙고백을 보면 대부분 지적인 내용으로 가득한 것을 볼 수 있다.) 다음을 보면, 우리는 진리가 기독교 신앙의 실제 속에서 다비를 연단시켰던 것을 볼 수 있다.

무엇을 해야 하는가? 나는 말씀 속에서 그리스도의 재림이 교회를 영광 중에 있는 자신에게로 이끌어 올리기 위한 것임을 보았다. 나는 십자가에서 구원의 신적인 기초를 보았고, 그것은 주님의 재림의 관점에서 그리스도인과 교회가 가지고 있는 진정한 가치를 엿볼 수 있게 해주었다. 그때까지 그리스도의 교회의 활동의 원천으로서, 또한 모든 그리스도인의 활력의 근원이자, 교회 간의 연합의 근본적인 요소로서 성령님이 주어진 것이다.

복음에 대해서 생각해볼 때, 나는 복음의 근본적인 교리를 받아들이는데 아무런 어려움이 없었다.

예수님의 피가 신자가 지은 죄의 모든 흔적을 말끔하게 제거했다. 하나님 자신의 순결함에 합하도록 죄의 모든 자국을 없앴다. 그리스도의 흘리신 보혈의 공로에 의해서 죄인과 하나님과의 화목이 이루어졌기에, 우리는 이제 모든 사람들로 하나님에게 나아오도록 초청할 수 있다. 바로 이것(화목)을 위해서 사랑의 하나님은 자기의 독생자를 보내신 것이다. 하늘로부터 보내심을 받아 신자 속에 내주하기 위해서 오신 성령님은, "기름부음", "구속의 보증"과 "인(印) 또는 인침"이시며, 또한 교회 안에 거하심으로써 자기 뜻대로 모든 지체들에게 은사를 나눠주실 뿐만 아니라 한 몸 안에서 교회를 연합시키는 능력으로 역사하신다. 이러한 진리들은 나의 눈에 너무도 굉장한 것이었고, 내 영혼 속에서 크게 자리 잡게 되었다. 성령과 연결된 이 마지막 진리는 사역의 문제와 관계가 있었다. 사역은 어디서 오는 것이며, 어떻게 받는 것인가? 성경에 의하면, 사역은 성령님의 주권과 성령님의 강력한 역사에 속한 것이며, 따라서 분명 하나님에게서 오는 것이었다.[20)]

6. 다비는 교회의 황폐화를 보았다.

하나님의 말씀을 통해서 다비의 영혼 속에 참 교회의 천상적인 성격에 관한 진리가 계시된 것과 연관해서 생각해볼 때, 그렇다면 교회는 실제적인 면에서 이 모든 것에 대해서 어떻게 응답했는가? 과연 교회는 천상적인 특징을 보여주었는가? 교회는 실제로 하나님의 진리를 표현하고 있었는가? 사도행전을 꼼꼼히 읽어보았을 때, 다비는 은사의 합당한 자리를 볼 수 있었고, 성직자 제도는 하나님에게 속한 것이 아님을 볼 수 있었다. 다비는 교회가 책임 있는 자리에 있지만, 그 자리에서 떨어진 상태에 있었음을 볼 수 있었다.

사도행전을 꼼꼼히 읽어본 결과 지상에 있는 교회의 실제적인 그림을 볼 수 있었고, 이 일은 교회가 영원히 하나님의 사랑을 받는 존재이긴 하지만, 그 현실적이고 실제적인 상태는 본래 천상적인 성격에는 훨씬 미치지 못하고 있음을 깊이 공감할 수 있었다. 그 당시 나는 움직일 때, 목발을 의지해야 했으며, 내가 가진 확신을 공적으로 나눌 수 있는 기회를 얻지 못했다. 게다가 나의 건강상태가 예배에 참석할 정도가 되지 못했기에 홀로 남아 있어야만 했다. 그 일을 지금 생각해보면, 하나님의 선하신 손이 나를 도와주셔서, 나의 영적인 연약함을 육체의 연약함 속에 감추신 듯하다. 그 당시 내 마음 속에서 자라고 있었던 확신은, 기독교가 세상에서 이룬 것은 결코 한 영혼의 필요들을 충족시키지 못했다는 것과 또한 하나님의 거룩한 경륜적인 섭리가 본래 의도된 대로 진행되고 있지 않다는 것이었다....

나 자신에게 말했다. "만일 사도 바울이 지금 우리에게 온다면, 현재 기독교계에서 정한 시스템에 따르면 과연 정식으로 안수 받지 않은 바울이 (영국 국교회 등을 포함해서) 설교를 할 수 있을 것인가? 만일 사탄의 일꾼이, 교리적으로 구주를 부인하는 그가 정식으로 안수 받았다는 이유만으로 우리에게 와서 자유롭게 설교할 수 있다면, 우리는 그를 동료 일꾼으로 받아야만 하지 않겠는가? 그렇다면 기독교계의 시스템에 따라 안수 받지 않았던 바울은 하나님의 영의 강력한 도구로 인정받지 못할 것이며, 허다한 영혼들을 주님께로 인도한 그의 복된 사역도 없을 것이 아닌가?"

....이것은 단순한 상상이 아니다. 이러한 일이 곳곳에서 일어나고 있었다. 이것은 순전히 오류 가운데 있는 기독교계의 원리이다. 하지만 사역은 성령님께 속해 있다. 성령님에 의해서 부르심을 받아 사역하고 있는 성직자들도 여럿 있지만, 문제는 시스템이다. 현재 기독교계의 시스템은 성경에 위배된 것이다. 결과적으로 더 이상 성경의 원리를 따르는 것이 불가능한 상태에 빠져있다.[21]

세대적 진리와 세대들을 바르게 이해하려면 각 세대가 실패로 마치게 된다는 점을 이해하는 것이 중요하다. 그리고 현재 시기도 예외는 아니다. 1827년 다비는 교회의 몰락을 이해했다. 다비는 이것을 주제로 초기에 글을 썼지만 출판하지는 않았다. 이에 대한 흥미로운 언급이 있다. B. W. 뉴턴은 F. W. 뉴먼이 아일랜드에서 돌아왔을 때[22] 이렇게 말했다.

뉴먼은 교회의 몰락에 대해서 쓴 다비의 책을 나에게 주었는데, 이 책은 다비가 흔히 다루던 주제를 포함하고 있었고, 또한 그만의 문체로 되어 있었다.[23]

이것은 1827년에 다비가 이미 "교회 황폐화"에 대한 주제를 이해하고 있었으며, 교회 또한 하나님의 증거로서 사람에게 책임이 부여된 것으로 보고 있었음을 말해준다. 이 주제는 제 2권에서 상세히 다루고 있다.

다비는 이전 세대들의 실패와 또한 교회의 실패를 논하면서 (잃어버린) 이 책을 언급했다. 유대인의 포로기 이후, 모세 경륜의 부분적인 회복과 재설립에 대해서 말하면서, 그는 이렇게 말했다.

내가 1827년에 출판한 소책자에서, 이 사건과 종교개혁이 어느 정도는 연관성이 있다는 점을 언급했다는 것을 나는 기억한다.[24]

이 부분을 언급하고 있는 다비의 또 다른 진술이 있는데, 다비는 교회의 미래 배도에 대해서 말했다. (이러한 교회의 배도는 교회의 몰락과 황폐화의 결과인 셈이다.)

나는 개인적으로, 이러한 배도가 미래에 공개적이고 공식적인 형태를 띨 것으로 믿는다. 이것은 내가 1827년 이후로 계속해서 생각해온 주제다.[25]

이러한 진술들은 1826-1827년 연대기를 설정하는데 유용하다. (책임성이 부여된 하나님의 증거로서) 교회의 타락과 황폐화, 그리고 미래 공개적인 배도가 있을 것을 이해하게 되면, 1827년에 다비는 우리가 세대적 진리라고 부르는 것을 중요한 요소로 이해하고 있었다는 것을 알게 된다. 건강회복의 시기(그리고 영적 해방을 체험하던 시기)는 1827년 이 소책자를 출판했던 시기보다 앞선다. 이 초기 시기에 대해서 B. W. 뉴턴은 이렇게 말했다.

> 이 시기에 교회 황폐화를 이해했던 유일한 사람은 다비였다. 나도 그렇게 분별했기에, 그것이 내가 다비에게 집착했던 이유였다.26)

물론 이런 관점은 땅에서 증거해야 하는 그리스도인의 증거에 나타난 총체적인 무질서를 바라보는 하나의 시각이다. 우리는 다른 측면에서, 즉 다비가 이 시기에 이 점을 이해하고 있었다는 것을 영적인 지성을 가지고 이해할 필요가 있다. 1846년 9월 24일에 쓴 편지에서 다비는 이렇게 말했다.

> 나를 둘러싸고 있는 모든 교회에서 황폐화를 보았을 때, 나는 두 세 사람이 그리스도의 이름으로 모이는 곳에 주님이 함께 하신다는 사실로 인해서 위안을 받을 수 있었다.27)

다비가 마태복음 18장 20절에 근거해서, 자신의 제안으로 떡을 떼기 위해서 다른 세 사람과 함께 모이기 시작한 것은 1827년 말경이었다. 다비는 1827년 말경, 떡을 떼기 시작하기 이전부터 교회 황폐화를 이해하고 있었다.

7. 다비는 그리스도의 재림을 날마다 소망하면서 기다리는 삶을 살아야 할 것을 보았다.

그리스도의 공중 재림을 예고하는 사전적인 사건은 없기 때문에 그리스도인은 그리스도의 오심을 소망하는 가운데 날마다 기다려야 한다.

다비는 건강을 회복하는 기간 동안 주님의 재림을 날마다 소망 가운데 고대하면서 기다려야 한다는 것을 배울 수 있었다. 그는 이렇게 설명했다.

나는 하늘에서 그리스도 안에 자신의 자리를 가지고 있는 그리스도인은 구주의 오심 외에는 달리 기다리는 것이 아무 것도 없다는 것을 보았다. 그리스도인은 주님의 재림을 통해서 영광에 들어가게 될 것이지만, 사실상 그는 "그리스도 안에서" 이미 자신의 분깃으로 영광을 소유하고 있다.[28]

주님의 재림은, 에베소서 2장 6절을 묵상할 때 내 마음에 새로운 진리처럼 다가왔다. 즉 만일 (지금) 그리스도 안에서 하늘에 앉아 있다면, 그리스도와 함께 하늘에 앉게 될 것을 기다리기만 하면 되는 것이었다. 이사야서 32장은 동일한 진리를 말하고 있으며, 지상에서 일어날 일들을 보여주고 있었다. 다른 본문들은 나에게 더욱 충격적으로 다가왔다. 그렇게 이사야서 32장을 통해서 나는 명백한 세대의 변화를 볼 수 있었다. 그 때 성령님은 유대 민족에게 쏟아 부어질 것이며, 한 왕이 공의로서 통치하게 될 것이다.[29]

나는 이상의 다비의 진술들을 강조해왔다. 왜냐하면 이 책의 1991년판에서 인용된 위에 있는 다비의 진술을 읽은 모든 사람들이, 다비가 진술한 교회를 위해서 오시는 주님의 공중재림 이전에는 예고된 사건이 전혀 없다는 것을 본 것이 아니기 때문이다. 게다가 여전히 그것을 보지 못하는 사람들이 많이 있다. 다비가 이해한 진리는 에드워드 어빙이 제안한 것보다 훨씬 앞서 있었다. 어빙은 자신이 이미 예언이 성취되는 시기에 들어왔으며, 또한 그리스도께서 오시기 전에 반드시 일어나야 하는, 그리스도의 재림을 예고하는 사건들이 이미 일어나고 있다고 말했기 때문이다. 다비가 이 말을 한 것을 1828년 경으로 잡는다 해도, (주의 재림에 대한) 다비의 기대를 바꿀 수 없으며, 또한 다른 사람들이 1828년에 일어난 사건들을 통해서 이미 자신들이 예언적인 사건들이 성취되는 시기에 들어선 것으로 믿었던 사실을 변경시키지도 못한다.

따라서 1826년 12월/ 1827년 1월 사이에, 다비는 날마다 주님을 기다리는 것이 마땅하다는 것을 배웠다. 다비가 사용한 이러한 표현들이 가지고 있는 진정한 의미는 무엇인가? 주님이 그리스도의 몸된 교회를 위해서 오시는 공중 재림에는 아무 징조나 예시적인 사건들이 없다는 것을 의미했다. "나는 그리스도인들이 구주의 오심 외에는 아무 것도 기다릴 것이 없다는 것을 보았다." 그리고 "그리스도인들은 재림하시는 구주만을 기다려야 한다." 이것은 그리스도 재림의 천상의 측면을 가리킨다. 반면 이사야서 32장은 그에게 지상의 측면을 의미했다.

F. W. 뉴먼은 1827년 다비를 통해서 중간 예비적인 사건들이 없이 그리스도를 날마다 고대해야 할 것을 배웠다. 그는 1827/1828년30)에 아일랜드(더블린)에 있었다. 거기서 뉴먼은 대략 15개월 동안 에드워드 펜파더31)의 가정 교사로 있었다. 그 후 조셉 찰스 필폿트(1802-1869)에 의해서 대체되는데, 필폿트는 E. 펜파더의 딸, 안네와 사랑에 빠지게 된다. 하지만 그들의 연정은 아버지에 의해서 저지를 당하고, 결국 그의 가정교사 계약도 끝나게 된다.32) 그 일이 있기 전에,

> 펜파더의 집에 머무는 동안 다비의 영향을 받은 필폿트는 복음주의자들이 말하는 영혼의 회심을 경험하게 되었다.33)

마찬가지로, 1842년에 "the brethren"이란 기사를 쓴 것도 J. C. 필폿트였다.

F. W. 뉴먼은 1827-1830년 동안 다비의 친구였으나, 나중에 아리우스의 가르침을 좇았다. 그는 삼위일체를 부인했지만, 그가 쓴 주석서에서 다비와 함께 날마다 그리스도의 재림을 고대하는 삶을 성경에서 배우게 된 사실을 증거했다. 이를 통해서 다비가 1827년에 이미 날마다 주의 재림을 사모하며 기다리는 것이(그 사이에 전조를 알리는 사건은 없다는 사실과 아울러) 그리스도인의 복된 소망임에 대해서 말한 사실이 입증되었다. F. W. 뉴먼은 이에 거짓말을 할 만한 편파적인 동기가 전혀 없을 뿐만 아니라, 누구라도 그의 이러한 증거를 부인하는 것은 어려운 일이다. 아래의 글은 1827년에 일어난 일을 부분적으로 인용하고 있다.

몇 가지 내용은 수정을 요하는데, F. W. 뉴먼이 1828년 옥스퍼드를 가을에 방문한 날짜가 아래 인용문에 제시되어 있다. 그렇다면 그가 여기서 기록하고 있는 사건은 그 전에 일어난 것이 된다. 예언적인 진리에 대한 상세한 내용들에 대해서 그가 약간은 혼동하고 있었음을 가리킨다. 그는 이렇게 썼다.

....다비는 실제로 성경 외에 다른 것은 읽지 않았다. 그렇다고 내게도 자신의 입장을 강요하지는 않았기에, 나는 여러 가지 다른 책들을 참고해서 연구할 수 있었다.

사실, 나는 이 한 가지 책에 점점 더 집중하고 있었다. 여전히 나는 계발된 지성의 가치를 높게 평가하고 있었다. 이 점에 대해서, 새로이 사귄 괴짜 친구는 (지성을 계발하는 일의 이점을 인정하지 않으면서) 날카롭게 공격을 했다. 한번은 세상 교육을 옹호하면서 나는 그에게 이렇게 말한 적이 있다. "부자가 되려고 욕심을 내는 것은 그리스도인에게 합당하지 않고 부합리하다는 것은 인정합니다. 하지만 만일 내가 자녀를 둔 아버지라면 그들에게 좋은 교육을 시키기 위해서 어느 정도는 돈도 있어야 하고 경제적인 여유가 있기를 바랄 것입니다." 그는 이렇게 대답했다. "나에게 자녀가 있다면, 나는 가능한 속히 그들로 하여금 막노동을 하든지, 아니면 다른 일거리를 찾도록 할 것이며, 다만 하나님의 은혜와 복음을 통해서 그들로 영원한 안전 속에 있게 할 것입니다." 나는 거기에 아멘으로 화답할 수 없었지만, 그래도 그의 변치 않는 일관성에 존경을 표했다. -- 항상 그랬지만, 지금도 느끼는 것은, 그가 한 모든 말이 성경에 근거해서 적절히 인용되고 논리적으로 확증된 것이라는 점이다. 그는 더욱 더 나로 하여금 정치, 경제, 철학 및 과학을 부끄러워하게 했다. 이 모든 것은 우리 주 예수 그리스도를 아는 지식의 가장 고상함에 비하면 배설물로 여겨 마땅하다. 내 생애 처음으로 사람들이 입술로만 고백하는 진리를 간절한 마음으로 살아있는 것이 되게 한 사람을 만나보았다. 즉 신약성경의 모든 말씀은 사람들이 경험할 수 있는 최상의 진리를 담고 있다. 더하거나 뺄 수 없는 진리이며, (내 생각에는) 모든 선한 사람들이 고백하는 진리이다. 나는 지금까지 성경의 말씀 가운데 한 글자도 자신에게 죽은 글자가 되는 것을 허용하지 않게 하려고 그토록 작정한 사람은 만나본 적이 없었다. 한번은 이렇게 물었던 적이 있었다. "당신은 정말 신약성경의 한 구절도 일시적인 방편으로 주어진 것은 없다고 생각하시나요? 예를 들어서, 만일 사도 바울이 '네가 올 때에 드로아 가보의 집에 둔 겉옷을 가지고 오고 또 책은 특별히 가죽 종이에 쓴 것을 가져오라'는 구절을 쓴 일이 없다면, 과연 우리는 무엇을 잃어버렸을까요?" 그러자 그는 최대한 신속하게 이렇게 답변하는 것이었다. "그렇다면 저는 확실히 잃어버린 것이 있었을 겁니다. 왜냐하면 저는 소장하고 있는 책들을 다 팔아버릴려다가 그 구절 때문에 파는 것을 포기했기 때문입니다. 그 구절이 저의 작은 도서관을 구한 것입니다. 그렇습니다. 성령님으로부터 온 성경의 모든 구절은 영원한 섬김을 위한 것입니다."

이처럼 놀라운 사람이 가진 몇 가지 특성에 대해서 강한 반감이 없지는 않았지만, 나는 내 생애 처음으로 내가 영적인 거인 아래 있음을 느꼈다.[34] 내가 기억하는 바로는, 사람들은 그 앞에 엎드렸고, 그를 영적 부모의 반열에 올렸다. 그 앞에 서면 사람들은 그러한 것들을 경험하곤 했다. 돌아보면 놀랄 필요가 없는 것이, 그는 나를 그러한 낮은 자리에 못박아 버렸다. 이후 나는 이렇게 묻곤 했다. 그는 정작 이런 일에 대해서 무엇이라 말할 것인가? 내가 스스로 무언가를 생각해내기 보다는 그의 답변을 통해서, 나는 항상 하나님의 영의 더 높은 수준을 기대하곤 했다. 하나님의 진리를 배우는 일에 있어서, 내 스스로 연구하고 하나님을 기다리기 보다는 그에게 물어보는 것이 더욱 확실한 일로 여겨졌다. 점차적으로 나의 종교적 성향은 그의 사상을 아무 두려움 없이 받아들임으로써, 내 자신의 지성적 성찰의 과정을 거치지 않고, 그의 사고 체계를 답습해가고 있었다. 그도 오류에 빠질 수 있음을 경고해줄만한 연약함을 보았음에도, 나는 그를 하나님의 마음을 계시해주는 사명을 띤 사도처럼 받아들일 수 있었다.

이후 그의 행보를 보면, 이 사람은 가는 곳마다 다른 생각을 가진 사람들을 자신의 생각을 따르도록 하는 놀라운 능력을 나타내었고, 그만의 독특한 목소리 톤으로 사람들에게 강한 인상을 주었기 때문에 온갖 종류의 노예적인 모방을 이끌어냈다. 그의 행보가 만들어낸 결과를 보면, 그의 타고난 부드러움을 희석시키고, 그의 지혜를 문자주의에 희생시키고[35], 사람들의 생각하는 기능을 난장이로 만들고, 그들의 마음을 위축시키며, 그들의 도덕적 감성을 파괴했으며, 마땅히 사랑해야 할 사람들 사이에 불화를 조장했기 때문에, 나는 오랫동안 애통하는 마음을 가졌다. 처음에 이것은 얼마나 그럴듯했는지 모른다! 그는 다만 사람들로 하여금 그들의 지성을 하나님께 드리도록 요구했다. 즉 성경에, 즉 자신의 성경해석에! 그의 행동과 영향력을 살펴보면서 내가 배운 것은, 만일 그것이 남보다 우월한 마음을 갖게 하지는 않더라도, 젊은 사람들에게 해로운 것이라면, 젊은 사람들은 순박한 경외하는 마음으로 바라보게 될 것이며, 그렇다면 그는 그처럼 우월한 마음을 발견하게 되었다고 생각하는 더 큰 위험에 빠질 수 있다는 것이다. 비록 한 방향으로

쏠린 이론일지라도 매우 논리적인 일관성을 가지고 있고, 그 이론에 자신을 희생적으로 몰입하게 되면, 열정적인 청년들에겐 가장 신뢰할만한 이론처럼 보이게 된다. 그러한 일이 이그나티우스 로욜라 시대에 일어났다. (하지만 그는 아리안 신봉자였다.)

내가 (1828년[36] 가을) 옥스퍼드로 돌아갔을 때, 대학을 방문한 아일랜드 성직자를 만났고 그를 내 또래의 사람들과 대학 2학년생들에게 소개했다. 가장 충격스러운 일은 마치 그를 잘 알고 오랫동안 신뢰관계를 형성해온 친구와 같고, 또 즉각적으로 대학 채플의 고해신부처럼 예우했다는 점이다. 그의 영적 통찰력과 그의 금욕주의 속에 배어 있는 성품의 부드러움 때문에, 너무도 쉽게 젊은 사람들의 마음을 사로잡았고, 그와 비밀스러운 대화를 나누는 것은 끝이 없었다.…[37])

이 시기에 나는 신약성경을 연구했다. 그 결과 사도들이 모든 제자들의 의무로서 불로써 땅을 멸망시키는 종말이 가깝고 급작스럽게 일어날 것과 또 하늘로서 오시는 주님의 재림을 지속적으로 기대하도록 가르친 것을 무시하는 것은 불가능하다는 것을 확실하게 해주었다. "경험은 이러한 기대가 틀렸음을 입증한다"고 대답하는 것은 쉬웠지만, 이에 대한 대답은 베드로후서에 잘 준비되어 있다. 베드로후서는 이러한 소망을 가진 우리가 조롱을 당할 것에 대해서 미리 예고하고 있다. 그럼에도 우리는 이러한 위대한 사건이 곧 성취될 것을 지속적으로 바라보아야 했다. 다시 말해서, 이렇게 설명할 수 있을 것이다. 만일 주의 재림을 날마다 고대하는 것이 1800년 전에도 너무 이른 것이 아니었다면, 지금은 더더욱 너무 이른 것이 아닐 것이다.

미주

1) Letters 3:298-299.

2) Collected Writings 18:156.

3) Letters 3:298.

4) Letters of J. N. Darby 3;298.

5) J. G. 벨렛의 회상록, p.27에서 인용.

6) 만일 사고가 일어난 시간을, 2년 3개월 사역 이후에 일어난 일로 본다면, 회복의 시기를 1827년 12월과 1828년 1월로 보아야 한다. 그렇다면 1827년에 일어난 사건들을 설명하고 있는 차트 상에 변화가 있어야 할 것이다. 그렇다면 J.G. 벨렛의 편지도 1827년 1월이 아니라 1828년 1월로 변경해야 되고, 다른 것들도 마찬가지로 수정해야만 한다.

7) 로마서 7장과 다시 살리심을 받는 것과 거듭남과 해방은 "새로운 출생(거듭남)에서 새로운 피조물이 되기까지"라는 필자가 쓴 책에 잘 설명되어 있다. 이 주제에 대한 다비의 가르침을 제대로 이해하지 못하면 다비가 1820년에 거듭난 것과 1826년 12월 - 1827년 1월에 해방이 이루어진 것에 대해서 잘못된 개념과 오해를 가져올 수 있다. 이러한 오해는 로날드 M. 헨첼이 쓴 "Darby, Dualism and the Decline of Dispensationalism, Tuscon, Fenestra, p73, 2003."라는 책에도 나타나 있다. 그가 다비의 이중성(dualism)이라고 부르는 것은, 다비의 가르침의 기초를 이루고 있는 하늘에 속한/땅에 속한, 교회/이스라엘을 구분하는 것을 일컫는 것으로 보인다. 하지만 그는 다비의 사상을 이해하는 첫 번

째 단계로서 다비가 보았던 그리스도의 자리가 나의 자리라는 것과 이것이 다비가 말하고 있는 "이중성"과 다비가 이해한 진리를 여는 열쇠라는 것을 전혀 이해하지 못하고 있다고 나는 생각한다.

8) Collected Writings 23:212. Letters 3;147도 읽어보라.

9) 이 부분을 강조하고 싶다. 이는 그리스도의 재림 전에 그 어떠한 선행적인 사건이 없음을 의미한다. 다비는 그리스도께서 요한계시록 4-20장에 기록되어 있는 사건들이 시작되기도 전에 공중으로 재림하실 것으로 보았다.

10) Letters 3:298, 299. 쏠럭 박사(Prof. Tholuck)에게 쓴 이 편지는 발송되지는 않았다. N. Noel이 쓴 the History of Brethren 1:43을 보라.

11) Letters 1:515.

12) Letters 2:499.

13) Letters 3:298.

14) Letters 1:515.

15) 모든 성도는 거듭났으며, 성도이며, 또한 의롭게 된 사람이다. 모든 성도들을 위한 공통의 신령한 복들이 있지만, "그리스도 안에서 하늘에 속한 신령한 복"(엡 1:3)으로 부르심을 받은 특정한 부류의 사람들이 누리는 복도 있다. 이러한 복들 가운데, 우리 하나님 아버지 앞에서 그리스도의 자리가 그리스도인의 자리라는 것과 그리스도인은 "그리스도 예수 안에서 하늘에 앉힌 바 된 것"(엡 2:6)이 있다. 언약주의 신학자들이 그리스도와 하나 된 것과 그리스도와의 연합에 대해서 말할 때, 그들은 다비가 이해한 것과 같은 방식으로 그 진리들이 가지고 있는 의미와 방향

으로 이해하고 있지 않다. 그리스도인들이 대화 중에 사용하는 성경의 표현들을 볼 때, 얼마나 자주 성경이 의미하는 대로 사용하고 있지 않는지를 생각해보라. 요한복음 8장 43절은, 이것이 얼마나 중요한 일인지를 우리에게 보여준다. 주님이 이 구절을 불신자들에게 말씀하셨을 때, 주님의 말씀 속에는 내가 말한 것을 적용할 수 있는 원칙이 있다. "어찌하여 내 말을 깨닫지 못하느냐 이는 내 말을 들을 줄 알지 못함이로다."

다비가 다른 곳에 말했듯이, 우리는 무엇보다 말씀을 이해하는 것이 중요하다. 그리스도인들에게도 이것은 해당된다. 그들은 종종 말씀을 모르고 있고, 말씀이 의미하는 바를 깨닫지 못하고 있다. "그리스도 안에서" "우리를 사랑하시는 자 안에서 은혜 속으로 받아 주셨다"(엡 1:6)는 구절과 "[우리를] 또 함께 일으키사 그리스도 예수 안에서 함께 하늘에 앉히셨다"(엡 2:6)는 구절도 마찬가지이다.

16) 구약시대 선지자들은 이 땅에 나타날 이스라엘의 미래 영광을 미리 보았다. "그 뜻의 비밀"은 하늘의 영역에서 나타날 것이며, 하늘 백성으로서 교회를 포함하고 있다. 이 사실은 선지자들을 통해서 예언된 적이 없다. 로마서 16:25, 26, 골 1:24-27, 엡 3:9-11을 보라.

17) Letters 1:515.

18) Letters 3:299. 여기서 다비는 새로운 진리의 계시를 언급하는 것이 아니라, 하나님께서 은혜로우시게도, 하나님의 말씀 속에서 이러한 것들을 성령의 역사를 통해서 자신을 가르치셨음을 언급하고 있다.

19) Collected Writings of J. N. Darby 2:108.

20) Letters of J. N. Darby 3:299, 300.

21) Letters 3:298, 300. 1:515도 보라.

22) F. W. 뉴먼은 에드워드 펜파더(다비의 매부)가 자기 자녀들을 교육하기 위해서 고용한 교사였다. 그는 1827년 9월 아일랜드에 왔다가, 1828년에 잉글랜드로 돌아갔다.

다비가 쓴 책을 언급하고 있는 이 초기 날짜는 1865년 그가 쓴 내용을 통해서 확인할 수 있다.

…그 당시 나는 시리즈로 책을 출판하고 싶었고, 그 내용들을 검토해야만 했다. 33년에서 38년 전에 쓴 소책자를 거의 잊어버리고 있었는데, 이제야 찾게 되었다…(Letters 1:406)

여기서 1865년에서 38년을 빼면, 1827년이 나오게 된다.

23) Fry MS, p. 235.

24) Collected Writings 4:298.

25) 상게서, p. 295, 296.

26) Fry MS, p. 243. In the Harvest, 1986년 5월, T.C.F. Stunt, "A Comprehensive History," p. 78, 그 책은 "B. W. 뉴턴과 H. 보르라세는 다비가 교회 황폐화의 개념을 이해한 것 이상으로 그에게 많은 영향을 미쳤다"고 말한다. 만일 1827년에 다비가 교회의 몰락에 대한 주제로 책을 썼다면, 앞의 주장은 사실이 아닌 것이 된다. 이것은 B. W. 뉴턴이 "나도 그렇게 분별했기에"라고 말한 사실로 확증된다.

1840년 다비는 이렇게 말했다. "교회 황폐화에 대해서 생각해 볼 때, 그에 대한 인식이 생긴 후에 좀 더 체계적인 이론이 정립되었다. 지금 그 이론은 나에겐 사소한 것이다." (Letters 1:42).

27) Letters 1:113.

28) Letters 3:298.

29) Letters 1:515, 516.

30) "1827년 나는 아일랜드로 갔다. 1828년 가을 나는 옥스퍼드로 돌아왔다." F. W. Newman, Contributions Chiefly to the Early History of the Late Cardinal Newman, pp. 21 and 24. 같은 책 p. 62에는 "1827-8년 더블린에서"라고 되어 있다.

31) 대영제국 인물 사전에는 에드워드 펜파더에 대해서 이렇게 소개되어 있다.

킹스 카운티, 마클리, 서섹스, 립 캐슬의 존 다비의 장녀, 수잔과 결혼한 에드워드 펜파더는 아들 넷, 딸 여섯을 두었다. 장자 에드워드는 1834년 아일랜드 법관이 되었고, 1858년에는 영국 최고 법정 변호사가 되었다. 넷째 리차드 티어도르(1864년)는 실론섬의 회계 감사관이 되었다. 둘째 딸 엘렌은 오쏘리와 페른즈의 주교였던 토마스 오브리언과 결혼했다. 그리고 여섯째 딸 도로시아는 아일랜드 코트타운의 4번째 백작의 아내였다.

32) 이 이야기는 J. H. 필폿트가 다음의 책에서 다시 언급한다. The Seceders, The Story of J. C. Philpot and William Tiptaft, London: Banner of truth Trust, a rearrangement and extract from the large, two vol. ed.

그는 1825년 옥스퍼드에 머무는 동안 가을에 고용되어, 가정 교사로서 에드워드 펜파더의 두 아들이 대학 준비하는 것을 돕게 되었다. 1827년 봄, 그는 안네와 사랑에 빠졌고, 안네도 그의 사랑에 화답했다. 하지만 그는 해고를 당했다. 그렇게 고용기간이 끝났을 때, 마음의 상처를 입은 가정 교사는 펜파더의 집을 떠났다. 매우 슬픈 이야기이다. 대략 4년 후, 안네는 매우 부유한 사람과 결혼을 했지만 6년 후에 세상을 떠나게 되었다. 필폿트는 그녀가 살아있는 동안 결혼하지 않았다(pp. 40-42). 그는 영국 국교회의 성직자가 되었고 1835년에는 사임을 했다. 왜냐하면 "복음적인 교회와 완전히 상반되는 영국 국교회의 오류와 부패 때문이었다."(p. 185) 그는 나중에 복음 표준 침례교회(Gospel Standard Baptists)로 알려진 사람들에게 합류했다.

J. C. 필폿트의 영혼에 일어난 일에 대해서 고백하기를, "1827년 봄 초에, 주님은 그러한 시련을 통해서 내 영혼 속에 은혜의 사역을 시작하기를 기뻐하셨다"(p. 39)고 말했다. 필폿트를 회심시키는 일에 하나님이 다비를 사용하신 일은 그동안 알려지지 않았다. 조셉 찰스 필폿트의 회상록과 편지들이라는 책을 통해서 드러나게 된 것이다.

33) 그레이슨 카터, Anglican Evangelicals, p. 232. 다비는 이것을 Letters 3:167에서 언급했다.

34) F. W. 뉴먼은 예외적으로 밝은 마음을 가지고 있었다. 옥스퍼드에서 그는 두 가지 전공에서 최상위 자리를 차지했다. 수학과 고전에서 최고 성적을 거두었다. T.C.F. 스턴트는 "이런 일은 이전에 딱 한번 있었는데, 그 영예의 대상자는 로버트 피일 경이었다"라고 썼다. F. W. 뉴먼은 "학위 수여식에서 영예로운 자리를 차지했다."(From Awakening to Secession, p. 202).

J. H. 뉴먼과 F. W. 뉴먼에 대해서, J. C. 필폿트는 이렇게 썼다.

"그 두 사람은 불요불굴의 연구를 통해서 최고 수준에 이르기까지 가장 지성적이고, 가장 교양 있는 학문의 상아탑을 쌓아올렸으며, 자신들이 속한 대학이 배출한 가장 훌륭한 인물이었다."(The Seceeders, p. 35).

F. W. 뉴먼이 다비를 "더 우월한 존재"로 생각한 점은 무척 흥미롭다.

35) 고린도후서 3장 6절에서, 마치 "율법의 문자(letter)"를 성경 자체인 양 아리안(그리스도의 신성을 부정한 이단)처럼 사용하는 그리스도인들이 있다. 율법의 문자가 돌 판에 새겨진 율법을 가리키는 것으로 보는 것은 고린도후서 3장의 표면적인 의미일 뿐이다(3절). 율법의 문자는 "돌 판에 기록되고 새겨진 죽음의 직분"(7절)과 "정죄의 직분"(9절)으로 불린다. 세상적인 그리스도인은 성경의 본문이 그들의 양심을 각성시키도록 작용할 때에도 명백한 의미를 왜곡시킨다. 이것은 무척이나 애통스러운 일이긴 하지만, 한편으로는 영혼의 상태를 그대로 드러내준다. 아리안들에게 이것은 지극히 정상적인 일이다. 왜냐하면 모든 육체는 풀과 같기 때문이다. 만일 신실한 그리스도인이, 율법의 문자는 죽이는 것이란 뜻을 성경 본문에 성령의 조명이 절대적으로 필요하다는 뜻으로 생각한다면, 그것은 옳은 해석이 된다.

36) "1827년 나는 아일랜드로 갔다.…1828년 가을에 나는 옥스퍼드로 돌아왔다." (F. W. 뉴먼, Contributions Chiefly to the Early History of the Late Cardinal Newman, pp. 21 & 24). B. W. 뉴턴은 "더블린에서(1827-28)… J. N. 다비가 옥스퍼드를 방문했으며, 뉴먼이 그를 나에게 소개하기를 너무도 원했다." (Fry MS, p. 61)라고 회상했다.

37) F. W. 뉴먼, Phase of Faith, pp. 19-28.

저자 소개

로이 A. 휴브너는 Present Truth Publsiher의 설립자이며, J.N. 다비를 포함해서 플리머스 형제단의 성경교사들의 주옥같은 가르침을 발굴하여 문서화하여 소개하는 사역을 하고 있다.

그리스도와의 연합의 관문으로서
영적해방의 진리를 소개합니다.

영적해방 시리즈
전 21권

151,650원

"나에게는 내가 죽은 날이 있었다. 그 날은 바로 조지 뮬러가, 자신의 의견, 선호, 취향, 의지에 대해 죽은 날이요, 세상과 세상의 인정 혹은 비난에 대해서 죽은 날이다. 나는 심지어 나의 형제들 혹은 친구들의 인정과 비난에 대해서도 죽었다. 그때로부터 나는 오직 하나님께 인정받는 일꾼으로만 드러나도록 힘썼다."

- 조지 뮬러

"나는 지금 회심한지 20년 정도 되었다. 영적 해방을 경험하지 못했을 때에는, 성령님의 뜻 가운데 동행하면서 누리는 기쁨과 축복에 대해서 전혀 알지 못했다. 내가 지금까지 믿음으로 순종하면서 걸어온 삶을 돌이켜보건대, 만일 영적 해방을 경험하지 못했다면 과연 결과가 어떻게 달랐을까를 생각해본다."

- 존 넬슨 다비

그리스도와의 연합의 진리를 소개합니다.

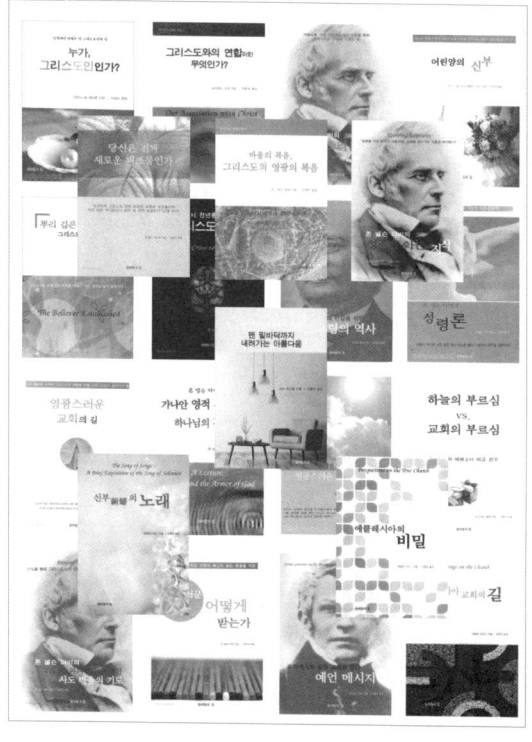

그리스도와의 연합 시리즈
전 24권

288,000원

그리스도와의 연합이란 나는 죽고 그리스도로 사는 삶을 가능케 해주는 진리다.

영적해방을 통과한 사람만이 들어갈 수 있는 천상계 그리스도인의 삶이다.

새로운 피조물이 되는 기쁨과 탄식을 경험하게 되며, 기도가 응답되는 경이로운 삶이 펼쳐진다.

존 넬슨 다비 저서
전 28권

존 넬슨 다비 시리즈
전 28권

250,850원

**이런 기쁨을 아십니까?
이런 기쁨을 누리며 살고 싶습니까!**

"오, 아무 것도 소유하지 않고,
아무 것도 되지 않고,
아무 것도 보지 않고,
오직 영광 중에 살아계신 그리스도만을 바라보며,
그리스도께서 이 땅을 향해 관심하신 것마을 관심하는 기쁨이여!"
- 존 넬슨 다비

존 넬슨 다비 주석 시리즈
전 30권

존 넬슨 다비 주석
시리즈
전 30권

297,540원

"모든 성경학도가 평생을
곁에 두고 연구할만한
불후의 명작이다."

by 해리 아이언사이드,
무디기념교회 목회자

**그리스도와 연합을 이룬 교회의 경륜을 따라
성경전체를 조망한 주석을 만난다!**

1. 마태복음/ 16,000원
2. 마가복음/ 8,000원
3. 누가복음/ 13,500원
4. 요한복음/ 17,000원
5. 사도행전/ 17,000원
6. 로마서/ 12,000원
7. 고린도전후서/ 18,500원
8. 갈라디아서/ 4,800원
9. 에베소서/ 8,000원
10. 빌립보서/ 5,000원
11. 골로새서/ 8,000원
12. 데살로니가전후서/ 8,000원
13. 디모데전후서, 디도서, 빌레몬서/ 15,000원
14. 히브리서, 야고보서/ 17,500원
15. 베드로전후서/ 7,500원
16. 요한서신서,유다서/ 8,000원
17. 요한계시록/ 10,000원
18. 창세기/ 8,600원
19. 출애굽기/ 9,000원
20. 레위기/ 14,000원
21. 민수기/ 9,000원
22. 여호수아서/ 8,000원
23. 시편 (상) / 13,000원
24. 시편 (하) / 14,000원
25. 이사야/ 9,400원
26. 다니엘/ 8,000원
27. 에스겔/ 8,800원
28. 잠언, 전도서, 아가서/ 5,000원
29. 예레미야, 예레미야애가/ 9,000원
30. 소선지서/ 20,000원

클라이드 필킹턴 주니어 저서 전 5권

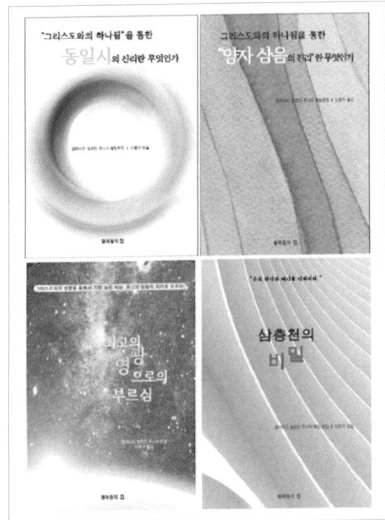

클라이다 필킹턴
주니어 시리즈
전 5권

48,400원

그리스도와의 연합은 이런 **실제**가 있어야 합니다.

1. 그리스도와의 하나됨을 통한 동일시의 진리란 무엇인가 / 9,000원
그리스도와의 연합을 통해서 그리스도와 동일시되는 것은 기독교 신학의 중심(中心)이며, 핵심(核心)이며, 정수(精髓)다.

2. 그리스도와의 하나됨을 통한 양자 삼음의 진리란 무엇인가 / 11,000원
양자삼음은 새로운 출생을 통해서 이루어지는 거듭남보다 훨씬 더 고차원적인 역사다. 이는 하나님 나라를 통치할 수 있는 통치자가 되는 영예를 얻는 것이며, 아버지 하나님께서 우리에게 주실 수 있는 최고의 존엄을 얻는 것이다.

3. 최고의 영광으로의 부르심 / 9,000원
그리스도와 연합된 신자들은 그리스도께서 들어가신 영광의 자리로 승격되는 엄청난 은혜를 입게 된다.

4. 삼층천의 비밀 / 257쪽 / 17,000원
당신은 정말 삼층천에 들어가는 "비밀"을 알고 있는가?

5. 죽은 자 가운데서 부활이란 무엇인가 / 67쪽 / 7,000원
그리스도인에게 허락된 최상의 부활을 알고 있는가?

그리스도와의 연합은 성령의 역사다!

존 넬슨 다비의 / 15,000원

윌리암 켈리 / 19,000원

W.T.P. 월스톤 / 24,000원

그리스도와의 연합은 성령의 역사다!

그리스도와의 연합은 우리를 하늘 높이 들어올려, 그리스도의 승격만큼 우리를 높이 승격시켜 주는 성령의 역사다. 그리스도와의 연합은 이 땅이 아니라 하늘에서 이루어진다.

이러한 그리스도와의 연합을 실제적으로 경험하려면, 그리스도와의 연합을 이루시는 성령의 역사를 정확히 알고 경험해야 한다. 이 세권의 책은 기독교 역사상 최고의 영성으로 불렸던 플리머스 형제단의 탁월한 성경 교사들이 그리스도와의 연합을 경험한 후 성경을 통해서 설명하는 책이다. 그리스도와의 연합, 더 이상 이론에만 머물지 말고, 그 실제 속으로 들어가라.

종이책 • 전자책: 교보문고, 알라딘

1. 존 넬슨 다비의 성령론 | 15,000원

성경 진리 이해의 토대를 세워주는 모세오경 강해의 고전 "매킨토시 모세오경 강해"의 저자 C.H. 매킨토시를 "그리스도와의 연합의 진리"로 이끈 불후의 명작, 드디어 출간!

2. 윌리암 켈리의 그리스도와의 연합을 위한 성령의 역사 | 19,000원

그리스도와의 연합의 실제 속으로 당신을 안내해줄 친절한 안내서

3. W.T.P. 월스톤의 그리스도와의 연합을 이룬 사람들의 보증이신 보혜사 성령 | 24,000원

창세기부터 요한계시록에 이르기까지 성령의 역사를 총체적으로 조망한 책을 만난다!

형제들의 집 도서 안내

1. 조지 밀러 영성의 비밀
   조지 밀러 지음/이종수 옮김/값 1,000원
2. 수백만을 감동시킨 사람을 감동시킨 바로 그 사람: 헨리 무어하우스
   존 A. 비올리 지음/이종수 옮김/값 1,000원
3. 내 영혼의 만족의 노래
   W.T.P 월스톤 지음/이종수 옮김/값 1,000원
4. 모든 일을 하나님의 영광을 위하여 하라
   해리 아이언사이드 지음/이종수 옮김/값 1,000원
5. 잃어버린 영혼을 위해서 어떻게 기도해야 하는가
   오스왈드 샌더스, 찰스 스펄전 지음/이종수 옮김/값 1,000원
6. 윌리암 켈리의 칭의의 은혜(개정판)
   윌리암 켈리 지음/이종수 옮김/값 6,000원
7. 이것이 거듭남이다(개정판)
   알프레드 깁스 지음/이종수 옮김/값 9,000원
8. 존 넬슨 다비의 영성있는 복음
   존 넬슨 다비 지음/이종수 옮김/값 5,000원
9. 로버트 클리버 채프만의 사랑의 영성(개정판)
   로버트 C. 채프만 지음/이종수 옮김/값 7,000원
10. 영성을 깊게 하는 레위기 묵상
    C.H. 매킨토시 외 지음/이종수 옮김/값 5,000원
11. 존 넬슨 다비의 성경주석: 빌립보서
    존 넬슨 다비 지음/이종수 옮김/값 5,000원
12. 존 넬슨 다비의 히브리서 묵상(개정판)
    존 넬슨 다비 지음/정병은 옮김/값 11,000원
13. 조지 커팅의 영적 자유
    조지 커팅 지음/이종수 옮김/값 4,000원
14. 윌리암 켈리의 해방의 체험(개정판)
    윌리암 켈리 지음/이종수 옮김/값 4,500원
15. 존 넬슨 다비의 성경주석: 골로새서(개정판)
    존 넬슨 다비 지음/이종수 옮김/값 8,000원
16. 구원 얻는 기도
    이종수 지음/값 5,000원
17. 영혼의 성화
    프랭크 빈포드 호올 지음/이종수 옮김/값 1,000원

18. 당신은 진짜 거듭났는가?
   아더 핑크 지음/박선희 옮김/값 4,500원
19. C.H. 매킨토시의 완전한 구원(개정판)
   C.H. 매킨토시 지음/이종수 옮김/값 5,500원
20. 존 넬슨 다비의 하나님의 뜻을 분별하는 법
   존 넬슨 다비 지음/이종수 옮김/값 1,000원
21. 존 넬슨 다비의 성경주석: 요한계시록
   존 넬슨 다비 지음/이종수 옮김/값 10,000원
22. 주 안에 거하라
   해밀턴 스미스, 허드슨 테일러 지음/이종수 옮김/ 값 1,000원
23. C.H. 매킨토시의 하나님의 선물
   C.H. 매킨토시 지음/이종수 옮김/값 4,000원
24. 존 넬슨 다비의 성경주석: 에베소서
   존 넬슨 다비 지음/이종수 옮김/값 8,000원
25. 존 넬슨 다비의 영적 해방
   존 넬슨 다비 지음/문영권 옮김/값 7,000원
26. 건강하고 행복한 그리스도인이 되는 법
   어거스트 반 린, J. 드와이트 펜테코스트지음/ 값 1,000원
27. 존 넬슨 다비의 성경주석: 로마서
   존 넬슨 다비 지음/문영권 옮김/값 12,000원
28. 존 넬슨 다비의 성화의 길
   존 넬슨 다비 지음/이종수 옮김/값 4,500원
29. 기독교 신앙에 회의적인 사랑하는 나의 친구에게
   로버트 A. 래이드로 지음/박선희 옮김/값 5,000원
30. 체험을 위한 성령의 내주, 그리고 충만
   조지 커팅 지음/이종수 옮김/값 4,500원
31. 존 넬슨 다비의 성경주석: 갈라디아서
   존 넬슨 다비 지음/이종수 옮김/값 4,800원
32. 존 넬슨 다비의 성경주석: 요한서신서 · 유다서
   존 넬슨 다비 지음/문영권 옮김/값 8,000원
33. 존 넬슨 다비의 성경주석: 데살로니가전 · 후서
   존 넬슨 다비 지음/이종수 옮김/값 8,000원
34. 그리스도와의 연합과 구원(성경공부교재)
   문영권 지음/값 2,500원
35. 그리스도와의 연합과 성화(성경공부교재)
   문영권 지음/값 3,000원
36. 사도라 불린 영적 거장들
   이종수 지음/값 7,000원

37. 당신은 진짜 하나님을 신뢰하는가(개정판)
조지 뮬러 지음/ 이종수 옮김/ 값 5,500원
38. 그리스도와 연합된 천상적 교회가 가진 영광스러운 교회의 소망
존 넬슨 다비 지음/ 문영권 옮김/ 값 13,000원
39. 가나안 영적 전쟁과 하나님의 전신갑주
존 넬슨 다비 지음/ 이종수 옮김/ 값 2,000원
40. 죄 사함, 칭의 그리고 성화의 진리
고든 헨리 해이호우 지음/ 이종수 옮김/ 값 2,000원
41. 이것이 그리스도의 심판대이다
이종수 엮음/ 값 8,000원
42. 존 넬슨 다비의 성경주석: 마태복음
존 넬슨 다비 지음/이종수 옮김/값 16,000원
43. C.H. 매킨토시의 하나님에 관한 진실
C.H. 매킨토시 지음/이종수 옮김/값 1,000원
44. 존 넬슨 다비의 성경주석: 여호수아
존 넬슨 다비 지음/문영권 옮김/값 8,000원
45. 찰스 스탠리의 당신의 남편은 누구인가
찰스 스탠리 지음/이종수 옮김/값 4,000원
46. 존 넬슨 다비의 성령론
존 넬슨 다비 지음/이종수 옮김/값 13,000원
47. 존 넬슨 다비의 영적 해방의 실제
존 넬슨 다비 지음/이종수 옮김/값 5,000원
48. 존 넬슨 다비의 주요사상연구: 다비와 친구되기
문영권 지음/값 5,000원
49. 존 넬슨 다비의 죽음 이후 영혼의 상태
존 넬슨 다비 지음/이종수 옮김/값 5,000원
50. 신학자 존 넬슨 다비 평전
이종수 지음/ 값 7,000원
51. 존 넬슨 다비의 요한복음 묵상
존 넬슨 다비 지음/이종수 옮김/값 8,000원
52. 프레드릭 W. 그랜트의 영적 해방이란 무엇인가
프레드릭 W. 그랜트 지음/이종수 옮김/값 4,500원
53. 홍해와 요단강을 통해서 나타난 하나님의 구원
윌리암 켈리 지음/ 이종수 옮김/ 값 4,800원
54. 그리스도와의 연합을 위한 성령의 역사
윌리암 켈리 지음/ 이종수 옮김/ 값 19,000원
55. 누가, 그리스도인인가?
시드니 롱 제이콥 지음/ 박영민 옮김/ 값 7,000원

56. 선교사가 결코 쓰지 않은 편지
　　　　　　　　　　　　프레드릭 L. 코신 지음 / 이종수 옮김/ 값 9,000원
57. 사랑의 영성으로 성자의 삶을 살다간 로버트 채프만
　　　　　　　　　　　　　프랭크 홈즈 지음 / 이종수 옮김/ 값 8,500원
58. 므비보셋, 룻, 그리고 욥 이야기
　　　　　　　　　　　　　찰스 스탠리 지음 / 이종수 옮김/ 값 7,500원
59. 구원의 근본 진리
　　　　　　　　　　　　　에드워드 데넷 지음 / 이종수 옮김/ 값 6,500원
60. 회복된 진리, 6+1
　　　　　　　　　　　　　에드워드 데넷 지음/ 이종수 옮김/ 값 6,000원
61. 당신의 상상보다 더 큰 구원
　　　　　　　　　　　　　프랭크 빈포드 호올 지음 / 이종수 옮김/ 값 6,500원
62. 뿌리 깊은 영성의 그리스도인으로 사는 법
　　　　　　　　　　　　　찰스 앤드류 코우츠 지음 / 이종수 옮김/ 값 9,000원
63. 천국의 비밀 : 천국, 하나님 나라, 그리고 교회의 차이
　　　　프레드릭 W. 그랜트 & 아달펠트 P. 세실 지음/이종수 옮김/ 값 7,000원
64. 존 넬슨 다비의 성경주석: 베드로전·후서
　　　　　　　　　　　　　　존 넬슨 다비 지음/장세학 옮김/ 값 7,500원
65. 존 넬슨 다비의 영광스러운 구원
　　　　　　　　　　　　　　존 넬슨 다비 지음/이종수 엮음/ 값 15,000원
66. 어린양의 신부
　　　　　　　W.T.P. 월스톤 & 해밀턴 스미스 지음/ 박선희 옮김/ 값 10,000원
67. 성경에서 말하는 회심
　　　　　　　　　　　　　C.H. 매킨토시 지음/ 이종수 옮김/ 값 9,000원
68. 십자가에서 천년통치에 이르는 그리스도의 길
　　　　　　　　　　　　존 R. 칼드웰 지음/ 이종수 옮김/ 값 7,500원
69. 그리스도와의 연합이란 무엇인가?
　　　　　　　　　　　　에드워드 데넷 지음/ 이종수 옮김/ 값 9,000원
70. 하늘의 부르심 vs. 교회의 부르심
　　　　　　　　　　　　존 기포드 벨렛 지음/ 이종수 옮김/ 값 16,000원
71. 당신은 진짜 새로운 피조물인가
　　　　　　　　　　　　존 넬슨 다비 외 지음/ 이종수 옮김/ 값 12,000원
72. 플리머스 형제단 이야기
　　　　　　　　　　　　앤드류 밀러 지음/ 이종수 옮김/ 값 14,000원
73. 바울의 복음, 그리스도의 영광의 복음
　　　　　　　　　　　　존 기포드 벨렛 지음/ 이종수 옮김/ 값 9,000원
74. 악과 고통, 그리고 시련의 문제
　　　　　　　　　　　　　　　　　　　이종수 지음/ 값 9,000원

75. 요한계시록 일곱 교회를 향한 예언 메시지
존 넬슨 다비 지음/이종수 옮김/ 값 18,000원
76. 영광스러운 구원, 어떻게 받는가
존 넬슨 다비 지음/이종수 엮음/ 값 13,000원
77. 영광스러운 교회의 길
존 넬슨 다비 지음/이종수 엮음/ 값 22,000원
78. 존 넬슨 다비의 성경주석: 디모데전후서, 디도서, 빌레몬서
존 넬슨 다비 지음/이종수 옮김/ 값 15,000원
79. 성경을 아는 지식
존 넬슨 다비 지음/이종수 엮음/ 값 18,500원
80. 십자가의 도
존 넬슨 다비 지음/이종수 엮음/ 값 13,500원
81. 존 넬슨 다비의 성경주석: 고린도전후서
존 넬슨 다비 지음/이종수 옮김/값 18,500원
82. 존 넬슨 다비의 성경주석: 사도행전
존 넬슨 다비 지음/이종수 옮김/값 17,000원
83. 그리스도와의 연합을 위한 사도 바울의 기도
존 넬슨 다비 지음/이종수 엮음/값 10,000원
84. 빌라델비아 교회의 길
해밀턴 스미스 지음/이종수 옮김/값 10,000원
85. 무명한 자 같으나 유명한 존 넬슨 다비 전기
윌리엄 터너, 에드윈 크로스 지음/이종수 옮김/값 12,000원
86. 성경의 핵심용어 해설
데이빗 구딩, 존 레녹스 지음/허성훈 옮김/값 9,000원
87. 존 넬슨 다비의 성경주석: 히브리서, 야고보서
존 넬슨 다비 지음/이종수 옮김/값 17,500원
88. 존 넬슨 다비의 성경주석: 요한복음
존 넬슨 다비 지음/이종수 옮김/값 17,000원
89. 신부의 노래
해밀턴 스미스 지음/이종수 옮김/값 10,000원
90. 에클레시아의 비밀
해밀턴 스미스 지음/이종수 옮김/값 10,000원
91. 존 넬슨 다비의 성경주석: 누가복음
존 넬슨 다비 지음/이종수 옮김/값 13,500원
92. 예수 그리스도를 따라 맨 밑바닥까지 내려가는 아름다움
조지 위그램 지음/이종수 옮김/값 7,000원
93. 존 넬슨 다비의 성경주석: 마가복음
존 넬슨 다비 지음/이종수 옮김/값 8,000원

94. 죄 사함과 죄로부터의 완전한 자유
                    조지 커팅 지음/이종수 옮김/값 7,000원
95. 성령의 성화
                    윌리암 켈리 지음/이종수 옮김/값 6,500원
96. 하나님의 義란 무엇인가
                    윌리암 켈리 지음/이종수 옮김/값 9,000원
97. 길이요 진리요 생명이신 그리스도
                    윌리암 켈리 지음/이종수 옮김/값 6,500원
98. 보혜사 성령
                    W.T.P. 월스톤 지음/이종수 옮김/값 24,000원
99. 존 넬슨 다비의 성경주석: 창세기
                    존 넬슨 다비 지음/이종수 옮김/값 8,600원
100. 존 넬슨 다비의 성경주석: 이사야
                    존 넬슨 다비 지음/이종수 옮김/값 9,400원
101. "그리스도와의 하나됨"을 통한 동일시의 진리란 무엇인가
                    클라이드 필킹턴 주니어 책임편집/이종수 엮음/값 9,000원
102. 존 넬슨 다비의 성경주석: 다니엘
                    존 넬슨 다비 지음/이종수 옮김/값 8,000원
103. 그리스도와의 하나됨을 통한 "양자 삼음의 진리"란 무엇인가
                    클라이드 필킹턴 주니어 책임편집/이종수 엮음/값 11,000원
104. 순례자의 노래
                    존 넬슨 다비 지음/문영권 옮김/값 12,000원
105. 존 넬슨 다비의 성경주석: 에스겔
                    존 넬슨 다비 지음/이종수 옮김/값 8,800원
106. 성경공부교재 제 1권 거듭남의 진리
                    이종수 지음/ 값 5,000원
107. 존 넬슨 다비의 성경주석: 잠언, 전도서, 아가서
                    존 넬슨 다비 지음/이종수 옮김/값 5,000원
108. 성경공부교재 제 2권 죄사함의 진리
                    이종수 지음/ 값 6,500원
109. 최고의 영광으로의 부르심
                    클라이드 필킹턴 주니어 편집/이종수 엮음/값 9,000원
110. 존 넬슨 다비의 성경주석: 예레미야, 예레미야애가
                    존 넬슨 다비 지음/이종수 옮김/값 9,000원
111. 존 넬슨 다비의 새번역 신약성경(다비역 성경)
                    존 넬슨 다비 지음/이종수 옮김/값 35,000원
112. 존 넬슨 다비의 성경주석: 소선지서
                    존 넬슨 다비 지음/이종수 옮김/값 20,000원

113. 삼층천의 비밀
     클라이드 필킹턴 주니어 책임편집/이종수 엮음/값 17,000원
114. 존 넬슨 다비의 침례의 더 깊은 의미
     존 넬슨 다비 지음/이종수 옮김/값 8,000원
115. 존 넬슨 다비의 성경주석: 시편(상)
     존 넬슨 다비 지음/이종수 옮김/값 13,000원
116. 존 넬슨 다비의 성경주석: 시편(하)
     존 넬슨 다비 지음/이종수 옮김/값 14,000원
117. 여자의 너울에 대한 교회사의 증언
     이종수 엮음/값 10,000원
118. 사랑하시는 자 안에서 우리를 열납해주신 하나님의 은혜의 영광
     찰스 웰치 지음/이종수 옮김/값 10,000원
119. 존 넬슨 다비의 천국의 경륜이란 무엇인가
     존 넬슨 다비 지음/이종수 옮김/값 10,000원
120. 존 넬슨 다비의 아버지와 그의 아들 예수 그리스도와 더불어 누리는 사귐
     존 넬슨 다비 지음/이종수 옮김/값 8,000원
121. 존 넬슨 다비의 성경주석: 출애굽기
     존 넬슨 다비 지음/이종수 옮김/값 9,000원
122. 헨리 무어하우스의 은혜의 영성
     헨리 무어하우스 지음/이종수 옮김/값 15,000원
123. 존 넬슨 다비의 성경주석: 레위기
     존 넬슨 다비 지음/이종수 옮김/값 14,000원
124. 죽은 자 가운데서 부활이란 무엇인가
     클라이드 필킹턴 주니어 책임편집/이종수 옮김/값 7,000원
125. 존 넬슨 다비의 성경주석: 민수기
     존 넬슨 다비 지음/이종수 옮김/값 9,000원
126. 존 넬슨 다비의 교회의 황폐화란 무엇인가
     존 넬슨 다비 지음/이종수 옮김/값 11,000원
127. 천상의 괄호란 무엇인가
     R. A. 휴브너 지음/이종수 옮김/값 17,000원

- 존 넬슨 다비의 새번역 신약성경을 소개합니다 -

● 최다最多 사본 대조 검증
● 최다最多 번역본 성경 대조 검증
● 가장 원어에 가까운 신약성경

도서구입 : 생명의말씀사, 쿠팡,
갓피플몰, 예스이십사, 알라딘 등

Originally published under the title of
"J. N. Darby's Teaching Regarding Dispensations, Ages, Administrations and The Two Parentheses"
by R.A. Huebner

Copyright©PRESENT TRUTH PUBLISHERS
411 ROUTE 79 MORGANVILLE NJ 07751
USA

Korean translation copyright
ⓒ 2023 by Brethren House, Korea
All rights reserved

존 넬슨 다비의 세대적인 진리의 핵심과 진수로서

천상의 괄호란 무엇인가
ⓒ형제들의 집 2023

초판 발행 • 2023.10.20
지은이 • R.A. 휴브너
옮긴이 • 이 종 수
발행처 • 형제들의집
판권ⓒ형제들의집 2023
등록 제 7-313호(2006.2.6)
Cell. 010-9317-9103
홈페이지 http://brethrenhouse.co.kr
카페 cafe.daum.net/BrethrenHouse
ISBN 979-11-6914-044-7 03230

＊값은 뒤표지에 있습니다.
＊잘못된 책은 바꿔드립니다.
＊서점공급처는 〈생명의말씀사〉 입니다. 전화(02) 3159-7979(영업부)